홍수에 마실 물이 없어서 극심한 갈증을 느끼게 되듯이, 국내에 수많은 예배 관련 서적이 출간되어 있지만 교회 현장에서는 여전히 예배 전쟁이 진행 중이다. 소비자 중심의 정신이 팽배한 이 시대에, 이 책은 하나님이 어떤 예배를 원하시는지, 성경은 과연 예배가 무엇이라 이야기하는지 논리적이면서도 명확한 필치로 설명한다. 예배의 역사적 변천을 정확히 파악하면서도, 신학적 기민성으로 장단점들을 파헤치고, 교회 현장에서 어떻게 이것을 구현하기 위해 노력했는가를 동시대 영향력 있는 신학자와 목회자 들이 풀어 준다. 더 빨리 국내에 소개되었어야 할 책이다. 신학생들과 목회자들의 필독서 리스트에 반드시 추가되리라 확신한다.

문화랑 고려신학대학원 교수·예배학, 『예배학 지도 그리기』 저자

신학과 목회 현장, 전통과 현대, 이론과 실제, 신앙과 삶 사이에 반갑고 기분 좋은 만남이 이루어졌다. 공통점은 주제가 예배라는 것, 그리고 실천적 지침을 향하고 있다는 것이다. 예배의 정의를 성경 원어와 의미상 거리가 있는 영어 단어인 worship에 기초한 것이 조금 아쉽지만, 언어와 문화의 경계를 넘어 이해될 수 있는 예배의 원리가 책 전체에 흐르고 있으니 괜찮다. 목회자와 예배 사역자 들을 비롯해 예배 관심자들이 꼭 읽어 보기를 적극 추천한다.

박정관 장로회신학대학교 특임 교수, 문화연구원 소금향 원장, 『성서해석학』 저자

뛰어난 논쟁은 선명한 문제 제기, 정직한 고민, 성실한 연구를 갖추기 마련인데, 이 책은 다분히 그 조건들을 충족한다. 현대 예배의 문제 상황을 염두에 두고, 개혁주의 신학 전통 안에서 성경의 예배 원리를 설명하며, 역사의 경험을 검토하는 전개가 군더더기 없이 단정하다. 그래서 저자들의 주장과 제안에 동의하지 않는 부분이 있더라도, 마지막까지 도전과 용기를 제공하기에 읽는 이는 긴장을 놓지 못한다. 각 장마다 마련한 예배의 실제는 신학적 성찰이라는 맥락 속에서 목회 현장에 적용할 수 있도록 돕는 미덕이자 선물이다. 말씀 아래 순종하는 겸손한 교회의 예배는 시대와 문화의 변화에 눈감지 않되 타협하지 않으며, 사람을 이끌어 하나님께로 나아가게 한다. 독자인 신자와 신학생 및 목회자는 모두 마지막 책장을 덮는 순간, 말씀 아래에 서게 될 것이다.

주낙현 성공회 서울주교좌성당 주임 사제·전례학

예배라는 주제에 대한 성경적 가르침을 담은 보석 같은 책이다. 저자들의 주된 관심은 각자의 전통 안에서 예배의 본질인 하나님 중심성을 지켜 내는 일이다. 따라서 저자들은 자신이 속한 전통들을 최선을 다해 설명하고 성경 중심적 예배에 대한 균형 잡힌 통찰들을 제시한다. 또한 공동 예배에 대한 적실하고도 구체적인 조언들을 아끼지 않는다. 이 책의 논지를 통해 알 수 있듯이, 궁극적으로 우리가 하나님 안에서 기뻐하며 예배를 통해 추구해야 하는 것은 그분의 영광이다.

트레빈 왁스 가스펠 코울리션(The Gospel Coalition)

교회의 공동 예배를 계획하는 모든 이는 깊이 있는 신학적·성경적 통찰이 가득한 이 책을 사모하며 닳도록 읽게 될 것이다. 균형 잡힌 성경적 관점, 역사적 인식, 문화적 적실성에 대한 감수성이 한데 어우러진 강력한 책이다.

그렉 길버트 서드 애비뉴 침례교회 담임 목사, 『복음이란 무엇인가』 저자

말씀 아래서 드리는 예배

IVP(InterVarsity Press)는
캠퍼스와 세상 속의 하나님 나라 운동을 지향하는
IVF(InterVarsity Christian Fellowship)의 출판부로
생각하는 그리스도인을 위한 문서 운동을 실천합니다.

ⓒ 2002 by D. A. Carson, Timothy Keller, Mark Ashton, and Kent Hughes
Originally published in English as *Worship by the Book*
by The Zondervan Corporation L.L.C.
Grand Rapids, Michigan 49530, USA.
All rights reserved.

This Korean translation edition ⓒ 2021 by Korea InterVarsity Press
156-10 Donggyo-ro, Mapo-gu, Seoul 04031, Republic of Korea.
This Korean edition is published
by arrangement with The Zondervan Corporation L.L.C.,
a subsidiary of HarperCollins Christian Publishing, Inc.
through rMaeng2, Seoul, Republic of Korea.

이 한국어판의 저작권은 알맹2를 통하여
HarperCollins Christian Publishing, Inc.와 독점 계약한 IVP에 있습니다.
신 저작권법에 의하여 한국 내에서 보호받는 저작물이므로
무단 전재와 무단 복제를 금합니다.

말씀 아래서 드리는 예배

D. A. 카슨 · 팀 켈러 · 마크 애슈턴 · 켄트 휴즈

성경적 예배의 본질과 예전의 실제

박세혁 옮김

IVP

차례

9 서문

---

13 **1장. 말씀 아래서 드리는 예배**   D. A. 카슨

---

87 **2장. 크랜머의 발자취를 따라**   마크 애슈턴, C. J. 데이비스

151 부록: 원리를 실천하기(세 가지 예배 사례)

---

187 **3장. 자유 교회 예배: 자유가 주는 어려움**   켄트 휴즈

239 부록 1: 대학 교회 예배(다섯 가지 예배 사례)

264 부록 2: 예배의 경이

266 부록 3: 성경 읽기

268 부록 4: 음악이 곧 예배가 될 때

---

271 **4장. 대도시에서 드리는 개혁주의 예배**   팀 켈러

335 부록 1: 예배 예식 사례들

350 부록 2: 성만찬을 받지 않는 이들을 위한 기도문

---

353 감사의 글

357 성경 찾아보기

362 찬송가와 노래 찾아보기

365 인명 찾아보기

369 주제 찾아보기

서문

오늘날 예배라는 주제를 다루는 책들은 너무나도 많기 때문에, 나는 이 책에서 우리가 이루고자 하는 바를 처음부터 명확히 밝혀 두고자 한다.

이 책은 포괄적인 예배 신학서가 아니다. 최근 경향에 대한 사회학적 분석서도 아니고, '실용적' 지침이 가득 담긴 목회자용 설명서도 아니다. 우리는 각자의 전통에 대해 시시콜콜한 역사적 분석을 시도하거나, 다른 논제들과 상호 작용하는 데 많은 부분을 할애하지는 않았다. 첫 장에서 성경적 예배 신학에 대한 예비적 논의를 다룬 다음, 나머지 세 장에서는 신학적 성찰을 다룬 후 우리가 몸담은 지역 교회 내 공동 예배 형식의 실천적 적용으로 넘어간다. 예배의 전체 개요들을 수록하였는데, 여기에 세세한 예배 순서들을 덧붙여 사용한다면 많은 목회자가 이 책의 논의를 통해 도움과 유익을 얻을 것이다.

이 책의 저자 중 세 사람은 성공회, 침례교, 장로교에 속한 현직 목회자다. 나머지 한 명은 신학교에서 가르치고 있지만 그 전에는 목회자로 일했다. 속한 곳은 다르지만, 우리를 연합시키는 것은 말씀 사역에 대한 헌신, 역사적 뿌리에 대한 존중, 이와 더불어 동시대성을 중시하는 태도, 회심하지 않고 교회에도 속하지 않은 사람들에게 다가가고자 하는 열정이다. 우리는 인위적으로 꾸며 낸 적실성과 단순한 전통주의 둘 다

경계한다. 이러한 태도를 견지하며, 공동 예배라는 논제에 대한 우리의 판단을 규정하는 신학적 논리를 목회 사역에서 경험한 실례들과 더불어 전달하고자 한다. 각 장의 저자들은 자신들의 전통에 갇히지 않고 각각의 전통들과 상호 작용하고자 노력했다.

간결성과 명료성을 위해 비교적 각주를 적게 포함시켰으며 부피가 큰 2차 문헌에 대한 논의도 최소화했다. 독자들은 어디에서 우리 각자의 의견이 갈리는지 금세 알아차릴 것이다. 의견 차이는 우리 각자의 교파적 특징으로 인해 드러나는 경우도 있고, 우리가 몸담은 서로 다른 하위 문화를 반영하는 경우도 있으며, 단순히 개인적 견해인 경우도 있다. 그럼에도 불구하고, 이런 차이는 일부에 지나지 않는다. 이는 우리 모두가 성경 신학을 중시하기 때문이라고 나는 생각한다.

다른 문화의 형제자매들은 헤아릴 수 없이 많은 점에 있어 우리가 이 책에서 말하는 바를 자신들의 세계에 더 적합하게 '수정'하고 싶어 할 것이다. 예를 들어, 한국 교회의 공적 기도는 서양 교회의 공적 기도와 전혀 다르고, 부흥하고 있는 사하라 인근 흑인 주도 아프리카 지역의 토착 교회들은 몇몇 논점에 있어 이 책과 다른 논의를 만들어 낼 것이다. 우리는 다만 우리가 가장 사랑하는 말씀에 기초해 우리가 가장 잘 아는 세계들을 향해 우리가 할 수 있는 이야기들을 하고자 한다. 우리의 분투와 성찰과 실천을 담은 이 기록으로 인해 다른 이들이 공동 예배에 대한 신중하고도 성경적인 개혁을 추구하는 일에 고무되기를 기도한다.

더불어, 예배 순서지에 인용된 글의 저작권자들을 찾아 정리해 준 돈 헤지스(Don Hedges) 박사와 이 책의 찾아보기를 잘 정리해 준 나의 대학원 조교 시구르트 그린드하임(Sigurd Grindheim)에게 감사의 마음을 전한다.

오직 하나님께 영광을

D. A. 카슨

1장. 말씀 아래서 드리는 예배

D. A. 카슨

어려움

예배 신학을 정립하는 것은 분명 어려운 일이다. 거의 모든 성경적 주제에 관해 정교하고 균형 잡혀 있으며 적절히 포괄적인 신학을 정립하고자 할 때 만나는 통상적 어려움과 더불어, 예배 신학을 정립하는 과정에는 특별한 어려움이 따른다.

　1. 경험적으로 볼 때, 현대 교회의 삶에서 슬픈 사실은 예배라는 주제보다 더 열띤 논쟁을 촉발하는 주제는 거의 없다는 점이다. 이런 논쟁들 중 일부는 명확한 예배 신학보다 단지 특정 음악 양식(오래된 찬송가 vs. 현대적 찬양곡)과 악기 종류(오르간과 피아노 vs. 기타와 드럼)에 대한 선호와 관계가 있다. 또 다른 첨예한 논점은 '특별 연주'(북미에서 연주 음악을 지칭하는 표현), 회중의 찬양, 예전적 응창, 박수, 드라마 등과 관계가 있다. 모두가 자신의 입장이 하나님 중심적이라고 주장한다. 현대주의자들은 전통주의자들이 더 이상 공감할 수 없는 안일하고 이성주의적 진리를 고수하려 한다고 생각하는 반면, 과거 수호자들은 현대의 젊은 사람들이 겉만 그럴듯한 경험에 매혹된 나머지 아름다움은 물론 진리에

전혀 관심이 없다고 우려한다. 많은 사람이 따분한(혹은 '장중한'이라고 해야 할까?) 전통주의와 유행에 휘둘리는(혹은 '활기 넘치는'이라고 해야 할까?) 현대성 사이에서 양자택일을 해야만 하는 것처럼 느끼기도 한다. 우리는 '처음부터 있었고 지금도 있으며 앞으로도 있을 세상'과 '옛것은 이제 식었고, 새것이 참되다' 중 하나를 택하라는 요구를 받는다. 한쪽에서는 예배를 우리가 경험하는 무언가로 여기며, 설교와 대비되는 것으로 상정한다(먼저 예배가 있고 그다음 설교라는 것이다. 마치 이 둘이 분리된 범주인 것처럼 말이다). 또 다른 한쪽에서는 예배를 질서 정연한 장엄함으로 여기며, 나머지 모든 삶의 요소와 대비되는 것으로 상정한다.

사실, 문제는 이런 식의 단순화된 양극단에서 제시하는 것보다 더 복잡하다. 적지 않은 현대 교회들이 공동 예배의 형식을 바꾸어서 교회에 오는 사회학적으로 구별되는 모든 문화적 하위 집단, 즉 베이비 붐 세대, 버스터 세대, 엑스 세대, 클리블랜드 출신 백인 독신자 등에게 더 잘 받아들여지게 하려는 경향이 있음을 고려해야 한다. 십자가라는 걸림돌을 제외한 모든 걸림돌을 복음을 위해서라면 기꺼이 제거하려는 노력에 박수를 보내고 싶어질지 모르지만, 머지않아 안정성의 결여를 비롯한 다음 세대로 전수되는 유산과 본질에 관한 감각의 결여, 앞선 시대의 그리스도인들과 공유하는 공동 예배 형식의 결여, 공동 예배가 어떤 모습이어야 하는지 공유된 비전의 결여로 인해 어려움을 겪는다. 이런 상황은 결국 확고한 근거의 여부와 상관없이 오래된 것이라면 선호하는 전통주의자들을 양산한다. 그들은 장황한 호칭 기도와 기타에 당혹스러워하면서 '대안적 예배에 대한 대안'을 찾기 시작한다.¹

더욱이, 가능한 선택지들에 대해 균형 잡힌 관점을 견지하려면 과

거 시대 예배의 실제를 조사하는 역사 연구들, 특히 현대인들이 자신들의 뿌리를 회복하고 과거 예배의 실제를 재발견할 수 있게 하려는 의도로 명확하게 진행하는 연구들을 살펴보아야 한다.[2] 흥미롭게도 일부 교회에서는 새로운 비전통적 예배가 이미 확고한 전통—역사적 척도로는 열등한 것이겠지만—으로 자리 잡았다.

반박할 여지 없는 사실은 예배라는 주제는 지금 '핫하다'는 것이다. 널리 퍼지는 혼란 속에서 강경하고도 때로 상호 배타적인 신학적 입장들이 나타나 성경적 예배 신학을 정립하려는 시도는 목회적으로 민감한 과업이 되었다.

2. 현재 선택지가 다양하다[3]는 사실은 많은 지역 교회 안에 불안감과

---

1 Martin Marty가 Marva J. Dawn, *Reaching Out Without Dumbing Down: A Theology of Worship for the Turn-of-the-Century Culture* (Grand Rapids: Eerdmans, 1995)에 부치는 서문에서 사용한 표현이다. 『예배, 소중한 하늘 보석』(예배와설교아카데미).

2 이와 관련된 다양한 사례로는 Paul F. Bradshaw, *The Search for the Origins of Christian Worship: Sources and Methods for the Study of Early Liturgy* (Oxford: University Press, 1993); James McKinnon, ed., *Music in Early Christian Literature* (Cambridge: Cambridge University Press, 1986); Melva Wilson Costen, *African American Christian Worship* (Nashville: Abingdon, 1993); Horton Davies, *The Worship of the American Puritans, 1629-1730* (New York: Peter Lang, 1990, 『미국 청교도 예배: 1629-1730』, 기독교문서선교회); 같은 저자, *Worship and Theology in England*, vol. 1, *From Cranmer to Baxter and Fox (1534-1690)*, vol. 2, *From Watts and Wesley to Martineau (1690-1900)*, vol. 3, *The Ecumenical Century (1900 to Present)* (Grand Rapids: Eerdmans, 1996) 등이 있다. 또한 James F. White, *A Brief History of Christian Worship* (Nashville: Abingdon, 1993, 『예배의 역사』, 쿰란출판사); J. G. Davies, ed., *A New Dictionary of Liturgy and Worship* (Philadelphia: Westminster Press, 1987); Gordon S. Wakefield, *An Outline of Christian Worship* (Edinburgh: T & T Clark, 1998, 『예배의 역사와 전통』, 기독교문서선교회); Andrew Wilson-Dickson, *The Story of Christian Music* (Minneapolis: Fortress, 1996, 『교회 음악사 핸드북』, 생명의말씀사); Hughes Oliphant Old, *The Reading and Preaching of the Scriptures in the Worship of the Christian Church*, vol. 1, *The Biblical Period*, vol. 2, *The Patristic Age*, vol. 3, *The Medieval Church* (Grand Rapids: Eerdmans, 1998-1999)를 참고하라.

3 예를 들어, Mark Earey, "Worship—What do we think we are doing?" *Evangel* 16/1

분열을 조성하는 데 일조할 뿐만 아니라, 모든 성경적 증거가 특정 견해들을 그리고 특정 견해들만 뒷받침한다는 확신에 찬 주장으로 이어지게 한다. 예배 신학을 정립하려는 현대의 시도들은 **우리에게 '예배'**가 의미하는 바와 우리가 사용하는 어휘 그리고 우리가 속한 기독교 공동체가 사용하는 어휘와 자연스럽게 얽혀 있다. 물론 예배에 관한 우리의 생각이 성경에 의해 교정되는 것이 이상적이며, 시간이 흐르면서 의심할 여지 없이 많은 개인에게 그런 교정이 일어났다. 그러나 그 반대도 일어나기 쉽다. 즉 우리는 자신도 모르게 예배에 대한 우리의 생각과 경험을 성경에 주입하는 방식으로 성경을 해석하고, 그 결과 반드시 그 안에 **있어야 한다**고 확신하는 바를 '찾아낸다.' 이런 일이 벌어지기 특히 쉬운 까닭은 이제 살펴보겠지만, 현대의 **모든** 예배 이론에 사용되는 **예배**라는 단어의 의미론적 범위가 성경의 어느 한 단어나 단어들과 완전히 들어맞지는 않기 때문이다. 따라서 성경에 의해 교정된다는 것의 의미는 대단히 복잡할 수밖에 없다.

결과는 예측 가능하다. 공동 예배의 예전 형식을 사랑하는 사람은 흔히 구약의 찬양대와 교창 시편에서 시작하여, 고대 회당의 예전 형식을 거쳐, 논의되고 있는 예전의 신학적 성숙성을 극찬한다. 은사주의자는 대개 고린도전서 12장과 14장에서 출발한다. 신약학자는 신약에 있는 표면상의 '찬송가'에서 시작하여, 최후의 만찬처럼 예배의 일부 요소를 사실적으로 묘사하는 간단한 본문을 조사한다. 한마디로, 정확히 어떻게 성경으로 예배에 관한 관점을 재구성해야 하는지 따라갈 합의된 방

(Spring 1998): pp. 7-13의 유익한 분석을 보라.

법이나 공통된 접근법을 찾기가 쉽지 않다.

이로써 우리는 조금 더 기술적인 어려움에 봉착한다.

3. **삼위일체**라는 말과 달리, **예배**(worship)라는 단어는 우리가 사용하는 영어 성경에 등장한다. 그러므로 예배 교리를 정립하는 것이 삼위일체 교리를 정립하는 것보다 더 쉽다고 생각할지도 모른다. 그러나 삼위일체 교리의 경우, 우리가 생각하는 바에 관해 적어도 어느 정도 합의가 되어 있다. 불가피하게, 우리의 복되신 삼위일체 하나님과 관련된 모든 것에는 하나님께만 속한 감추어진 일들이 존재한다(참고. 신 29:29). 그럼에도 불구하고, 논의의 영역에 있어 삼위일체 교리에 관해 이야기할 때 우리는 무엇을 지칭하는지 어느 정도 이해하고 있으며, 어떤 종류의 성경적·역사적 자료를 논의에 적용해야 하는지 알고 있다. 이와 대조적으로, 예배에 관한 글은 대략 훑어보기만 해도 사람들이 예배에 관해 이야기할 때 전혀 다른 것을 의미한다는 것이 금세 드러난다. 따라서 예배가 무엇이며 무엇을 뜻하는가에 관한 합의가 거의 없는 상황에서 예배 신학을 정립한다는 것은 매우 벅찬 일이다. 이 과업을 위해서는 합의된 용어 정의가 반드시 필요하다.

하지만 **예배**라는 단어가 영어 성경에 등장함에도 불구하고, 예를 들어 **은총**이라는 단어가 등장하는 모든 성경 구절을 연구해서 은총의 신학을 설명하거나 **부르심**이라는 단어를 사용하는 모든 단락을 살펴보고 부르심의 신학을 설명하듯이, 예배라는 주제는 쉽게 정리할 수가 없다. 물론 다른 경우에도 단순한 단어 연구보다 훨씬 많은 작업이 필요하다. **은총**이라는 단어가 포함된 모든 단락의 맥락을 살펴보아야 하고, 동의어에도 익숙해져야 하며, **은총**과 밀접하게 관련된 개념이나 사람들(예를 들어, 믿음, 주 예수, 평화 등)을 연구해야 한다. 우리는 서로 다른 성경 저자들이 이런 단어를 약간씩 다른 방식으로 사용하고 있을지 모른다는 것을 금세 알아차린다. 잘 알려져 있듯이 바울의 글에서 **부르심**은 강력하다. '부르심'을 받은 사람들은 참으로 구원을 받는다. 이와 대조적으로, 공관복음에서 하나님의 '부르심'은 '초대'와 비슷하다. 많은 사람이 **부르심**을 받지만 소수만 택함을 받는다. 하지만 그저 성경에서 이 단어를 사용하는 모든 예를 살펴보고 분석하고 목록을 작성하는 것만으로도 성경에 사용된 **부르심**이라는 단어의 다양한 의미를 어느 정도 종합적으로 요약할 수 있다. 하지만 **예배**에 관해서는 그렇게 할 수 없다. 특히 예배를 정의하는 거의 대부분의 경우, 이 주제와 관련된 많은 본문이 **예배**라는 단어로 번역할 수 있는 히브리어나 헬라어를 사용하지 않기 때문이다. 게다가, 영어의 **예배**라는 단어로 번역된 히브리어나 헬라어 단어들이 **우리가** 예배라는 말을 사용할 때 뜻하는 바와 다른 무언가를 의미하는 때도 있다. 따라서 단순한 단어 연구로는 이 주제를 다 파악할 수 없다. 따라서 우리가 의견을 같이할 수 있는 예배의 정의를 논의를 통해 도출해 내야 한다.

4. 예배 신학을 정립하기가 어렵다. 예배의 경우, 성경 신학과 조직 신학이 제시하는 답이 상이하기 때문이다. 이 점은 매우 중요하며, 이 장의 핵심이라 할 수 있기에 더 자세한 설명이 필요하다.

나는 두 가지 정의로부터 시작한다. 이 논의에서 **조직 신학**이란 주제적·무시간적 분류에 따라 체계화된 신학적 종합을 가리킨다. 예를 들어, 하나님에 관한 조직 신학을 정립하려고 한다면 성경 전체가 하나님에 관해 무엇을 말하는지 물을 것이다. 그분은 어떤 모습인가? 그분의 속성은 무엇인가? 그분은 무엇을 하시는가? 이런 물음과 수많은 비슷한 물음에 대한 답은 성경이 말하는 바와 다른 세대의 그리스도인들이 이해하는 바 사이의 상호 작용을 종합해 도출될 것이다. 기본적으로 더 협소한 질문은 던지지 않을 것이다. 예를 들면, 이사야서는 하나님에 관해 무엇을 말하는가? 구속사 전체에서 어떻게 하나님이 점진적으로 계시되고 있는가? 성경 안에 있는 다양한 문학 형식(예를 들어, 묵시 문학, 비유, 시 등)은 신론에 어떤 독특한 기여를 하는가?

이와 대조적으로, **성경 신학**은 성경의 개별 책과 구절 모음 그리고 구속사라는 분류에 따라 체계화된 신학적 종합이다. 먼저, 성경 신학에서는 성경 전체가 이를테면 하나님에 관해 무엇을 말하는지 묻지 않는다는 뜻이다. 오히려 공관복음이 하나님에 관해 무엇을 말하는지, 혹은 마가복음이나 창세기가 무엇을 말하는지 묻는다. 시간의 흐름에 따라 나아가면서 하나님에 관해 어떤 새로운 것을 말하고 있는지 묻는다.[4] 성경 신학에서는 성경 본문이 교회사 전체에서 어떻게 이해되었는지 파악하는 데 물론 관심이 있지만, 무엇보다도 (본문의 문학적 형식 같은 문제를 비롯해) 본문 자체를 귀납적으로 연구하는 데 관심을 기울이며(예를 들어, 무턱대고 증거 본문을 수집하듯이 잠언을 판례법처럼 다루는 실수를 범하지는 않는다), 본문을 성경이 전개해 나가는 서사라는 배경 속에 배치한다.

그렇다면 이런 고찰이 예배 신학을 정립하고자 하는 우리에게 어

---

[4] 로마서 4장과 갈라디아서 3장 같은 본문에서는 성경을 바르게 이해하려면 어떤 것이 계시되는 **순서**가 대단히 중요하다고 분명히 밝히고 있다. 이 장들에서 사도 바울의 논증은 어떤 사건이 먼저 일어났는지에 근거를 두기 때문이다.

떤 관련이 있을까? 조직 신학이라는 모판에 기초해 답을 얻고자 예배가 무엇인지 묻는다면, '성경 전체'의 답—즉 성경 전체가 말하는 바—을 찾고자 하는 것이다. 이는 하나 이상의 효과를 낼 것이다. 긍정적 효과로는, 이 주제에 관해 우리가 선호하는 한 단락—이를테면, 고린도전서 14장—이 아니라 성경 전체에 귀를 기울이려고 노력할 것이다. 최선의 효과로는, 이런 태도를 통해 더 종합적인 답을 얻을 수 있을 것이고 기이한 답을 얻을 가능성은 줄어들 것이다. 반면, 예배와 관련해 성경에 제시된 차이점들은 고찰하지 않은 채 성경 전체를 읽으려고 한다면, 최소한의 공통분모만 찾게 될 것이다. 다시 말해, 예배에 관해 구속사의 모든 단계에 적용되는 것을 찾으려 하다가 독특한 특징들은 잃어버릴지도 모른다. 예를 들어, 하나님은 예배의 중심이 되시며 그분은 예배를 받으시기 합당하신 분이라는 고백이 예배와 밀접하다고 말할 수 있다. 이것은 놀랍도록 맞는 말이지만, 구약 예배에서 희생 제사가 차지하는 비중이나 다윗이 세운 찬양대의 역할 등에 관해서는 아무런 언급도 하지 않는 셈이다.

반대로, 우리의 예배 신학을 정립하기 위해 성경 전체를 무차별적으로 사용한다면, 성경을 자의적으로 사용하게 될지도 모른다. 예를 들어, 성전 예배에 찬양대가 생긴 것에 주목하면서 우리의 공동 예배에도 찬양대가 꼭 있어야 한다고 결론 내린다. 어쩌면 꼭 있어야 할 수도 있다. 하지만 그렇게 한다면 성경이 어떻게 서로 조화를 이루는지 성찰하지 않는 것이다. 우리에게는 구약적 의미의 '성전'이 없다. 무슨 근거로 구약의 찬양대를 신약으로 옮겨오고, 구약의 성전이나 제사장은 옮겨오지 않는가? 물론 초기 교회 교부 중 일부는 복음을 전하는 목회자들을 구약의 제사장들과 동일시하기도 했다. 신약의 저자들은 예수님을 유일한 대제사장이라고 생각하거나(히브리서를 보라) 모든 그리스도인을 제사장(예를 들어, 벧전 2:5; 계 1:6)이라고 생각하는 편을 선호한다. 하지만 설령 우리가 계속해서 현대의 성직자를 제사장이라고 생각한다 하더라도 머지않아 성전과 결부된 구약 예배의 수많은 다른 요소—예를 들어, 속죄일과 유월절 제사—에 관해 비슷한 질문을 할 수밖에 없을 것이다. 모든 그리스도인은 이런 제사가 새 언약 아래에서 변형되었으며 이제 그리스도의 제사 안에서 성취되었다고 이해한다.

핵심은 예배 신학을 정립하고자 할 때 성경 전체에서 '취사선택'하는 방법은 방법론적 엄정성이 부족하며 따라서 안정성을 결여하고 있다는 것이다. 따라서 조직 신학이라는 모판을 근거로 예배 신학을 추구하는 것은 사실상 우리가 '예배'라고 말할 때 무엇을 의미하는지 **정의**하는 작업일 수 있다. 이 분야 특유의 방법론과 접근 방식(더 정확히 말해, 성경 신학을 충분히 반영하지 않은 조직 신학은 그런 특징을 보인다)이 어느 정도 그 결과를 결정할 것이다.

성경 신학이라는 모판에 기초해 답을 얻고자 예배가 무엇인지 묻는다면, 우리는 성경의 개별 책과 일정 부분이 이 주제에 관해 무엇을 말하는지, 이들이 서로 어떻게 연결되는지 알아보려고 노력하는 것이다. 어쩔 수 없이 우리는 차이점에 조금 더 주의를 기울일 것이다. 특히 모세 언약에서 새 언약으로 넘어갈 때 발견되는 차이를 자세히 살펴볼 것이다(이에 관해서는 다음에서 추가로 논할 것이다). 여기서의 위험은 조직 신학의 접근 방식이 지닌 위험과 거의 정반대다. 따라서 단지 서술적 방식으로 성경의 이 부분 혹은 저 구절들에 초점을 맞추다가는 결국 적합한 예배 신학을 정립하는 데 실패하고 말 것이다. 왜냐하면 성경 신학이라는 모판으로부터 정립한 예배 신학은 여전히 다양한 조각들이 서로 조화롭게 결합되어야 한다는 점에서 '성경 전체'의 신학이어야만 하기 때문이다. 이 점을 놓친다면 고고학적 관심은 충족시키지만 규범적 힘은 없는 설명만 만들어 낼 것이다.

요약하면, 신뢰할 만한 예배 신학을 정립하기 어려운 이유는, 이 주제에 관해 강력하면서도 상이한 관점들, 다양한 형태의 언어적 압박, 신학자들이 조직 신학과 성경 신학 중 무엇을 기반으로 삼고 작업하는지에 따라 전혀 다른 결과물을 만들어 내는 경향성 등이다.

정의(定義)를 향하여

예배를 정의하려고 하기 전에 두 가지 예비적 조치를 할 필요가 있다. 첫째, 예배를 뜻하는 영어 단어 'worship'에 관해 생각해 봐야 한다. 이 단어의 명사형과 동사형 모두 지난 수 세기에 걸쳐 중요한 의미상의 변화를 겪었다. 10세기부터 'worship'이란 단어는 하나님을 대상으로 하는 경우가 많았지만, 1200년대부터는 존중이나 명성을 얻을 만한 조건 또는 그 존중의 원천이나 근거와 자주 연결되었다. 예를 들어, 초서(Chaucer)의 말은 사람이 소란과 반목을 멀리한다면 큰 영예(worship)를 얻는다는 의미일 수 있다. 기사는 자신의 무훈으로 영예(worship)를 얻는다. 15세기에 '영예의 집'(place of worship)은 좋은 집을 뜻하고, '영예의 마을'(town of worship)은 중요한 마을을 뜻했다. 'worship'은 개인이나 사물에게 주어진 영예 자체를 가리키는 것으로 쉽게 전용될 수도 있었다. 그러한 용법은 천 년을 거슬러 올라가며, 적용 대상이 하나님으로 국한되지 않았다. 예를 들어, 옛 잉글랜드 기도서(English Prayer Book)를 따르는 결혼 예식에서, 신랑은 신부에게 "내 몸으로 당신을 영예롭게 합니다"(With my body I thee worship)라고 말했다. 물론 이것은 그녀를 신적 존재로 여긴다는 뜻이 아니다.

이런 용법은 공경의 대상이 되는 사람이나 사물의 '훌륭함' 또는 '가치 있음'(고대 영어의 *weorthscipe*)과 연관이 있다. 물론 기독교적 관점에서, 오직 하나님만 참으로 모든 가능한 영광을 받으시기 합당하며 따라서 영어 성경 대부분에서 '예배'(worship)가 하나님에 대한 예배나, 초자연적인 것이든(예를 들어, 마 4:9의 사탄) 아니든(예를 들어, 태양) 다른 것들에 대한 예배 금지와 직결되어 있다는 것은 놀라운 일이 아니다.

문제를 훨씬 더 어렵게 만드는 사실은, 때로는 '예배'로 번역되지만 때로는 다른 단어로 번역되는 몇몇 기저 단어들이 헬라어와 히브리어에 존재한다는 점이다. 다시 말해, 일정 히브리어나 헬라어와 우리가 사용하는 'worship'이라는 단어 사이에 일대일 관계가 존재하지 않는다. 예를 들어, 헬라어 동사 '프로스퀴네오'(*proskyneō*)는 마태복음 2:2에서 '예배하다'로 번역된다("우리가 동방에서 그의 별을 보고 그에게 **경배하러 왔노라**"). 헤롯 역시 "나도 가서 그에게 경배하게 하라"라고 말하는데(2:8), 물론 그는 초자연적인 것에 대한 예배를 염두에 두고 있지 않다. 그가 (거짓으로) 약속하는 바는, 가서 왕이 될 이 아기에게 예를 표하겠다는 것이다. 하지만 마태복음 18:26의 용서할 줄 모르는 종의 비유에서 이 종은 파산하여 가족이 노예 신세가 될 위험에 처하자 [주인 앞에] "**엎드려 절한다**['페손'…'프로세퀴네이'(*pesōn…proskynei*)]". 당연히 이 구절에서는 현대적 의미의 '예배'가 아니다. 따라서 우리가 사용하는 'worship'이라는 단어는 이 헬라어 동사보다 대상에 있어서는 더 제한적이지만 (대상과 무관하게) 그것이 지칭하는 현상에 있어서는 더 범위가 넓다고 말할 수 있다. 어쨌든 우리가 '예배'(worship)라고 말할 때 그것이 뜻하는 바에 관한 적절한 합의에 이르지 못한다면 예배 신학의 정립은 불가능할 것이다.

우리에게 도움이 될 두 번째 예비적 조치는, 예배 신학에 관한 글을 쓸 때 겪는 한 가지 또는 그 이상의 어려움들을 제시해 놓은 몇 권의 책과 논문 들을 살펴보는 것이다. 각각의 글들은 뛰어나며 많은 통찰을 담고 있다. 내가 이 글들에 관해 문제를 제기한다면, 이는 내가 그 글들에 빚을 지지 않고 있기 때문이 아니라 이런 상호 작용을 통해 이 주제가 복잡함을 입증할 수 있고 이어지는 내용을 준비하는 데 유익하기 때문이다.

앤드루 힐(Andrew Hill)은 『신약 교회를 위한 구약 예배』라는 유익한 책을 썼는데, 제목이 내용을 그대로 말해 준다.[5] 이 책 대부분의 장은 구약 예배의 각 요소들을 다룬다. 히브리어 정경에 쓰인 예배라는 어휘, (저자의 개인 경건과 연결하여) '주님을 경외하는 것'의 본질, 역사적 발전, 예배의 거룩한 형식, 예배의 거룩한 공간, 예배의 거룩한 시간, 손을 드는 것과 같은 거룩한 행동, 예배에서 제사장과 왕이 담당하는 역할, 성막과 성전의 위치, 예배에서 시편과 예술 장식의 중요성 등을 다룬다. 저자는 구약의 선례와 신약 예배 사이의 적법한 연결 고리를 확립하면

---

[5] Andrew E. Hill, *Enter His Courts with Praise! Old Testament Worship for the New Testament Church* (Grand Rapids: Baker, 1993).

서 책을 마무리한다. 여섯 가지 부록에서는 히브리 종교력, 구약의 제사와 음악, 오늘날 교회를 위한 시편의 사용 등을 다룬다. 힐의 책은 사려 깊은 방식으로 제시된 유용한 정보로 가득 차 있다.

이런저런 주장에 대해 이의를 제기할 수도 있지만, 우리의 논의와 관련하여 힐의 책 마지막 장을 통해 중요한 질문을 던져 볼 수 있다. 그는 유대교 예배 형식이 주로 두 가지 방식으로 초기 교회에 영향을 미쳤다고 주장한다. 첫째, 초기 교회는 회당의 구조와 예전을 대체로 모방했다. 예를 들어, 힐은 고대와 현대의 전형적 회당 예전은 다음과 같은 순서를 따른다고 설명한다. (흔히 '시편의 축복'을 사용하는) 예배로의 부름, (특히 창조주이신 하나님과 이스라엘을 향한 하나님의 언약적 사랑에 초점을 맞추는) 순환 기도, 신앙 고백과 축도의 기능을 하는 쉐마(신 6:4-9)와 다른 본문(신 11:13-21; 민 15:37-41) 낭독, 주로 회당장이 아닌 누군가가 인도하고 회중의 열여덟 축도문 낭독과 더불어 찬양과 간구가 포함되는 두 번째 순환 기도, 오경의 한 단락, 예언서의 한 단락 아마도 시가서의 한 단락이 포함되는 성경 읽기(필요한 경우에는 번역과 짧은 해설까지 포함됨), (흔히 시편을 이용한) 축도, 설교, 회중에 대한 축복과 아멘이 그것이다. 외스털리(Oesterley)[6]에 이어 힐은, 예배로의 부름, 신조의 고백, 기도, 성경 읽기와 강해 등 초기 교회가 예배에서 회당의 관습을 그대로 따랐던 다양한 항목을 하나하나 열거한다. 그리고 예배를 위해 모인 언약의 공동체, 세례, 공동체 내 집단적 인격이라는 개념, 연보 모으기/헌

---

[6] W. E. Oesterley, *The Jewish Background of Christian Liturgy* (New York: Oxford University Press, 1965), pp. 111-154.

금, 예전적 축도, 평신도의 참여 등 몇 가지 연결 고리를 덧붙인다.[7]

둘째, 힐은 예표론에 호소한다. 신약 저자들은 구약을 새 언약 안에서 성취될 불완전하며 미완성인 계시로 읽었으며, 기독론적 관점에서 구약을 재해석했다. 힐은 몇 가지 명백한 예표론적 연관성을 간략히 지적한다. 모세 언약의 성소는 사람의 손으로 만들어지지 않은 성소가 되었으며(히 9:1-23), 모세 언약의 '제사 예배'는 그리스도의 일회적 제사에 의해 완성되었다(히 9:23-10:18). 이로부터 힐은 특히 히브리서가 "구약 예배에 암시된 영적 원리를 이해할 수 있는 창을 제공한다"고 추론한다.[8] 예를 들어, "동물 제사를 드리는 대신 정의를 실천하고 자비를 사랑하라는 구약 예언자들의 명령은 그리스도를 믿는 신자들에게 산 제물이 되라는 바울의 명령에 비추어 새로운 의미를 띠게 된다(호 6:6; 암 5:21-24; 또한 롬 12:1-2을 참고하라)."[9]

수많은 질문이 생겨난다. 첫 번째 논점에서, 교회와 회당 사이의 관계에 관한 질문이다. (1) 회당 예전이 어느 정도까지 구약의 신학을 반영하는가? 회당 예전에 관한 우리의 실제 자료는 성전이 파괴되고 기독교가 등장한 후 체계적 성찰을 하던 시기에 생겨난 것으로 연대상 신약보다 후대의 것이다. 성전이 여전히 유대 세계의 중심이었던 때는 회당이 상대적으로 제한적 역할만 했지만 이 시점에는 더 이상 그렇지 않았다. 이제 회당이 성전을 대체할 수밖에 없었다. 불가피하게 성전의 상실과 그로 인한 전체 제사 체계의 상실을 보완하는 중요하고 영향력 있

---

7 Hill, *Enter His Courts*, pp. 232-233.
8 같은 책, p. 237.
9 같은 쪽.

는 신학적 요소들이 나타났다. 이제 외스털리의 연구는 시대에 뒤처진 것이 되었으며, 그 이후의 많은 연구는 시대착오에 대해 경고한다. 예를 들어, 유대교의 성구집(聖句集)은 가장 늦게 기록된 신약의 책보다 더 늦은 시기에 생겨났다.[10] (2) 마찬가지로, 우리에게는 기독교 예배 전체를 자세히 보여 주는 1세기의 증거가 남아 있지 않다. 분명 교부들의 자료로부터 배울 것들이 있지만 이를 기초로 정경 자료를 소급하여 해석해서는 안 된다. 신약 문서 자체는 (그것이 아무리 훌륭하더라도) 힐이 주장하는 것과 같은 '모범적 예배 예식'의 틀을 제시하지 않으며, 교회에게 (그 연대가 어떠하든지) 회당의 예전을 고수하라고 명령하지도 않는다. (3) 힐이 회당과 초기 교회 사이에서 존재한다고 주장하는 유사성 중에서 적어도 일부—예배를 위해 모이는 언약 공동체, 헌금, 평신도의 참여—는 지나치게 일반적이어서 큰 의미가 없거나(어떤 종교가 돈을 모으지 않는가? 얼마나 많은 종교가 일정한 형태의 평신도 참여를 장려하는가?) 예배의 암묵적 정의에 관한 몇몇 근본적 의문을 제기하게 한다. 예를 들어, 새 언약 아래에서 공동체는 예배를 위해 모인다고 말하는 것이 옳은가? 이 문제는 잠시 후 다시 다룰 것이다.

두 번째 논점인 예표론의 본질에 관해, 비록 나는 바르게 정의된 예표론이 구약을 사용하는 신약의 많은 부분의 핵심에 있다는 것에 진심으로 동의하지만, 예표론 이해나 특정 본문의 해석에 있어 약간의 수정만 가해도 힐이 옹호하는 바와 전혀 다른 예배 신학에 이르게 될 것이

---

10 초기 교회의 공동 예배가 (1) 성경 읽기 (2) 노래 (3) 기도 (4) 설교로 이루어졌다는 점에서만 회당을 모방했다고 말한다면 이는 분명 옳다. 규정하기 어렵고 결국 가장 시대착오적인 것은, 신약이나 1세기 유대교 회당에서 예전적 구조 전체의 근거를 찾으려는 시도라 할 수 있다.

라고 생각한다. 예를 들어, 일부 해석자들은 예표론을 우리에게 (무시간적 관계를 전제하는) '영적 원칙'을 제공할 뿐인 해석의 방법으로 이해하지만, 나를 비롯한 다른 이들은 몇몇 형태의 예표론에서는 목적론적 요소, 예언적 요소를 받아들인다고 생각한다. 그런 경우에 우리는 구약의 예배 형태가 무엇을 **향해 가리키는지** 물어야 한다. 해석의 우선성에 대한 논의의 전환은 성경 신학 쪽으로 기울어진다.

힐의 중요한 연구에 이어서 전혀 다른 양상을 띠는 예배에 관한 몇 가지 다른 논의를 더 간략하게 살펴보고자 한다. 많은 연구가 성경의 특정 구절들—시편의 특정 요소,[11] 구약의 주요 장,[12] 마태복음,[13] 히브리서,[14] 요한계시록[15] 등—에서 예배라는 주제가 어떻게 다루어지는지 초점을 맞춘다. 필연적으로, 이런 논문들은 무척 다양하다. 어떤 논문은 특정 책에 관한 신학을 다루고, 또 어떤 논문들은 그 책 이면의 그 책에서 드러내는 공동체의 예배 형태나 우선순위를 논하려고 노력한다. 이런 연구는 더 폭넓은 흐름 안에 통합될 때까지, 하나의 통일된 관점을 강요할 수는 없더라도 우리가 간과하고 있을지 모르는 예배의 양상들

---

11 예를 들어, Terence E. Fretheim, "Nature's Praise of God in the Psalms", *Ex Auditu* 3 (1987): pp. 16-30.
12 예를 들어, John W. Hilber, "Theology of Worship in Exodus 24", *Journal of the Evangelical Theological Society* 39 (1996): pp. 177-189.
13 예를 들어, Mark Allan Powell, "A Typology of Worship in the Gospel of Matthew", *Journal for the Study of the New Testament* 57 (1995): pp. 3-17.
14 예를 들어, John Dunnill, *Covenant and Sacrifice in the Letter to the Hebrews*, Society of New Testament Studies Monograph Series, vol. 75 (Cambridge: Cambridge University Press, 1992).
15 예를 들어, Donald Guthrie, "Aspects of Worship in the Book of Revelation", *Worship, Theology and Ministry in the Early Church*, Journal for the Study of New Testament Supplement Series, vol. 87 (Sheffield: Academic Press, 1992), pp. 70-83, Marianne Meye Thompson, "Worship in the Book of Revelation", *Ex Auditu* 8 (1992): pp. 45-54.

에 눈을 뜨게 하는 데 중요하지만 제한적인 역할을 할 것이다. 따라서 요한계시록에 관한 메리앤 마이 톰슨(Marianne Meye Thompson)의 통찰은 우리에게 중요하다고 할 수 있다.

예배는 우리를 살아 있는 성도와 죽은 성도, 즉 '모든 성도'와 연합시키는 필수적인 기능을 한다. 사실 예배가 이루어 내는 가장 중요한 것 중 하나는 우리에게 우리가 단지 한 회중이나 한 교회로서가 아니라 하나님의 백성, 교회의 일부로서 예배하는 것임을 일깨우는 것이다. 요한은 독자들에게 그들의 예배가 하나님에 대한 끊임없는 천상적 찬양에 참여하는 것임을 상기시킨다. 그러므로 오늘날 하나님의 백성 역시 모든 나라와 족속, 백성과 방언을 대표하는 무리 '한가운데서' 예배한다.[16]

가장 시급하게 신중한 평가가 필요한 책은 아마도 데이비드 피터슨(David Peterson)이 쓴 성경 신학 연구서일 것이다.[17] 그는 이 중요한 책에서 구약에 나타난 예배의 발전 과정을 밝힐 뿐 아니라 신약에 등장하는 명백한 차이를 강조한다. 피터슨은 모세 이후 줄곧, 구약 예배의 핵심은 성막, 그다음에는 성전과 연결된다고 주장한다. 하지만 신약에 관해 괄목할 점은, 예수님이 명시적으로 예배의 대상이 되셨을 뿐 아니라 신약 문서의 신학적 자극이 수많은 구약의 흐름을 예수님 안으로 끌어들였고(따라서 그분은 성전, 제사장, 유월절 어린양, 생명의 빵이시다), 이로

---

16 Thompson, "Worship", p. 53.
17 David Peterson, *Engaging with God* (Leicester: Apollos, 1992). 『성경 신학적 관점으로 본 예배 신학』(부흥과개혁사). 또한 *Worship: Adoration and Action*, ed. D. A. Carson (Grand Rapids: Baker, 1993)에 실린 초기 논문을 보라.

써 구약의 예배 형태를 변형시킬 수밖에 없을 뿐 아니라 예배의 **언어**가 그 중심을 장소나 시간에서 생명 전체로 이동했다는 점이다. 예배는 더 이상 유월절처럼 정해진 절기, 성전처럼 정해진 장소, 레위기 제도가 규정하듯 제사장과 연결된 무언가가 아니다. 예배는 모든 시간과 장소를 아울러 하나님께 속한 이들을 위한 것이며, 그들이 살아가는 방식과 직결되어 있다(예를 들어, 롬 12:1-2).

앞으로 그 증거 중 몇 가지를 간략히 살펴볼 것인데, 이는 매우 인상적이다. 하지만 중요한 함의 중 하나는, 한 주의 나머지 시간에는 참여하지 않던 일에 참여한다는 뜻으로 교회가 일요일 아침에 예배를 위해 모이는 것이라고 한다면 우리는 그렇게 생각할 수 없다는 것이다. 새 언약에서 예배라는 용어는 **계속되는** '예배'라는 뜻으로 풀이된다. 그러므로 피터슨은 신약 교회가 모이는 이유를 새롭게 검토하며, 초점이 예배가 아니라 서로 덕을 세우는 것(mutual edification)에 맞춰진다고 결론 내린다. 새 언약 아래에서의 예배는 하나님의 백성이 함께 모일 때를 비롯해 언제나 계속된다. 그러나 서로 덕을 세우는 것은 언제나 지속되지는 못한다. 그리스도인이 함께 모일 때 이루어지는 무언가이기에 그렇다. 덕을 세우는 것은 회중 찬양, 고백, 공적 기도, 말씀 사역 등을 통해서 무슨 일이 일어나는지 가장 잘 요약한 단어다. 그런 다음 피터슨은 책의 마지막 부분에서 자신의 교파적 유산(성공회)을 살펴보며 『성공회 기도서』(*Book of Common Prayer*)를 지속적이고 올바르게 사용하라고 조용히 간청한다.

나 역시 피터슨이 설명한 많은 부분에 공감하고 있음이 곧 분명해질 것이다. 특히 신약의 찬양 어휘와 '제의적'(cultic) 어휘—제사장의 예배 예식, 제사, 제물 등을 지칭하는 단어들—를 검토하는 데 있어서 피터슨의 논지는 매우 설득력 있다. 하지만 나는 그가 신구약 모두의 공동 예배에 나타나는 정서적 요소를 언제나 잘 포착한다고 생각하지는 않는다. 더 나아가 나는 그가 교회의 집회에 관해 생각하는 방식에 약간의 수정을 제안할 것이다.

『성공회 기도서』를 신뢰하는 데 있어서, 그는 위대한 성공회 교인인 리처드 후커(Richard Hooker)를 따른다. 후커는 성경이 명령하지 않았거나 금지하지 않는 것에 관해, 교회는 선한 질서를 위해 교회가 기뻐하는 대로 예전적 삶에 질서를 부여할 자유가 있다고 주장했다. 후커의 원칙에 따라, 피터슨은 사실상 풍성한 신학적 원리를 염두에 두고 예전에 질서를 부여하자고 말하는 셈이다. 하지만 우리는 후커의 원리와 장로교의 규정 원리(Regulative Principle)를 놓고 씨름하게 될 것이다(이에 관해서는 앞으로 더 자세히 다룰 것이다). 그뿐 아니라, 『기도서』에 관한 피터슨의 결론과 그의 나머지 작업 사이에 일종의 '불연속성'이 존재한다는 느낌을 피하기 어렵다. 이는 성공회 예배에 대한 그의 판단이 부적절하거나 신학적으로 정당화될 수 없다는 말이 아니다. 오히려 그의 책은 많은 부분이 성경에 대한 자세한 석의로 뒷받침되고 있으며 전범이 될 만한 석의로 검증을 받을 수 있을 정도다. 반면, 『기도서』를 다루는 부분은 그러한 석의와 분리될 수밖에 없으며, 따라서 (그 견해가 얼마나 신학적으로 뒷받침되는 것인지와 상관없이) 개인적 견해를 강력히 고수한다는 느낌이 강하다. 더불어, 삶 전체를 아우르는 가장 포괄적인 범주 안에서 그렇게 강력히 새 언약 예배를 정의한 후, 결국 피터슨이 말하는 바는 교회의 규칙적 '예배 예식'(services)의 범주 안에서 우리가 공동 예배라

부르는 예배에 관한 것이다.

물론 피터슨은 하나님의 백성이 공동체로서 함께 모일 때 예배하는 것이라고 인정한다. 그러나 그는 공동체적 모임의 **독특한** 요소는 예배가 아니라 덕을 세우는 것이라고 주장한다. 그러니 불가피하게 더 멀리 나아가는 주장을 하는 사람들이 나온다. 그런 학자들은 신약에서 그리스도인의 삶 전체를 지칭하기 위해 '제의적' 언어가 사용되고 있을 뿐 아니라, 신약의 저자들이 하나님의 백성이 함께 만나야 하는 목적에 관해 이야기할 때 예배를 거의 언급하지 않는다고 지적하면서, 우리가 '예배 예식'을 염두에 두고 '예배하기' 위해 함께 만나는 것, 그리고 그 같은 행위들을 모두 **중단해야** 한다고 결론 내린다.[18] 중요한 지적이지만, 그들 주장의 상당 부분은 제의와 밀접하게 연결된 예배 정의에 의존한다.

따라서 먼저 예배를 정의해야 한다. 그다음 이 장의 나머지 부분에서 그 정의에 대한 해설을 덧붙이고 몇 가지 실천적인 제안을 할 것이다.

정의와 해설

로버트 셰이퍼(Robert Shaper)는 예배가 사랑처럼 직관적 단순성(모두가 사랑이 무엇인지 '아는' 것처럼 모두가 예배가 무엇인지 '알고 있다')과 철학적

---

18 강조점은 다르지만 이런 입장을 내세우는 글로는 I. Howard Marshall, "How far did the early Christians worship God?" *Churchman* 99 (1985): pp. 216-229, A. Boyd Luter Jr., "'Worship' as Service: The New Testament Usage of latreuo", *Criswell Theological Review* 2 (1988): pp. 335-344를 보라. 또한 John P. Richardson, "Is Worship Biblical?" *Churchman* 109 (1995): pp. 197-218, 같은 저자, "Neither 'Worship' nor 'Biblical': A Response to Alastair Campbell", *Churchman* 111 (1997): pp. 6-18와 Alastair Campbell, "Once More: Is Worship 'Biblical'?" *Churchman* 110 (1996): pp. 131-139의 대화를 보라.

복합성(사랑이나 예배를 설명하려고 열심히 노력할수록 더 어려워진다)으로 특징지어진다고 주장한다.[19] 예배는 관계, 태도, 행동, 삶을 아우른다. 우리는 다음과 같이 예배를 정의해 볼 수 있다.

예배는 하나님에 대한 도덕적이고 감각 있는 모든 존재의 합당한 반응으로, 모든 존재는 그들의 창조주 하나님께 모든 영광과 가치를 돌리며, 하나님이 그렇게 하기에 합당한 분이시기 때문에 기쁨에 넘쳐 예배한다. 타락 이후 하나님에 대한 **인간의 예배**는 하나님이 은혜롭게 베푸신 구속에 대한 적절한 반응이다. 모든 참된 예배는 하나님 중심적이지만 **그리스도인의 예배**는 그리스도 중심적이기도 하다. 성령에 의해 가능해지고 새 언약의 규정에 따라 드리는 이 예배는 우리의 삶 전체에서 나타난다. 복음 안에서 예배의 원동력을 발견하고, 우리와 우리의 구속주 하나님과의 관계를 회복시킨다. 그리하여 우리와 하나님의 형상을 지닌 사람들, 함께 예배하는 사람들과의 관계 역시 회복시킨다. 따라서 이런 예배는 경배와 행동 모두에서, 개별 신자와 **공동 예배** 모두에서 나타난다. 공동 예배란 신자들의 몸이라는 맥락 안에서 드려지는 예배이며, 신자들은 모든 가치를 하나님께 돌리는 모든 형태의 경건한 찬양을, 이미 주어진 계시의 영광을 성취하고 궁극적 완성을 고대하는 새 언약의 명령과 본보기에 일치시키고자 노력한다.

물론 이 정의는 너무 길고 너무 복잡하다. 하지만 예배의 필수 요소에 대한 간략한 해설을 걸어 둘 수 있는 유용한 말뚝이 되어 줄 것이다.

---

[19] Robert Shaper, *In His Presence* (Nashville: Thomas Nelson, 1984), p. 13.

이 해설에서는 앞의 정의에 포함된 열두 가지 요소에 대해 비중을 다르게 두어 다룰 것이다.

1. 이 정의의 첫 번째 (꽤나 껄끄러운) 문장에서는 예배가 "하나님에 대한 도덕적이고 감각 있는 모든 존재의 합당한 반응"이라고 주장한다. 이 구절에는 두 가지 목적이 있다. 첫째, "모든"이라는 단어는 예배가 인간에게만 국한되지 않음을 상기시킨다. 천사들도 예배한다. 그들도 예배하도록 명령을 받는다. 요한계시록 4장과 같은 본문을 보면 천사들이 하늘에서 드리는 찬양을 조율한다. 이는 예배를 **반드시** 복음으로부터 시작되는 것으로 정의할 수 없음을 뜻한다. 왜냐하면 이는 구속의 위대한 신비 중 하나로, 하나님이 그분의 지혜 안에서 타락한 인간들에게는 구속자를 주셨지만 타락한 천사들에게는 주지 않으셨다는 것이기 때문이다. 하늘의 찬양을 조율하는 천사들은 구속에 대한 자신들의 경험에서 우러나온 반응으로 예배를 드리는 것이 아니다. 우리로서는 우리가 하나님께 예배를 드릴 때 이 예배의 행위가 우리를 특별한 존재로 만드는 것이 아님을 보아야 한다. 예배의 대상이신 하나님, 오직 그분만 예배를 받으셔야 한다는 의미에서 그분은 특별하시다. 하지만 예배자인 우리는 그렇지 않다.

둘째, 이 정의에서는 예배가 "도덕적이고 감각 있는 모든 존재의" 합당한 반응이라고 말함으로써 바위와 매, 피라미와 제비, 양배추와 두꺼비, 햇빛 속에서 춤추는 티끌을 예배로부터 배제한다. 물론 이해할 만한 언어의 확장에 의해 감각이 있든 없든 모든 피조물은 주를 찬양하라고 권면을 받는다(예를 들어, 시 148편). 하지만 이런 것들은 의식적 순종으로 찬양하는 것이 아니다. 그들은 하나님의 피조물이며 그분의 영광을 반영하고, 이로써 그분께 영광을 돌리도록 지음을 받았기 때문에 찬양한다. 이렇게 확장된 의미에서, 모든 창조 질서에는 그들이 '속한' 주가 계시다. 이제 그 전부가 죽음에 참여하고 구원의 완성을 고대하며 '탄식'하듯이(롬 8:22-23) 마지막 날에는 부활의 영광스러운 변모에 참여한다. 우리의 소망은 새 하늘과 새 땅이다. 이처럼 확장된 의미에서 모든 피조물은 하나님을 지향하며 하나님의 가치를 오직 하나님께 '돌려 드린다.' 하지만 이것은 **확장된** 의미다. 이 책의 논의를 위해서 우리는 예배를 "도덕적이고 감각 있는 모든 존재"가 하나님께 드리는 무언가로 간주할 것이다.

2. 예배는 적어도 네 가지 이유로 인해 하나님에 대한 "합당한 반응"이다. 먼저, 신구약 모두에서 하나님의 언약 백성은 반복적으로 예배하라는 명령을 받는다. 그들은 예배하라는 다양한 방식의 명령과 권면을 받기 때문에 예배한다. 하나님의 백성은 "여호와의 이름에 합당한 영광을 그에게 돌릴지어다. 제물을 들고 그 앞에 들어갈지어다. 아름답고 거룩한 것으로 여호와께 경배할지어다"라는 명령을 받는다(대상 16:29). "오라. 우리가 굽혀 경배하며 우리를 지으신 여호와 앞에 무릎을 꿇자. 그는 우리의 하나님이시요 우리는 그가 기르시는 백성이며 그의 손이 돌보시는 양이기 때문이라"(시 95:6-7). "기쁨으로 여호와를 섬기며 노래하면서 그 앞에 나아갈지어다"(시 100:2). 예수님은 마귀를 예배하라는 시험을 받으셨을 때 "주 너의 하나님께 경배하고 다만 그를 섬기라"라고 말씀하셨다(마 4:10). 그렇기에 다른 모든 신에 대한 예배는 우상숭배일 뿐이다(시 81:9; 사 46:6; 단 3:15, 28). 하나님이 한 백성으로 하여금 거짓 신들에 대한 예배를 하도록 내버려 두실 때 이는 끔찍한 심판의

표지였다(행 7:42-43). 하늘의 궁정에서 하나님께 맞설 경쟁자는 없다. 다른 누구에게도, 심지어 영광스러운 진리의 해석자에게도 경배를 드려서는 안 된다. 하나님을, 오직 그분만을 경배하라(계 19:10).

둘째, 예배는 하나님의 성품과 속성에 근거하기 때문에 "합당한 반응"이다. 반복적으로 예배를 명할 때, 많은 경우 이 명령은 하나님의 위대하심이나 위엄 또는 광채와 명시적으로 연결되어 있다. 다시 말해서, 하나님의 '가치'(worth)는 흔히 구체적으로 '가치 있음'(worth-ship)으로 여김 받으실 때 분명히 드러난다. 때로 포괄적인 명령도 있다. "**여호와의 이름에 합당한 영광**을 그에게 돌릴지어다"(대상 16:29; 또한 시 29:2을 참고하라). 이는 마땅히 그분이 받으셔야 할 영광이라는 뜻이다. 왜냐하면 성경적 사고에서 하나님의 이름은 하나님의 존재 전체를 반영하기 때문이다. 이 본문에서는 계속해서 독자에게 "**아름답고 거룩한 것으로 여호와께 경배할지어다**"라고 권면한다. 이는 우리가 하나님을 하나님 되게 하는 모든 것의 아름다움으로 주를 예배해야 한다는 뜻이다. 흰 빛이 프리즘을 통과할 때 온갖 색깔의 구성 요소로 나누어져 빛나듯이 이 진리 역시 여러 부분으로 나뉠 수 있다. 많은 요소가 가장 순수한 형태로 거룩하심을 이루어 순전한 '하나님 되심'에 기여한다. 따라서 사람들은 "주의 존귀하고 영광스러운 위엄"에 관해 이야기할 것이다(시 145:3-5). 열왕기하 17:39에서는 언약 공동체를 향해 "오직 너희 하나님 여호와만을 경외하라"라고 명령하면서 그 이유를 이렇게 설명한다. "그가 너희를 모든 원수의 손에서 건져내리라." 다만 모든 초점이 하나님께 맞춰져 있다.

셋째, 하나님의 '가치 있음'에서 가장 놀라운 요소 중 하나이자, 따라서 그분을 예배해야 할 가장 놀라운 이유 중 하나는 오직 그분만이 창조주라는 사실이다. 이것은 그분이 우리를 다스리신다는 사실과 연결되기도 한다. "오라. 우리가 굽혀 경배하며 **우리를 지으신 여호와 앞에 무릎을 꿇자**"라고 시편 기자는 권면한다(첫 번째 요소). "그는 우리의 하나님이시요 우리는 그가 기르시는 백성"이기 때문이다(두 번째 요소)(시 95:6-7). 우리가 기쁨으로 주를 예배해야 한다면(시 100:2), 다음과 같은 이유 때문이다. "그는 우리를 지으신 이요 우리는 그의 것이니 그의 백성이요 그의 기르시는 양이로다"(3절). 요한계시록 4장보다 이를 더 강력하게 표현한 곳은 없을 것이다. 네 생물은 밤낮 쉬지 않고 하나님께 찬양을 돌린다. "거룩하다. 거룩하다. 거룩하다. 주 하나님 곧 전능하신 이여, 전에도 계셨고 이제도 계시고 장차 오실 이시라"(4:8). 그들이 그렇게 할 때(우리는 그들이 그렇게 하기를 쉬지 않는다고 방금 들었다) 이십사 장로들은 "보좌에 앉으신 이 앞에 엎드려 세세토록 살아 계시는 이에게 경배[한다]"(4:10). 그뿐만 아니라 그들은 "자기의 관을 보좌 앞에 드[린다]"(4:10). 이 행동은 그들이 의존적 존재임을 철저히 인정한다는 것을 상징한다. 그들의 예배는 오직 하나님만이 "영광과 존귀와 권능을 받으시기에" 합당하심을 인정하는 것일 따름이다. 왜냐하면 **"주께서 만물을 지으신지라. 만물이 주의 뜻대로 있었고 또 지으심을 받았[기]"** 때문이다(4:11, 저자 강조). 예배는 창조주에 대한 피조물의 합당한 반응이다. 예배는 새로운 무언가를 창조하는 것이 아니다. 오히려 존재하는 바에 대한 있는 그대로의 반응이며, 창조주 앞에서 우리의 피조물 됨을 인정하는 행동이다.[20]

넷째, 하나님에 대한 "합당한 반응"을 이야기할 때 우리는 하나님이 무엇을 기대하시는지 친히 알려 주신 바를 성찰해야 한다.[20] 하나님은 그분의 백성이 그분께 어떻게 반응하기를 원하시는가? 하나님은 언제나 믿음과 순종을 요구하시지만, 믿음과 순종이 정확히 어떻게 드러나야 하는지는 구속사의 흐름 속에서 달라질 수 있다. 역사의 어느 시점에 하나님이 신자들에게 그분의 영광을 위해 거대한 기념비를 만들라고 요구하셨다고 상상해 보라. 그들에게는 그런 기념비를 세우는 것이 그들의 "합당한 반응"의 한 부분이었을 것이다. 왜냐하면 하나님이 그렇게 하라고 명령하셨기 때문이다. 모세 언약이 세워진 후, 이스라엘 백성은 1년에 세 차례 중앙의 성막/성전에 올라가라는 명령을 받았다. 그것은 그들에게 합당한 반응의 일부였다. 이것이 새 언약 백성에게 시사하는 바는, 예배에서 하나님에 대한 우리의 반응은 이 언약의 규정 아래에서 하나님이 우리에게 요구하시는 바를 조심스럽고 사려 깊게 살펴보는 것에서 시작해야 한다는 것이다. 우리가 '예배'를 즐기는지 아닌지를 묻는 것에서 시작해서는 안 되며, "하나님이 우리에게 기대하시는 바가 무엇인가?"라고 묻는 것에서 시작해야 한다. 이 물음이 우리의 합당한 반응을 규정할 것이다. 이 질문을 던지는 것은 개혁의 첫걸음을 내딛는 것이기도 하다. 이는 자기 점검을 요구한다. 이로써 우리는 이내 어떤 부분에서 하나님이 기대하시는 바에 부합하여 살지 **못하고** 있는지 깨닫게 될 것이기 때문이다. 타락 이후 모든 시대에는 특징적 죄가 존재했다. 하나님이 무엇을 요구하시는지 성경이 실제로 말하는 바를 주의

20　Marva J. Dawn, *A Royal "Waste" of Time: The Splendor of Worshiping God and Being Church for the World* (Grand Rapids: Eerdmans, 1999)에서는 이 주제를 감동적으로 다룬다. 하지만 그는 성경 신학의 맥락에서 논의를 진행하지 않기 때문에(다음을 보라) 한결같이 예배를 우리가 '공동 예배'라고 부르는 것으로 축소시킨다. 『고귀한 시간 '낭비' 예배』(이레서원).

집중하여 들음으로써 그 죄가 무엇인지 깨달을 때, 예배를 비롯한 우리 삶의 모든 영역을 개혁하는 결과를 낳을 것이다. 코넬리우스 플랜팅가(Cornelius Plantinga)는 거의 여담처럼 이런 주장을 한다.

우리가 이 시대의 특징적 죄를 알고 있다면 어리석고 유행에 민감한 전제들도 짐작할 수 있을 것이다. 그 전제들이란, 도덕이 단순히 개인적 취향의 문제이며, 모든 침묵은 인간의 수다나 배경 음악으로 채워져야 하고, 미국인의 760퍼센트가 희생자이며,[21] 느끼는 것이 생각하는 것보다 낫고, 권리는 책임감보다 중요하며, 아이들한테도 선택할 수 있는 권리가 다른 모든 권리보다 우선하고, 덕 없이도 참된 자유를 누릴 수 있으며, 양심의 가책은 시대에 뒤처진 이들을 위한 것이고, 하나님은 우리를 부자가 되게 하거나 행복해지게 하거나 종교적으로 흥분하게 만들 의무가 있는 친구 내지 심부름꾼이며, 존경을 받는 것보다 질투의 대상이 되는 것이 만족스럽고, 정치인과 설교자는 진실하기보다 유쾌한 것이 나으며, **재미있지 않다면 기독교 예배는 실패한 것**이라는 생각이다.[22]

3. 우리는 우리의 창조주 하나님이 "그렇게 하기에 합당한 분이시기 때문에 **기쁨에 넘쳐 예배한다.**" 우리가 예배할 때 기뻐해야 하는 이유는

---

21 이에 관해 Plantinga는 John Leo의 글을 인용한다. Leo에 따르면, "수많은 미국인은 여러 면에서 희생자로 불릴 자격이 있다. 그들은 후천성 면역 결핍증, 언론, 록 음악이나 포르노그래피, 비뚤어진 가정 교육, 모범생에 대한 부정적 편견, 흡연자에 대한 공적 적대감, 중독, 가부장제, 흑인인 것, 백인인 것, 숲에서 북을 치는 남자들의 동아리에 소속된 것 등으로 인해 피해를 당하고 있다"("A 'Victim' Census for Our Time", *U.S. News and World Report*, 23 November 1992, p. 22).
22 Cornelius Plantinga Jr., *Not the Way It's Supposed to Be: A Breviary of Sin* (Grand Rapids: Eerdmans, 1995), pp. 126-127(저자 강조). 『우리의 죄, 하나님의 샬롬』(복있는사람).

예배가 참신하거나 심미적으로 아름답기 때문이 아니라, 예배하는 대상 때문이다. 즉 하나님 그분은 기쁨에 넘치도록 놀라우시며, 우리는 그분을 기뻐하는 법을 배운다.

(선형적) 사고를 갈수록 더 못 미더워하는 이 시대는, 영화든 교회의 예배 예식이든 느낌을 훨씬 더 중요하게 여긴다. 안타깝게도 많은 사람, 특히 젊은 사람들은 설교와 가르침이 탁월한 교회에서 음악이 탁월한 교회로 옮겨 다닌다. 그들은 '더 나은 예배'가 거기 있기 때문이라고 말한다. 하지만 우리는 이 문제를 신중하게 생각해 보아야 한다. 잠시 공동 예배에 국한해서 생각해 보자. 공동 예배를 강화하기 위해 우리가 할 수 있는 것들이 존재하기는 하지만, 깊은 의미에서 볼 때 단지 우리가 탁월한 예배를 추구한다고 해서 탁월한 예배가 되는 것은 아니다. 예수님이 말씀하신 것처럼 자기 자신을 잃어버릴 때 비로소 자신을 찾을 수 있는 것과 마찬가지로, 탁월한 공동 예배를 발견하려는 노력을 중단하고 하나님을 찾고자 할 때 비로소 탁월한 공동 예배를 발견할 수 있다. 이의를 제기하는 이가 있겠지만, 우리가 **하나님**을 예배하기보다 **예배**를 예배하기 시작한 것은 아닐까 하는 생각이 들기도 한다. 한 형제가 나에게 말한 것처럼, 마치 처음에는 석양에 감탄하지만 이내 석양에 감탄하는 자신의 모습에 감탄하기 시작하는 것과 비슷하다.

"우리 자신을 잊어버리고 주를 높이고 그분을 예배하자"(Let's forget about ourselves, and magnify the Lord, and worship him)라는 찬양곡에서도 이 점을 인정한다. 문제는, 이 곡의 후렴구를 서너 번 부른 다음에도 전혀 달라진 것이 없다는 것이다. 당신 자신을 잊어버리는 **방법**은 하나님께 초점을 맞추는 것이다. 그렇게 하는 것에 대해 노래함으로써가 아니라 실제로 그렇게 함으로써 가능하다. 하나님, 즉 그분의 속성과 그분의 일하심, 그분의 성품, 그분의 말씀을 바라보는 우리의 시야를 확장시켜 주는 찬양곡과 예배와 설교가 너무나 적다. 어떤 이들은 단조로웠던 예배가 생기 넘치는 예배로 바뀌었기 때문에 공동 예배가 좋다고 생각한다. 그러나 생기 넘치던 예배가 몇 달 후에는 사람들을 만족시키지 못하고 불안한 채로 내버려 두는 피상적 예배가 될지도 모른다. 양 떼를 잘 먹이면 양 떼는 눕는다(참고. 시 23:2). 하지만 배가 고플 때 그들은 불안해할 가능성이 크다. 예수님은 베드로에게 "내 양을 먹이라"라고 명령하셨다(요 21장). 많은 양이 제대로 꼴을 먹지 못하고 있다. 하나님 백성의 예배가 깊어지기를 바란다면, 무엇보다도 그들이 하나님의 성품과 행하신 모든 일에 나타난 형언할 수 없는 그분의 위엄을 깊이 이해할 수 있게 하라.

나는 우리의 행위 및 윤리와 무관한 난해한 신학적 주장을 하고 있는 것이 아니다. 또한 먼저 하나님을 예배하고(그분은 마땅히 예배를 받으실 자격이 있기 때문에) 그다음 올바르게 살라(그분이 그렇게 말씀하셨기 때문에)는 두 명령이 개별적 명령처럼 독립적으로 존재하는 것도 아니다. 왜냐하면 예배를 제대로 이해한다면, 예배는 우리가 누구인지 규정하기 때문이다. 그것이 무엇이든 우리는 우리의 신이 되는 대상을 닮는다. 피터 라잇하르트(Peter Leithart)의 말에 미묘한 차이가 있을 수는 있지만, 중요한 내용이 있다.

우리가 예배하는 바가 무엇이든 혹은 누구이든, 우리는 그것을 닮게 된다는 것이 성경의 근본 진리다. 열방의 신들을 예배할 때 이스라엘은 그런 나라들과 비슷해졌다—피에 굶주리고 억압적이며 기만과 폭력으로 가득해졌다(참고. 렘 7장). 로마서 1장에서는 우상숭배자들이 성적 일탈과 궁극적으로 사회적·도덕적 혼돈에 빠지도록 하나님이 내버려 두셨음을 보여 줌으로써 이 원칙을 확증한다. 지금도 같은 역동이 작용하고 있다. 이슬람교도들은 인격체라기보다는 힘인 알라를 예배하며, 그들의 정치는 이런 헌신을 반영한다. 서양의 인본주의자들은 인간을 예배하며, 그에 따라 인간 마음의 모든 천박한 충동이 대중 매체라는 기관을 통해 존중받고 칭송받으며 널리 퍼진다. 이런 의미에서 시편 115:4-8은 구약의 언약적 역사와 예수님이 행하신 사역의 의미에 관해 놀라운 빛을 던져 준다. 시편 기자는 우상을 모든 감각 기관을 가지고 있기는 하지만 전혀 감각이 없는 형상으로 묘사한 후 "우상들을 만드는 자들과 그것을 의지하는 자들이 다 그와 같으리로다"라고 말한다. 인간은 우상을 예배함으로써, 말하지 못하고 보지 못하고 듣지 못하고 느끼지 못하고 제대로 기능하지 못하게 된다. 하지만 복음서를 보면 예수님은 바로 이런 곤경을 치유하기 위해 오셨다![23]

기도하라. 그런 다음 하나님의 영광과 성품과 속성을 강력히 드러내기 위해 일하라. 우리는 자동차 수리공이 차를 고쳐 주기를 기대하지, 자신이 사용하는 도구의 경이로움에 대해 자세히 설명하기를 기대하지 않는다. 그는 도구를 사용하는 법을 알고 있어야 하지만, 목표를 시야에서 놓쳐서는 안 된다. 마찬가지로, 우리도 공동 예배의 역학에 초점을 맞추다가 목표를 시야에서 놓쳐서는 안 된다. 우리는 하나님께 초점을

---

23 Peter Leithart, "Transforming Worship", *Foundations* 38 (Spring 1997): p. 27.

맞추어, 하나님을 더 닮게 되고 예배하는 법을 배운다. 즉 이와 더불어 믿음 안에서 서로 덕을 세우고 서로 너그럽게 대하며 서로의 잘못을 바로잡도록 돕는 법을 배운다.

물론 설교나 찬송, 기도, 간증을 통해 하나님의 영광을 드러낼 수도 있다. 이런 의미에서 마크 놀(Mark Noll)이 쓴 논문의 제목은 정확하다. "우리가 노래하는 바가 곧 우리다"(We Are What We Sing).[24] 분명한 점은, 박자를 더 활기차게 하거나 유행하는 비트로 바꿈으로써 '예배'를 강화하려고 한다면 예배는 결코 강화될 수 없다는 것이다. 반면, 상투적 표현으로 가득 차 있고, 말씀을 통한 살아 계신 하나님의 임재가 없는 메마른 설교 역시 예배를 강화할 수 없다.

우리가 추구해야 하는 바는, 하나님을 아는 지식과 그분으로 인한 기쁨—예배로 인한 기쁨이 아니라 하나님으로 인한 기쁨—이 자라게 하는 것이다. 시편 66편을 암송하는 것이 출발점이 될 수 있다. 하나님에 관해 알아야 할 것은 많은 교회가 제공하려 하는 가벼운 식단보다 훨씬 더 많다. 또한 참된 신자는 온전한 영적 음식을 받을 때 하나님으로 인해 더욱더 기뻐할 것이다. 이는 성경의 '다시 이야기하기'가 중요한 이유를 설명해 준다(예를 들어, 시 75-76편). 성경의 줄거리를 다시 이야기하는 것은 하나님의 성품과 과거에 하신 일, 그분의 말씀을 반복해서 다시 떠올리게 한다. 구속사의 파노라마에 나타난 하나님의 위대한 구속 행위를 상기시킨다. 우리가 성경 안의 위대한 전환점을 기억할 수 있도록 계획적으로 배치된 요소들이 거의 없는 현대의 예배는 이

---

24 *Christianity Today*, 12 July 1999, pp. 37-41.

런 관점을 빈번하게 놓친다. 이 점에 있어 나는 부활절과 성탄절에조차 **부활절이나 성탄절 이야기를 들려주는** 찬송가와 성가곡들을 소모하면서 매번 똑같은 감상적 합창들이 넘쳐나는 단조로운 '예배 예식들'을 비롯해, **개별 성경 이야기를 들려주는** 찬송가들[예를 들면 "고요한 저녁 찬송"(Hushed Was the Evening Hymn)과 같은]을 줄이는 것까지 염두에 두고 있다. 마찬가지로, 성찬식은 주 예수님이 그분의 죽음과 그 의미를 기억하라고 제정하신 수단이다.[25] 시편에서는 이스라엘의 역사, 특히 출애굽을 둘러싼 사건들을 자주 다시 이야기하는데, 이는 과거를 돌아보게 하는 동시에 찬양의 동기를 부여한다. 바울은 "같은 말"을 쓰는 것이 독자들에게 "안전하다"고 말한다(빌 3:1). 과거의 일을 상기시키는 글은 독자들의 "진실한 마음"을 일깨워 줄 수 있다(벧후 3:1). 베드로는 그들이 "거룩한 선지자들이 예언한 말씀과 주되신 구주께서 너희의 사도들로 말미암아 명하신 것을 기억하[기]"를 바란다고 말한다(3:2). 이 점에 관해 그는 구약의 권면을 그대로 따른다. 구약에서는 우리가 하나님이 우리를 위해 행하신 모든 것뿐 아니라 하나님의 입에서 나오는 모든 말씀을 기억하고 주의 깊게 우리 자녀에게 전수해야 한다고 말하기 때문이다(신 6, 8장). 이 모든 것은 다시 이야기하기가 우리를 빚어내고 자라게 하고 안정시키고 기뻐하게 만든다고 전제한다.[26] 마찬가지로, 옛 언약 아래에서조차 **예배**라는 용어는 성막과 성전 의례와 관련된 것보다 더 포괄적으로 모든 것을 아우른다는 것을 전제한다.

---

25 Tim Ralston, "'Remember' and Worship: The Mandate and the Means", *Reformation and Revival* 9/3 (2000): pp. 77-89를 참고하라.
26 Eugene H. Merrill, "Remembering: A Central Theme in Biblical Worship", *JETS* 43 (2000): pp. 27-36을 참고하라.

이런 관점에서 우리는 강화의 교육적 장치로서의 반복이 얼마나 중요한지 씨름해야 할 것이다. 미학을 추구하는 단순한 전통주의에 대해 의심을 품는다면, 감정적 흥분을 추구하는 단순한 혁신주의에 대해서도 의심해 보아야 한다. 하지만 신앙의 근본 요소를 철저히 전달할 방법이 있어야 한다. 거룩한 반복과 다시 이야기하기를 통해, 우리가 잊어버리기 쉬운 하나님과 그분이 행하신 일에 관한 영광스러운 진리를 우리 영혼 안에 깊이 심어야 한다.

4. "타락 이후 하나님에 대한 **인간의 예배**는 하나님이 은혜롭게 베푸신 구속에 대한 적절한 반응이다." 타락 이전에 인간 실존에 짧게나마 허용되었던 시간(창 2장)을 통해, 하나님의 형상을 지닌 사람들이 그분이 지으신 피조물의 완벽함으로 인해 그리고 완벽하게 그분을 지향할 때 얻는 그분의 임재로 인해 기뻐하는 모습을 엿볼 수 있다. 구속의 은혜는 전혀 드러나지 않는다. 왜냐하면 아무에게도 필요하지 않았기 때문이다. 인간에게 예배하라고 권할 필요가 없었다. 그들의 모든 실존이 그들을 만드신 하나님을 중심으로 돌아가고 있었기 때문이다.

타락의 핵심에는 우리의 하나님 중심성을 파괴하는 자기애가 자리 잡고 있다. 물론 암묵적으로 하나님을 예배하지 않는 모든 잘못은 우상숭배 이상도 이하도 아니다. 우리는 유한하기에 필연적으로 무언가 혹은 누군가를 예배한다. 『카라마조프가의 형제들』(The Brothers Karamazov)에 등장하는 도스토옙스키(Dostoyevsky)의 말은 틀리지 않다. "인간이 자유로운 한, 예배할 누군가를 찾는 것보다 더 끊임없이 그리고 고통스럽게 추구하는 것은 아무것도 없다." 하지만 우리는 타락했기 때문에 거짓 신들에 끌린다. 그것은 길들이고 마음대로 할 수 있는 신일 수도 있고, 물질적인 신일 수도 있으며, 권력이나 쾌락 같은 추상적인 신일 수도 있고, 마르크스주의나 민주주의나 포스트모더니즘처럼 철학적인 신일 수도 있다. 하지만 우리는 반드시 예배하기 마련이다. 이런 신들 대부분은 하찮고 보잘것없으며, 윌리엄 제임스(William James)는 "세속적 **성공**에 대한 배타적 숭배가 초래한 도덕적 무기력증"이라고 비판한다.

설상가상으로, 우리는 하나님 앞에 죄인으로 서 있다. 우리의 창조자는 우리의 심판자이시기도 하기 때문이다. 이야기가 여기서 끝났을 수도 있지만, 하나님은 점진적으로 구속의 목적을 드러내신다. 그렇게 하시면서 그분은 어떤 접근 방식이 그분께 합당한지, 무엇이 합당한 찬양과 기도를 이루는지, 무엇이 그분께 나아오는 합당한 **공동체적** 접근 방식을 이루는지 규정을 주셨다. 따라서 예배는 하나님의 명령에 따라 의례와 제사, 상세한 법, 성소, 제사장 체계 등과 얽혀 들어간다. 여기서 세 가지를 지적해 둘 필요가 있다.

첫째, 하나님의 백성이 하나님께 가까이 나아갈 때 그분이 그들에게 주신 명령의 변화와 발전 과정은 복잡하고 미묘한 역사였다.[27] 첫 인간의 죄가 첫 죽음을 초래했으며, 하나님의 형상을 지닌 첫 존재들의 벌거벗음을 숨기기 위해 동물이 죽어야 했다. 곧 제사는 예배의 뿌리 깊은 구성 요소가 된다. 모세 언약에 이르면, 화목제(레 17:11 이하)는 하나님과 그분의 언약 백성 사이의 조화로운 관계를 유지하기 위해 하나님이 규정하신 수단이 된다. 속죄제(레 4장)는 예배자와 하나님 사이의 걸림

---

27 Peterson, *Engaging with God*과 Y. Hattori, "Theology of Worship in the Old Testament", *Worship: Adoration and Action*, pp. 21-50의 관련된 부분을 보라.

돌인 죄를 해결했다. 속죄 제물은 죽임당한 소, 양, 염소였으며, 예배자는 자신의 손을 그 머리 위에 얹음으로써 이 제물과 자신을 동일시했다. 제물의 생명을 상징하는 그것의 피(레 17:11)를 하나님의 임재를 상징하는 제단의 뿔에 바를 때, 하나님과 예배자는 갱신된 관계 안에서 연합되었다. 규정된 언약 관계 아래에서 제사 체계의 요구를 그대로 따르지 않는 한, 합당한 예배는 존재할 수 없었다. 이 체계를 통해 하나님은 그분의 형상을 지닌 반역한 인간들이 그분께 다가갈 수 있는 수단을 규정하셨다. "따라서 예배는 언약 관계에 대한 이스라엘의 반응이자 그 관계의 지속을 보증하는 수단이었다."[28]

시내산 이전과 이후 둘 다 많은 변이형이 존재했다. 족장 시대에는 가족과 개인이 거의 아무 장소에서나 제사장 계급 없이 제사를 바쳤다. 모세 언약은 이동식 성소인 성막에서만 제사를 드려야 하고 제사 드리는 것은 레위인들만 누리는 특권이 되어야 한다고 규정했다. 그러나 이 두 가지 제한 규정 모두를, 특히 전자를 위반하는 경우가 많았다. 솔로몬 성전의 건설로 언약적 예배는 적어도 왕국이 분열할 때까지 중앙으로 집중되었다. 중요한 절기에는 수천 명의 순례자가 위대한 왕의 도성인 예루살렘으로 '올라'갔다. 찬양대가 참여했고, 이런 절기 행사에는 악기도 동원되었다. 예배는 제의와 강하게 얽혀 있었다.

왕국이 분열하고 이스라엘과 유다 모두 갈수록 타락하자, 얼마 지나지 않아 이 정도의 통일성마저 깨지고 말았다. 북쪽 지파들은 포로로 끌려가 성전 접근이 불가능한 장소로 흩어졌다. 때가 이르자, 유다 왕국

---

28 J. G. Davies, "Worship", *A Dictionary of Biblical Tradition in English Literature*, ed. David Lyle Jeffrey (Grand Rapids: Eerdmans, 1992), p. 851.

의 사람들도 포로로 잡혀갔고 성전은 완전히 파괴되었다. 제의의 중심이 이렇게 소멸되자 이어진 생각의 혁명은 특히 에스겔 8-11장의 환상과 같은 많은 구약 본문에 나타나 있다. 이 환상에서는 포로로 끌려간 사람들의 공동체—성전과 더불어 곧 파괴될 예루살렘에 남아 있는 유다 사람들이 아니라—가 참된 남은 자들이며, 하나님이 그들을 위해 친히 성소가 되신다(11:16). 이런 현실은 성전을, 그리고 성전과 불가분한 언약 구조를 상대화한다. 새 언약의 약속 역시 똑같은 효과를 발휘한다(렘 31:31 이하; 겔 36:25-27). 나중에 히브리서 기자가 결론 내리듯이 새 언약의 약속은 원칙적으로 옛 언약을 낡은 것으로 만들었다(히 8:13). 포로기 이후 축소된 성전으로 회복되었지만, 그것이 이런 새로운 기대들을 실제로 없애지는 못했다. 사독의 제사장 계보도, 다윗의 왕국도 회복되지 못했기 때문이다.

따라서 주목해야 할 첫 번째 사실은, 이스라엘의 예배가 제의와 제사, 제사장의 예배 예식, 언약적 규정, 주요 절기 등과 아무리 얽혀 있다고 하더라도 아브라함부터 예수님에 이르기까지 2천 년을 지나오면서 그 모습이 계속 바뀌었다는 것이다.

둘째, 고대 이스라엘의 모든 예배를 제의로 국한할 이유가 전혀 없다. 시편의 일부는 폭넓은 독자들을 염두에 둔 것이고 또 일부는 성전 예식에서 공동체가 사용하기 위한 것이기도 하지만, 시편에는 광범위한 개인 찬양과 경배가 서술되어 있다. 구약에는 제의의 종교와 별개로 개인들이 하나님 앞에 기도를 쏟아 놓는 증거가 무수히 많다(예를 들어, 한나와 다니엘, 그리고 욥).

셋째, 가장 중요한 것은 주 예수의 오심과 그분으로 시작된 새 언약은 놀라운 전환을 이루었다는 점이다. 새 언약의 조건 아래에서 레위인의 제사장직은 대체되었다. 우리 모두가 제사장(즉 중보자, 베드로전서)이거나 오직 예수님만 대제사장이시며(히브리서), 제사장 계급이나 지파는 존재하지 않는다. 예수님의 몸이 성전이 되었고(요 2:13-22), 혹은 그 비유를 확장하여 교회가 성전이거나(고전 3:16-17), 개별 그리스도인이 성전이다(고전 6:19). 교회 건물을 '성전'이라고 부르지 않는다(예를 들어, '성전 침례교회'). 예표/대형(對型)의 형태는 빈틈없이 적용되어야 하기 때문에 우리가 예배를 생각하는 방식도 바뀌어야 한다. 옛 언약 아래에서 성전 및 제사장 체계와 밀접하게 연결되어 있던 예배 언어는 그리스도가 행하신 바에 의해 근본적으로 바뀌었다.

로마서 12:1-2과 같은 잘 알려진 본문을 통해 이런 변화를 확인할 수 있다. 우리 몸을 "하나님이 기뻐하시는 거룩한 산 제물"로 드리는 것이 우리가 드릴 "영적 예배"다. 다시 말해, 바울은 제의의 예배 언어를 사용하지만, 이 용어를 사용하는 방식은 우리를 제의에서 멀어지게 한다. 우리가 바치는 것은 더 이상 양이나 소가 아니라 우리의 몸인 것이다. 또 다른 유명한 본문에서 다시 한번 이런 변화를 확인할 수 있다. 예수님은 우리에게 "영과 진리로 예배"해야 한다고 말씀하신다(요 4:24). 이것은 우리가 ('육적으로'가 아니라) '영적으로', ('거짓되게'가 아니라) '진실하게' 예배해야 한다는 뜻이 아니다. 본문의 초점은 우리 주님의 주장에 있다. 사마리아인들은 예배를 위한 적합한 장소는 쌍둥이 산, 즉 그리심과 에발이라고 주장했다. 그와 반대로 예수님은 "아버지께 참되게 예배하는 자들[이] 영과 진리로 예배할 때"가 왔으며 "하나님은 영이시니 예배하는 자가 영과 진리로 예배할지니라"라고 말씀하신다(4:23-

24). 우선, 이 말씀은 사마리아인들의 산과 예루살렘 모두 하나님 백성의 공동 예배를 위한 적합한 장소가 아니라는 뜻이다. 하나님은 영이시며, 과거에는 장차 다가올 것을 기대하게 하는 가르침의 장치로서 성전에서 그분 자신을 드러내기로 하셨지만 그분은 단순한 장소나 단순한 성전에 의해 길들여질 수 없으시다. 더 나아가 신약에서는 예수님이 **참 포도나무**, **참** 만나, **참** 목자, **참** 성전, **참** 아들로 나타나시는데, "**영과 진리로**" 하나님을 예배한다는 말씀은 무엇보다도 우리가 **그리스도를 통해** 하나님을 예배해야 한다는 뜻이다. 그분 안에서 실체가 나타났으며 그림자는 사라지고 있다(참고. 히 8:13). 그리스도인의 예배는 새 언약의 예배다. 복음으로부터 영감을 받은 예배, 그리스도 중심적 예배, 십자가에 초점을 맞추는 예배다.[29]

    신약의 다른 곳을 보면, 바울은 복음 전하는 것을 자신의 **제사장적 예배 예식**으로 생각했을 것임을 발견한다(롬 15장). 예수님은 우리의 유월절 어린양이시다(고전 5:7). 우리는 양의 제사가 아니라 찬송의 제사를 드린다(히 13:15). 우리의 예배는 더 이상 특정 형식이나 절기에 초점을 맞추지 않는다. 예배는 우리의 존재 전체와 직결되어 있어야 하며, 하나님의 메시아가 핏값을 주고 사신 백성으로서 우리가 행하는 모든 것과도 그러해야 한다. 우리는 **우리 자신을** 산 제물로 드려야 한다. 아우구스티누스(Augustine)는 같은 맥락에서 "우리는 하나님을 믿음, 소망, 사랑으로 예배해야 한다"라고 말했다. 예배는 우리가 언제나 행하는 무언가다. 새 언약 아래에서 예배는 이제 더 이상 전례력에 의해 형성된 제의

---

29 Peterson, *Engaging with God*에는 이에 관한 탁월한 논의가 담겨 있다.

에 초점을 맞추지 않고, 우리가 계속해서 행하는 무언가가 되었다.

요약하면, "타락 이후 하나님에 대한 **인간의 예배**는 하나님이 은혜롭게 베푸신 구속에 대한 적절한 반응이다." 하지만 구속사의 흐름 안에서 달라진 새 언약의 신자들의 지위로 인해, 참된 예배를 구성하는 핵심이 예배 형태를 대단히 급진적으로 변화시켰다. 제사와 제사장적 구조가 궁극적 제사와 대제사장을 기대하게 하던 때는 언약 공동체의 공동 예배에 신실하게 참여하는 것이 곧 성전이자 그것을 상징하는 모든 것— 즉 동물 제사, 주요 절기 등—이었다. 궁극적 제사가 이루어진 이후에는 더 이상 그것을 지향하던 형식에 참여하지 않게 되었다. 또한 예배 언어, 제사장 언어, 제사 언어의 초점은 훨씬 더 포괄적인 영역으로 전환되었다. 즉 제의의 개념들에 훨씬 덜 치우치게 되었다.

5. 그럼에도 불구하고 모세 언약 아래에서와 새 언약 아래에서의 예배 형식 간 차이를 과장하는 오류를 범하지 않기 위해서는 "**모든 참된 예배는 하나님 중심적**"이라고 인식하는 것이 필수다. 그것은 **결코** 형식적 요구 조건을 따르는 문제에 그치지 않는다. 구약의 예언서를 보면 형식적으로는 '올바르지만' 예배자가 우상숭배에 마음을 빼앗긴 예배를 호되게 비판하는 본문이 많다(예를 들어, 겔 8장). 이사야는 주의 말씀을 외친다. "여호와께서 말씀하시되, '너희의 무수한 제물이 내게 무엇이 유익하뇨? 나는 숫양의 번제와 살진 짐승의 기름에 배불렀고 나는 수송아지나 어린 양이나 숫염소의 피를 기뻐하지 아니하노라.…헛된 제물을 다시 가져오지 말라! 분향은 내가 가증히 여기는 바요 월삭과 안식일과 대회로 모이는 것도 그러하니 성회와 아울러 악을 행하는 것을 내가 견디지 못하겠노라.…너희가 손을 펼 때에 내가 내 눈을 너희에게서 가리

고…내 목전에서 너희 악한 행실을 버리며 행악을 그치고 선행을 배우[라]!"(사 1:11-17) "너희가 도둑질하며 살인하며 간음하며 거짓 맹세하며 바알에게 분향하며 너희가 알지 못하는 다른 신들을 따르면서 내 이름으로 일컬음을 받는 이 집에 들어와서 내 앞에 서서 말하기를 '우리가 구원을 얻었나이다' 하느냐? 이는 이 모든 가증한 일을 행하려 함이로다"(렘 7:9-10). 로버트 레이번(Robert Rayburn)은 "마음의 순수성 없이 예배하는 그들의 가식은 정말로 가증한 것이었다"라고 말한다. "하나님이 승인하신 규정들조차 오용되었기 때문에 이를 주신 하나님께 불쾌한 것이 되고 말았다."[30]

이는 불확실한 결론으로 가기 쉬운 피터슨의 논점을 명확히 설명해 준다. 우리가 살펴보았듯, 피터슨은 옛 언약으로부터 새 언약으로 이행하면서 제의의 언어가 변환되었다고 바르게 지적한다. 새 언약 아래에서 제사, 제사장, 성전, 제물 등과 같은 용어는 변화되었다. 더 이상 신자들이 순례해야만 하는 최고의 장소는 존재하지 않는다. 우리는 "영과 진리로" 예배한다. 이런 언어의 변화는 피할 수 없으며 예표로부터 대형으로, 약속으로부터 실체로, 그림자로부터 본질로의 전환과 밀접하다. 하지만 그렇다고 해서 개인 예배는 차치하고, 구약에 있는 제의의 형식적 요구 사항이 공동 예배의 의미를 소진시켰다고 결론 내려서는 안 된다.

모든 법적 구조 안에는 언제나 우선순위의 위계가 존재한다. 예수님도 '율법' 안에서 가장 큰 계명이 무엇인지 주저 없이 밝히셨다. "네 마음을 다하고 목숨을 다하고 뜻을 다하여 주 너의 하나님을 사랑하

---

[30] Robert G. Rayburn, *O Come, Let Us Worship* (Grand Rapids: Baker Book House, 1980), p. 19. 『예배학』(성광문화사).

라"(마 22:37, 또한 신 6:5 참고). 따라서 가장 큰 죄, 가장 근본적인 죄는 마음과 목숨과 뜻을 다해 주 우리 하나님을 사랑하지 **않는** 것이다. 우리가 정의 내린 바와 같이, 예배와의 연관성은 자명하다. 만약 우리가 자기애에 사로잡혀 있거나, 자신의 위대함이나 독립에 대한 한심한 전망에 취해 있다면, 우리는 주의 이름에 합당한 영광을 그분께 돌릴 수 없을 것이다. 우리 마음이 그분한테서 멀어져 있을 때 언약적 제사의 규정을 형식적으로 지킨다고 해서 주를 바르게 예배할 수 없음은 말할 것도 없다. 분명히 말하건대, 예배는 하나님께 **형식적** 찬양을 돌리는 행위가 아니다. 예배는 우리의 존재 전체로부터 출발해 온전하신 하나님께 이르는 것이다. 그러므로 예배는 하나님에 대한 나의 이해뿐 아니라 그분을 향한 나의 사랑을 반영한다. "내 영혼아, 여호와를 송축하라. 내 속에 있는 것들아, 다 그의 거룩한 이름을 송축하라"(시 103:1).

따라서 옛 언약 아래 예배에서 새 언약 아래 예배로의 전환을 형식적인 것에서 영적인 것으로, 제의에서 영성으로, 제의에서 삶 전체로의 전환이라고 특징지을 수 없다. 왜냐하면 처음부터 지금까지 **언제나** 하나님을 온전히 사랑해야 했고, **언제나** 하나님의 거룩하심과 초월적 능력과 영광과 선하심을 인정하고 그분의 본질 때문에 당연히 그분을 경배해야 했기 때문이다. 따라서 우리는 "**모든 참된 예배는 하나님 중심적**"이라고 주장한다. 옛 언약 아래 예배에서 새 언약 아래 예배로의 전환은 두 언약의 언약적 명령과 규정으로 특징지어진다. 온전히 사랑으로 가득하신 하나님이 옛 언약 아래서 일하시던 통로는 그 언약의 규정들에 대한 진심 어린 순종이었다. 여기에는 제의에 부여된 우선적 중요성, 구속사의 흐름 속 제의의 의미와 목적이 포함되었다. 또한 그 함의에는 거룩한 것과 일상적인 것, 거룩한 공간과 일상적 공간, 거룩한 시간과 일상적 시간, 거룩한 음악과 일상적 음식 사이의 구별도 포함되었다. 온전히 사랑으로 가득하신 하나님이 새 언약 아래서 일하시는 통로도 역시 그 언약의 규정들에 대한 진심 어린 순종이다. 여기서 제의의 언어는 삶의 모든 것으로 전환되며, 그 함의는 공간과 시간과 음식의 탈신성화라기보다는 오히려 모든 공간과 모든 시간과 모든 음식의 신성화다. 하나님이 거룩하다고 선언하신 것을 그 누구도 거룩하지 않다고 선언하지 못하게 하라.

여기서 자세히 살펴볼 수는 없지만 언급하고 넘어가야 할 추가적 함의가 있다. 일에 관한 신학적 분석에서 일이 '창조 명령'(용어는 신학 전통마다 다르다)이라는 것은 이제 진부한 표현이 되었다. 타락 이후 일이 아무리 고되고 어려운 것이 되었다고 할지라도(창 3:17-19), 일 자체는 태초의 낙원에 속한 것이었으며(창 2:15) 피조물인 우리가 하나님의 선한 창조 안에서 여전히 행하는 무언가다. 물론 이것은 옳지만, 새 언약 아래에서는 그것만으로는 부적절하다. 우리의 일을 비롯해 모든 것이 방금 설명한 의미에서 신성화되었다면 일 자체도 우리 예배의 일부다. 그리스도인은 하나님의 창조 안에서 하나님의 피조물로서 일할 뿐 아니라, 시간, 열정, 노동, 삶 전체를 하나님께 바치는 구속받은 사람으로서 일한다. 우리는 마음과 목숨과 뜻을 다해 그분을 사랑하며, 우리가 무슨 일을 하든지 하나님의 영광을 위해 해야 함을 이해하고 있다.

이는 새 언약 아래에서는 공동체적 모임을 위한 공간이 없고, 공동체로서 하나님을 인정하는 행위, 공동 예배가 없다는 뜻이 아니다―이에 관해서는 뒤에서 자세히 살펴볼 것이다. 하지만 주 예수 그리스도가 성취하신 십자가 사역에 비추어 제의의 언어는 반드시 바뀌어야 했고, 그와 더불어 예배에서 우리의 우선순위도 바뀌었다. 변하지 않는 것은 그 모든 것에서의 하나님 중심성이다.

6. **그리스도인의** 예배는 하나님 중심적인 동시에 그리스도 중심적이다. 성부께서 정하신 예배의 목적은 모든 사람이 성부를 경배하는 것처럼 성자를 경배하는 것이다(요 5:23). 영원하신 말씀이 육신이 되셨기에(요 1:14), 신성의 충만함이 신체적 형태로 그리스도 안에 거하기에(골 2:9), 예수님의 놀라운 순종(심지어 죽음에 이르기까지!)에 비추어 하나님은 그분을 높이시고 그분에게 "모든 이름 위에 뛰어난 이름을 주사 하늘에 있는 자들과 땅에 있는 자들과 땅 아래에 있는 자들로 모든 무릎을 예수의 이름에 꿇게" 하셨기에(빌 2:9-10), 부활하신 예수님이 도마가 숭배하며 예배하는 태도로 했던 "나의 주님이시요, 나의 하나님이시니이다!"라는 말을 조용히 받아들이셨기에(요 20:28), 오늘날 그리스도인은 첫 세대의 신자들의 본보기를 따라 주저 없이 예수님을 예배한다.

주 예수를 예배하라는 명령이 요한계시록에, 특히 5장부터 어느 책보다 더 명확히 기록되어 있다. 요한계시록 4장에서, 묵시적 은유를 통해 가장 높은 계급의 천사들도 하나님 앞에서는 얼굴을 가릴 만큼, 그분은 위대하고 초월적인 하나님으로 제시된다. 이는 5장의 드라마를 위한 무대가 된다. 거기서 한 천사가 우주 전체를 향해 도전한다. 누가 이처럼 무시무시한 하나님의 보좌로 가까이 가 그분의 오른손에 있는 책을 취해 그것을 봉한 일곱 인을 뗄 수 있겠는가? 시간과 이러한 문학 형식의 상징성에 따르면, 이 말은 우주를 향한 하나님의 모든 목적, 복과 저주에 관한 그분의 목적을 실현하라는 도전이다. 이 책무를 성취하기에 합당한 사람이 아무도 없고, 따라서 환상을 보고 있는 요한은 절망에 빠진다(5:4). 그런 다음 누군가가 나타난다. 어린 양인 동시에 유다 지파의 사자—왕 같은 전사인 동시에 죽임당한 어린 양—가 나타나 전능하신 이의 오른손에 있는 두루마리를 취해 봉인을 뗀다. 하지만 이 초월적이며 솔직히 무시무시한 하나님의 보좌로 다가가는 대신, 그는 보좌 한가운데에 서 계시며 하나님과 하나이시다(5:6). 이로써 어린 양을 향한 우렁찬 경배의 찬양이 시작된다. 그분이 두루마리를 취해 봉인을 떼기 **합당하시기에** 그분을 찬양한다(5:9). 그분이 심판과 속량이라는 하나님의 목적을 실현하기에 유일하게 합당한 분이신 까닭은, 단지 그분이 하나님의 보좌로부터 나타나셨을 뿐 아니라 그분이 죽임을 당하셨기 때문이다. 그분은 모든 족속과 방언과 백성과 나라 가운데에서 사람들을 자신의 피로 사서 하나님께 드리신다(5:9). 간단히 말해, 그분의 인격뿐 아니라 속죄 사역 때문에 그분은 하나님의 완벽한 목적을 실현하시기에 유일하게 합당한 분이다.

그 후로 요한계시록에서 예배는 "보좌에 계신 이와 어린 양"께 드려진다. 이렇게 우리 시대에 그리스도인의 예배는 하나님 중심적인 동시에 그리스도 중심적이다.

7. 그리스도인의 예배는 삼위일체적이다. 이에 관해서는 자세히 살펴볼 필요가 있다. 예를 들어, 기도에 관한 삼위일체적 성경 신학에 관해 생각해 볼 수 있다.[31] 하지만 이 책에서의 논의를 위해서는 제임스 토런

---

31 예를 들어, 중요한 논문인 Edmund P. Clowney, "A Biblical Theology of Prayer", *Teach Us To Pray: Prayer in the Bible and the World*, ed. D. A. Carson (Carlisle: Paternoster Press, 1990), pp. 136-173를 보라.

스(James Torrance)의 통찰을 그대로 반복하는 것으로 충분할 것이다. 그는 다음과 같이 말한다.

[삼위일체적] 예배관은, 예배가 성령을 통해 성육신하신 성자께서 성부와 더불어 나누시는 사귐에 참여하는 선물이라는 것이다. 이는 곧 그리스도와의 연합에 참여함을 뜻한다. 그분이 우리를 위해 단번에 영원히 행하신 바, 곧 그분이 성부께 자신을 드리신 것에, 그분의 삶과 십자가 죽음에 참여함을 뜻한다. 또한 그분이 성부 앞에서 우리를 위해 계속 행하시는 바, 곧 성부가 그분께 주신 세상을 위한 사명에 참여함을 뜻한다. 단 한 분의 참 제사장이 계셔서, 우리는 그분을 통해 그리고 그분과 더불어 하나님 우리 아버지께 나아갈 수 있다. 하나님과 인간 사이에 단 한 분의 중보자가 계시다. 하나님이 참으로 기뻐 받으시는 단 하나의 제물이 있으며, 그것은 우리의 것이 아니다. 그분이 언제나 그분을 의지해 하나님께 나아오는 사람들을 거룩하게 만드시는 제물이다(히 2:11, 10:10, 14).…이런 예배는 오직 그리스도께서 제사장이시며 머리가 되신다는 신약의 가르침, 그분이 우리를 위해 자신을 성부께 제물로 드리셨고 우리는 성령을 통해 그리스도와 연합한다는 가르침, 그분의 몸인 교회의 비전을 진지하게 받아들인다.…따라서 우리는 성부와 성자, 성령의 이름으로 세례를 받아 공동체, 즉 한 분 하나님, 성부, 성자, 성령에 대한 믿음을 고백하며 성령 안에서 성자를 통해 성부를 예배하는 그리스도의 몸으로 들어간다.[32]

---

[32] James B. Torrance, *Worship, Community and the Triune God of Grace* (Downers Grove: InterVarsity Press, 1996), pp. 20-22. 이 책은 대단히 뛰어난 통찰을 담고 있다. 하지만 내가 생각하기에 Torrance는 가끔 허수아비에 불과한, 성만찬에 관한 츠빙글리의 견해를 공격하곤 한다.

이는 매우 유익하다. 특히 이것이 일요일 아침 11시에만 해당한다고 해석하지 않는다면 더욱더 유익할 것이다. 의롭다 여기시고 거듭나게 하시며 속량하시는 우리 삼위일체 하나님의 사역은 그분의 백성을 변화시킨다. 이것이 새 언약의 본질이다. 그러므로 새 언약의 예배는 사람을 변화시키는 복음 안에서 가장 중요한 원동력을 찾는다. 왜냐하면 복음은 "우리와 우리의 구속주 하나님과의 관계를 회복시킨다. 그리하여 우리와 하나님의 형상을 지닌 사람들, 함께 예배하는 사람들과의 관계 역시 회복시키기" 때문이다.

8. 그리스도인의 예배는 경배와 행동 모두를 아우른다.[33] 이 둘에 관해 이야기하는 이유는 성스러운 것과 일상적인 것 사이의 구별을 다시 도입하려는 것이 아니다(앞의 4번 항목을 보라). 전자가 더 영적이거나 더 충실한 예배자가 되는 데 추가 점수를 얻을 수 있기라도 한 것처럼, 먼저 '경배'에 이끌린 다음 '행동'으로 나아간다는 뜻이 아니다. 우리는 모든 것을 하나님의 영광을 위해 한다. 영적 예배로서 우리 몸을 산 제물로 드릴 때 우리는 우리 몸으로 그분이 원하시는 바를 행한다. 사실 이 '행동'보다 훨씬 더 공격적인 무언가가 존재할지도 모른다. 미로슬라브 볼프(Miroslav Volf)의 말처럼 "하나님의 놀라운 구원 행위를 찬양하는 동시에, 선을 행하지 않거나 적극적으로 악을 행함으로써 파괴의 악령들에게 협력하는 것은 근본적으로 위선적이다. 디트리히 본회퍼(Dietrich Bonhoeffer)가 바르게 말했듯이, 나치 독일의 맥락에서는 유

---

[33] 특히 Miroslav Volf, "Reflections on a Christian Way of Being-in-the-World", *Worship: Adoration and Action*, pp. 203-211를 보라. 이 부분에 제시된 몇몇 요소에 있어서 나는 이 논문에 빚을 지고 있다.

대인을 돕는 사람만이 그레고리우스 성가를 부를 수 있다.…세상 속에서의 행동 없이 하나님을 경배하는 것은 공허하고 위선적이며, 무책임하고 불경건한 정적주의(quietism)로 변질될 뿐이다."[34] 역으로, 이 세상에서 그리스도인의 행동은 하나님을 찬양할 동기를 만들어 낸다(벧전 2:11-12).

다른 한편으로, **단순한** 행동주의 역시 특별히 경건한 대안이라고 할 수 없다. 왜냐하면 적극적인 악처럼 행동주의 역시 권력에 대한 단순한 욕망이나 (그 전통이 아무리 선하더라도) 전통에 대한 단순한 헌신, 단순한 이타주의나 개혁의 정서로부터 자극을 받은 것일 수 있기 때문이다. 그러나 개인적이고 개별적이든 공동체적이든, 경배의 시간을 갖는다는 것은 고전적 성속 분리로 되돌아가는 것이 아니라 이 창조 질서 안에서 삶의 주기를 인정하는 신약의 가르침을 고수하는 것이다. 예수님은 친히 개인 기도를 위해 "은밀한" 곳을 찾아야 할 시간 및 공간이 존재한다고 전제하셨다(마 6:6). 뒤에서 살펴보겠지만, 교회는 정기적으로 모여야 한다.

요약하면, 그리스도인의 예배는 "우리와 하나님의 형상을 지닌 사람들, 함께 예배하는 사람들과의 관계 역시 회복시키는" 복음으로부터 원동력을 얻기 때문에, 하나님의 궁극적 승리가 곧 화해된 우주이기 때문에(골 1:15-20), 우리의 예배는 경배와 행동 모두를 통해 표현되어야 한다.

9. 이와 비슷하게 신약 문서가 우리의 지침이 된다면 우리의 예배는

---

[34] 같은 글, p. 211.

개별 신자와 "신자들의 몸이라는 맥락 에서 드려지는 공동 예배" 모두를 통해 표현되어야 한다.

이러한 공동체적 정체성은 지금 여기에서 우리가 우리 자신과 동일시하는 다른 신자들뿐 아니라 모든 시간과 장소에 속한 신자들에게까지 확장된다. 왜냐하면 하나님 백성의 '모임'은 근본적으로 **하나님께로 향하는** 모임이기 때문이다. "그러나 너희가 이른 곳은 시온산과 살아 계신 하나님의 도성인 하늘의 예루살렘과 천만 천사와 하늘에 기록된 장자들의 모임과 교회와 만민의 심판자이신 하나님과 및 온전하게 된 의인의 영들과 새 언약의 중보자이신 예수와 및 아벨의 피보다 더 나은 것을 말하는 뿌린 피니라"(히 12:22-24). 지역 교회는 이 교회의 한 부분이기보다는 그것의 표현이자, 그것이 드러난 것이다. 모든 교회가 그 교회다.

따라서 우리가 함께 모였을 때 무엇을 행하든지, 신자인 우리는 우리 중 그 누구보다 혹은 심지어 어떤 경험적 집단보다 훨씬 더 큰 무언가를 이루고 있음을 근원적으로 인식하는 가운데 행한다. 우리는 교회, 곧 하나님의 성전이다(고전 3:16-17).[35] 이런 관점에 담긴 함의 중 하나는, 우리가 전도를 위해 동시대성을 반영하고자 많은 노력을 하더라도 대단히 근본적이며 실재적인 방식으로 스스로를 **전체** 교회와 일치시키려는 동력이 우리 안에 존재해야 한다는 것이다. 교회 됨의 의미는 최근 20년 동안에 고안해 낸 것이 아니다. 공동체적으로 뿌리를 내리고 있어야 한다는 요구가 특정 문화와 시대 속에서 신실하게 살아가고 복음을 증언해야 한다는 요구와 결합되어 있어야 한다.

---

35 문맥을 보면, 이 비유를 다르게 사용하여 하나님의 성전이 개별 그리스도인의 몸이라고 말하는 고린도전서 6:19-20과 달리 이 단락에서는 하나님의 성전이 **교회**라고 말하고 있다.

신약은 여러 가지 맥락에서 하나님 백성의 모임에 관해 이야기한다(예를 들어, 행 4:31; 11:26; 14:27; 15:6, 30; 20:7-8; 고전 5:4; 11:17, 33-34; 14:26).[36] "모인 교회는 그 구성원들을 격려할 뿐 아니라 하나님께 다가간다(히 10:19-25)"라고 에버렛 퍼거슨(Everett Ferguson)은 말한다.[37] 하지만 반대로 말할 수도 있다. 모인 교회는 하나님께 나아갈 뿐 아니라 그 구성원들을 격려한다. 에베소서 5:19에 따르면, 노래할 때 우리는 "서로"를 향해 말한다. 골로새서 3:16에서는 서로에 대한 가르침과 권면의 맥락에서, "그리스도의 말씀이 너희 속에 풍성히 거하게" 하는 행위의 일환으로, "시와 찬송과 신령한 노래"를 부른다. 이는 우리의 공동 예배에서 하나님**만** 언급해야 한다는 순수주의 모형이 지나치게 제한적임을 뜻한다. 한편으로, 우리가 노래하는 목적 중 하나가 서로 덕을 세우는 것이지만, 이는 우리 자신과 우리의 예배 경험을 우리 노래의 **주제**로 삼는 것과는 전혀 다르다.

10. 신자들의 몸은 "모든 가치를 하나님께 돌리는 모든 형태의 경건한 찬양을, 이미 주어진 계시의 영광을 성취하고 궁극적 완성을 고대하는 새 언약의 명령과 본보기에 일치시키고자" 노력한다. 이는 행동의 영역에도 그대로 적용된다. 사도 바울은 이 문제에 많은 지면을 할애한다. 그는 반복적으로 젊은 동료들에게 신자들이 **어떻게** 살고 말하고 처신할지 배울 수 있게 도우라고 권면한다.

하지만 여기서 나는 예배를 위해 모인 교회에 초점을 맞출 것이다.

---

36 이에 관한 중요한 연구로는 Everett Ferguson, *The Church of Christ* (Grand Rapids: Eerdmans, 1996), 특히 p. 231 이하를 보라.『현대인을 위한 성서적인 교회』(그리스도신학대학교출판부).

37 같은 책, p. 233.

규정으로든 설명으로든, 신약은 그와 같은 모임에 무엇을 명령하는가? 새 언약 아래에서는 우리가 (예를 들어, 일요일 아침에) 모이는 목적이 예배를 위한 것이라고 말하면 **틀린** 것일까? 이미 살펴보았듯, 어떤 이들은 "그렇다. 분명히 잘못된 것이다"라고 한다. 이것은 새롭게 유행하는 성상 파괴 운동이 아니다. 이미 두 세기 전에 윌리엄 로오(William Law)가 그의 유명한 책 『경건한 삶을 위한 부르심』(*A Serious Call to a Devout and Holy Life*, CH북스)에서 "복음서 전체에 공동 예배에 참석하라는 명령은 하나도 없다.…또한 신약 전체에서도 예배에 꾸준히 참석하라는 언급이 없다"고 주장했다. 옛 언약 예배의 모든 용어를 새로운 방식, 즉 더 이상 성전과 절기를 그리스도인의 삶 전체와 연결 짓지 않는 방식으로 사용하는 신약의 경향성에 비추어 볼 때, 우리가 '예배하기' 위해 모인다고 말하는 것은 나머지 시간 동안에는 하나님을 예배하지 **않고 있음**을 의미한다. 그리고 이는 그런 관념을 반드시 버려야 한다는 신약의 강조점과도 맞지 않는다. 그 사람들은 우리가 예배를 위해 모이는 것이 아니라고 말한다. 오히려 가르침을 위해 모인다고 말하거나 서로 덕을 세우기 위해 모인다고 말한다.

하지만 이런 결론이 정당한지 의문이 생긴다. 물론 우리가 주중에 하나님을 예배하지 **않고** 살아가며, 일요일 아침을 한 주 내내 보류했던 예배를 하나님께 드리기 위해 (말하자면 균형을 맞추기 위해) 모이는 시간이라고 생각한다면 이런 비판자들의 말이 전적으로 옳다. 하지만 신약이 강조하는 바는 하나님의 백성이 개인의 삶과 가족의 삶 속에서 그분을 예배하고 그다음 함께 모여 공동체로서 그분을 예배해야 한다는 것이라고 말하는 편이 더 낫지 않은가?

다시 말해, 우리 삶에 있는 모든 것은 예배가 정하는 범주 아래 질서가 정해진다. 우리가 무엇을 하든지, 회사에서나, 가정에서나, 교회의 모임에서나, 그저 먹든지 마시든지, 무엇을 말하든지 그 모든 것을 하나님의 영광을 위해 해야 한다. 이것이 예배다. 그리고 함께 모였을 때 우리는 공동체적 방식으로 예배에 임한다.

어떤 이들은 이런 분석을 불편하게 여긴다. 그들은 예배가 그리스도인이 언제나 해야 하는 무언가라면, 그리스도인이 모여서 예배에 임하는 것이 형식적으로는 참이라 해도 그리스도인이 모여서 숨을 쉬는 것과 같은 식의 참일 뿐이라고 말한다. 그리스도인들이 늘 하는 일이라는 것이다. 하지만 이런 식으로 예배와 숨쉬기를 비교하는 것은 오해를 불러일으킨다. 우리는 숨을 쉬라는 명령을 받지 않았다. 숨쉬기는 자율 신경의 기능일 뿐이다. 하지만 우리는 예배하라는 **명령을 받았다**(예를 들어, 계 19:10). 그리고 구약에 사용된 예배 언어가 신약에서는 제의로부터 삶의 모든 것으로 변환된 것이 사실이지만 예배 언어가 그리스도인의 모임을 지칭하기도 하는 특이한 본문들이 존재한다[예를 들어, 고전 14:25에 등장하는 '프로스퀴네오'(*proskyneō*)].

그뿐만 아니라 신약에 비추어 우리가 주중 내내 예배하지 **않았기** 때문에 예배를 위해 모인다고 생각해서는 안 되는 것과 마찬가지로, '예식'의 한 부분만 예배라고 생각하는 것, 즉 설교를 제외한 모든 것, 혹은 찬송만, 혹은 찬송과 응창만 예배라고 생각하는 것도 어리석은 일이다. 신약의 관점에 볼 때 설교 전 예식 중에(따라서 마치 설교가 예배의 한 부분이 아니기라도 한 것처럼!) '예배'의 부분을 이끄는 '예배 인도자'라는 개념은 너무나도 이상하여 당혹스러울 정도다.[38] 하나님의 말씀이 강력히 선포될 때 모든 가치를 하나님께 돌리고자 하는 우리의 가장 심층적인 열망과 마음의 기도가 샘솟는 것을 우리는 경험을 통해서 알고 있지 않은가? 나는 '예배 인도자'라는 표현이 단지 용어의 문제이며 현재 널리 사용되는 명칭임을 알고 있다. 하지만 이것은 예배가 무엇인지에 관한 사람들의 기대를 넌지시 보여 주는 명칭이다. 적어도, 오해를 일으킬 정도로 제한적이다.[39]

그렇다면 이렇게 받아들여지는 공동 예배에서 우리는 무엇을 해야 하는가? 어떤 이들은 에드먼드 클라우니(Edmund Clowney)가 사용하는 한두 가지 용어에 이의를 제기할지도 모르지만, 그는 신약이 제시하는 그런 증거를 매우 간결하게 요약한 바 있다.

신약에서는 가르침과 예시를 통해 무엇이 [공동] 예배의 요소인지 설명한

---

[38] 마찬가지로 예배를 위한 예식과 가르침을 위한 예식을 구별해야 한다는 일부 주장도 이상하다[예를 들어, Robert E. Webber의 책은 전반적으로 유익하지만 *Worship Old and New* (Grand Rapids: Zondervan, 1982), pp. 125, 194에서 이런 주장을 펼친다.『예배학』(생명의 말씀사)].

[39] 여기서 많은 현대의 '예배 인도자'가 음악 훈련을 받았지만 성경이나 신학, 역사 등에 관해서는 전혀 훈련을 받지 않았다는 사실을 생각해 볼 필요가 있다. 음악 선택의 기준에 관해 집요하게 물어볼 때 많은 예배 인도자는 결국 자신의 기준이 개인적 선호와 회중을 만족하게 하는 것 사이에서 왔다 갔다 한다고 인정한다—이는 세상 가장 심오한 기준이라고 말하기 어렵다. 이들은 성경의 주요 주제나 성경의 주요 사건, ('예배'에서 경쾌한 박자의 곡으로 협소한 주제를 다루는 것이 아니라) 시편에 나타난 하나님에 대한 다양한 개인적 반응, 성경적 화법의 본질(찬양 한 곡에서 회중은 '거룩하신'이라는 가사를 서른여섯 번 부르지만 이사야와 요한계시록을 보면 세 번으로 충분하다), 교회의 핵심적인 역사적 전통 등에 대해서는 거의 혹은 전혀 고려하지 않는다. 담임 목회자의 가르침이나 훈련이나 요구를 전혀 받지 않고 이런 인도자가 자기 마음대로 활동한다면 교회는 대개 고통스러운 상황에 빠졌다가 안타까운 상황에 이르고 만다. 이 문제와 다른 많은 실천적이고 신학적인 논점에 관해서는 David Montgomery, *Sing a New Song: Choosing and Leading Praise in Today's Church* (Edinburgh: Rutherford House and Handsel Press, 2000)에 담긴 지혜롭고 유익한 조언을 보라.

다. 회당에서처럼 공동 기도를 드린다(행 2:42; 딤전 2:1; 고전 14:16). 성경을 읽고(딤전 4:13; 살전 5:27; 살후 3:14; 골 4:15, 16; 벧후 3:15, 16), 설교를 통해 성경을 강해한다(딤전 4:13; 또한 눅 4:20; 딤후 3:15-17; 4:2 참고). 회당에서 교회 모임으로 바로 전환된 예도 존재한다(행 18:7, 11; 또한 19:8-10 참고). 말씀의 가르침은 식탁 교제와도 연결되어 있다(행 2:42; 20:7, 또한 20, 25, 28절 참고). 새 언약 백성은 노래를 통해 하나님을 찬양하는 동시에 서로를 권면한다(엡 5:19; 골 3:15; 고전 14:15, 26; 또한 딤전 3:16; 계 5:9-13; 11:17 이하; 15:3, 4 참고). 가난한 이들을 위한 연보는 하나님에 대한 영적 예배 예식이자 기독교적 형태의 '제사'로 인정받는다(고후 9:11-15; 빌 4:18; 히 13:16). 헌금의 수납과 분배는 집사직(행 6:1-6; 롬 12:8, 13; 또한 롬 16:1, 2; 고후 8:19-21; 행 20:4; 고전 16:1-4) 그리고 신자들의 모임(행 2:42; 5:2; 고전 16:2)과 연관이 있다. 또한 신앙을 공적으로 고백한다(딤전 6:12; 벧전 3:21; 히 13:15; 또한 고전 15:1-3 참고). 사람들이 하나님의 복을 받는다(고후 13:14; 눅 24:50; 또한 민 6:22-27 참고). 또한 거룩한 입맞춤으로 인사한다(롬 16:16; 고전 16:20; 고후 13:12; 살전 5:26; 벧전 5:14). 사람들은 '아멘'이라고 말함으로써 찬양과 기도에 대해 화답한다(고전 14:16; 계 5:14; 또한 롬 1:25; 9:5; 엡 3:21 등 참고). 세례와 성만찬의 성례전(sacraments)이 분명히 제공된다. 고백은 세례와 관련이 있으며(벧전 3:21), 감사의 기도는 떡을 뗌과 관련이 있다(고전 11:24).[40]

---

40 Edmund P. Clowney, "Presbyterian Worship", *Worship: Adoration and Action*, ed. D. A. Carson, p. 117. 또한 Hughes Oliphant Old, *Themes and Variations for a Christian Doxology: Some Thoughts on the Theology of Worship* (Grand Rapids: Eerdmans, 1992), Michael B. Thompson, "Romans 12:1-2 and Paul's Vision for Worship", *A Vision for the Church: Studies in Early Christian Ecclesiology*, ed. Markus N. A. Bockmuehl, Michael B. Thompson (Edinburgh: T & T Clark, 1998), 특히 pp. 129-130를 참고하라. 『초대 그리스도인들이 품고 있던 교회를 향한 비전』(솔로몬).

몇 가지 점에 관해 트집을 잡을 수도 있다. 예를 들어, 고린도전서 14장에 제시된 제한된 방언에 관해서는 명시적 **허락**이 주어져야 한다고 말할 수도 있다. 하지만 클라우니의 목록은 전반적으로 올바르다. 하지만 다음의 내용을 주목해 보라.

1) 이런 목록을 정리한다는 것 자체가 이미 내가 '공동 예배'라고 부르는 것에는 어떤 특징적 요소가 존재한다는 것을 인정한다는 뜻이다. 나는 그리스도인의 집단이 신실하게 임하는 모든 활동—이를테면, 축구 경기를 보러 가기나 장보기—에 '공동 예배'라는 표현을 적용하는 것이 지혜로운 일인지 잘 모르겠다. 이런 활동은 당연히 '모든 것을 하나님의 영광을 위해 한다'는 범주에 속하며, 따라서 우리가 하나님께 영광을 돌리는 방식에 속한다. 그러므로 넓은 의미에서 예배에 속한다. 하지만 클라우니가 잘 정리했듯이, 신약에서 그리스도인들이 모여서 하는 행동들은 더 제한적이며 더 집중적이다. 한 무리의 그리스도인들이 모여서 함께 바느질 수업을 들을 때도 물론 그 안에서 서로 덕을 세운다. 하지만 그리스도인들이 모여서 행하는 바에 관한 신약의 묘사에 비추어 볼 때 바느질 수업을 공동 예배의 활동으로 부르는 것은 다소 억지스럽다. 따라서 더 협소한 의미의 예배가 존재하는 것으로 보인다. 그리고 이 의미는 공동 예배와, 또한 신약에서 묘사하듯이 교회가 모여서 행하는 바와 직결되어 있다. 하지만 이처럼 더 협소한 활동 목록 안에 신약에서 더 넓은 의미의 예배라고 하는 신학적 개념에 들어가는 모든 것이 포함되지는 **않는다**고 누군가 즉각 주장할 것이 분명하다. **예배**라는 용어를 클라우니가 열거한 교회 모임의 활동 목록으로 제한한다면, 옛 언약에서 새 언약으로의 전환을 통해 일어난 극적인 변화의 핵심 요소

들을 놓치게 된다.[41] 반대로 **예배**라는 용어를 가장 넓고 신학적으로 풍성한 의미로만 사용한다면, 머지않아 신약에서 하나님 백성이 모여 행하는 특정 활동들을 아우를 용어를 찾게 될 것이다. 더 나은 대안이 없기 때문에, 나는 **공동 예배**라는 용어를 택했다. 하지만 이 용어에 내재된 모호성을 인정한다.

2) 클라우니가 열거한 항목 중 다수가 어떤 방식으로든 말씀과 연관이 있다는 점을 고찰해 볼 만하다. 여호수아는 율법을 밤낮으로 묵상하고 그 안에 기록된 모든 것을 다 지켜 행하면 어디로 가든지 말씀이 그와 함께할 것이라는 말을 들었다(수 1:5-9). 시편은 주의 법을 즐거워하여 그것을 밤낮으로 묵상하는 사람이 의인이라는 선언으로 시작한다(시 1:2). 예수님은 기도를 통해 그분의 제자들을 거룩하게 만드는 것은 말씀이라고 주장하신다(요 17:17). 로버트 도일(Robert Doyle)은 이 통합적 요소를 이렇게 설명한다.

> 하나님이 약속으로 옷을 입으시고, 복음으로 옷을 입으시고 우리에게 찾아오실 때 우리가 그분께 보여야 하는 특징적 반응은 믿음이다. 교회의 본질에 관한 신약의 관점이라는 맥락에서 이 믿음에 가장 적절한 형태는 고백이다. 우리는 서로에게 하나님의 위대하심을 고백하고 증언한다. 우리는 하나님의 말씀을 우리 활동의 중심으로 삼는 바로 그 활동을 통해, 즉 말씀을 읽고 설

---

[41] 물론 정경 내의 구속사적 발전을 고려하지 않는 대부분의 오래된 연구들이나 최근의 연구들에서 **예배**라는 단어를 사용하는 방식이다. 예를 들어, D. E. Aune("Worship, Early Christian", *Anchor Bible Dictionary* 6, pp. 973-989)은 예배를 환호, 경이, 축복, 기념, 고백, 송영, 경외, 찬송, 기원, 헌금, 찬양, 기도, 예언, 부복, 제사, 탄원, 감사와 같은 활동과 반응에 연결시킨다.

교하고 권면의 기초로 삼으며 심지어 찬송과 찬양으로 말씀을 음악에 맞춰 부름으로써 이를 행한다. 성령님이 이 모든 것을 사용하셔서 그리스도 안에서 우리를 지어 가신다고 우리는 확신한다. 찬양은 교회 안에서 행하는 우리 활동에 필수적이다. 왜냐하면 찬양은 믿음이라는 우리의 반응을 드러내는 또 다른 형태이기 때문이다. 그리고 찬양은 예배라는 우리 전체 삶의 일부이지만, 단지 한 부분일 뿐이기도 하다.[42]

다시 한번 이것이 제시하는 바는, 찬양과 기도처럼 그리스도인들이 모여서 하는 활동의 **일부**만 예배로 여기고 말씀 사역은 예배라고 생각하지 않는, 공동 예배에 대한 접근 방식은 대단히 잘못되었다는 것이다. '예배'를 복음의 대체물로 삼을 위험이 있는 표현은 더 나쁘다. 우리는 "예배가 우리를 하나님의 임재 속으로 이끈다" 혹은 "예배가 우리를 바깥뜰에서 안뜰로 데려간다" 등과 같은 말을 흔히 듣는다. (잠시 후에 지적하겠지만) 이런 진술을 공감하며 읽을 수도 있겠지만, 액면 그대로 받아들이면 이는 틀린 말이다. 객관적으로 우리를 하나님의 임재 안으로 이끄는 것은 주 예수님의 죽음과 부활이다. 예배(이 맥락에서는 우리가 공동체로서 행하는 찬양과 경배)가 이런 능력을 지닌다고 말한다면, 머지않아 우리는 그런 예배를 공로로 삼거나 예배 자체가 효력을 발휘한다는 식으로 생각하게 될 것이다. 이런 표현이 감추고 있는 작은 진실은, (비록 이 진실을 부적절하게 표현하기는 했지만) 우리가 모여서 (기도와 찬양을 비롯해 성만찬과 귀를 기울여 말씀을 듣는 것, 그리고 클라우니의 목록에 포함

---

[42] Robert Doyle, "The One True Worshipper", *The Briefing* (29 April 1999), p. 8.

된 다른 항목들을 아우르는) 공동 예배의 활동에 임할 때 서로를 권면하고 덕을 세우며, 그래서 자주 서로 권면을 받고 덕을 세웠다고 **느끼는** 것이다. 그 결과 우리는 하나님의 사랑과 하나님의 진리에 대한 깨달음으로 새로워지며, 경배와 행동으로 반응하도록 권면을 받는다. 이렇게 주관적인 의미에서, 공동 예배의 **모든** 활동은 우리로 하여금 하나님의 위엄, 하나님의 임재, 하나님의 사랑을 더 잘 알도록 도울 수 있다. 하지만 이러한 일련의 일들을 예배가 "우리를 하나님의 임재로 이끈다"는 식으로 표현하는 것은 유익하지 않다고 생각한다. **예배**라는 용어가 지나치게 협소한 의미를 담게 되어 유용하지 않을 뿐 아니라, 이런 진술은 근본적으로 참되지 않은 관념을 전달할 위험이 있다.

3) 클라우니가 열거한 **요소들**은 분명히 신약에 언급된 공동 예배의 요소들이지만 이 요소들의 특정 순서나 배열에 대한 명시적 명령 또는 모범은 존재하지 않는다. 물론, 더 나은 배열과 더 나쁜 배열이 존재할 수 있음을 부인하는 것은 아니다. 회심의 신학, 혹은 적어도 하나님을 향한 전반적 접근 방식을 담은 예전 순서를 확립해 볼 수 있기 때문이다. 예를 들어, 죄의 고백 다음에 은총의 확신을 배치할 수 있다. 그럼에도 불구하고 일부 전통에서 모든 것을 매우 자세히 확정하고 이런 규정이 성경적으로 승인된 것이라고 주장하는 경향은 (바울의 구절을 인용하면, 고전 4:6) "기록된 말씀 밖으로 넘어가는" 것과 다름없다.

이 시점에서, 지금 유행하는 복음주의권의 공동 예배 예식을 비꼬는 개혁주의 진영의 글에 대해 언급할 필요가 있을 것 같다. 현재 웹에 널리 퍼져 있는 것은 여러 페이지에 달하지만, 그중 일부만 이곳에 발췌해 인용한다.

친교자들(fellowshippers)은 이야기를 나누며 성전으로 들어오고, 서로에게
관심을 기울이며, 유쾌하게 지난주 소식을 교환한다.

오버헤드 프로젝터가 있으며 복사(acolytes)가 이를 켠다.

목회자는 '안녕하세요'라고 인사하면서 아침 친교를 시작한다. 그러면 50퍼
센트를 넘지 않고 10퍼센트보다 적지 않은 친교자들이 '안녕하세요'라고
대답할 것이다.···

평화의 환영: 이제 목회자는 "양옆에 있는 사람들과 악수하면서 '안녕하세
요'라고 말할까요?"라고 말한다.

읽기: 교회력에 따른 절기와 상관이 없는 한, 목회자가 선택한 임의의 성경
본문을 읽는다.

이런 내용이 계속되면 점점 더 재미있어진다. 하지만 너무 심하게 웃기
전에 이것이 왜 웃긴지 분석해 보아야 한다. 이것이 재미있는 까닭은,
전통적·예전적 예배의 범주들(무언가를 '켜는' 복사, 예식의 전통적 요소에
대한 암시 등)과 많은 복음주의권 공동 예배의 비격식적 요소들이 명백
하게 충돌하고 있기 때문이다. 하지만 분명한 사실은, 이 흥미로운 글을
구성하기 위해 복음주의권의 비격식을 접목시킨 예전적 틀 자체도 **특별
히 신약에 근거를 둔 것은 아니라는 것이다.**[43]

---

43 이 점에 관해서 나는 Robert E. Webber, *Blended Worship: Achieving Substance and Relevance in Worship* (Peabody: Hendrickson, 1994, 『예배가 보인다 감동을 누린다』, 예영 커뮤니케이션)에 이의를 제기한다. Webber는 다양한 전통의 공동 예배 실천을 설명하고 이 모두를 높이 평가하며, 특히 스스로 이런 예배에 참여한 경험을 감동적으로 묘사한다. 안타깝 게도 그는 하나님이 이런저런 예식을 통해 자신을 계시하고 계신다고 느꼈다는 것 말고는 그의 선택이나 추천에 대한 성경적 혹은 신학적 근거를 거의 제시하지 않는다. 꾸밈없는 경건 뒤에 부분적으로 숨겨져 있기는 하지만 이 책의 신학적 근거 없음과 주관주의는 놀라울 정도 다. 몇 가지 점에서 그가 나중에 쓴 책 *Planning Blended Worship: The Creative Mixture of*

이는 경험을 통해 우리가 공동 예배를 인도하는 더 나은 방법과 더 나쁜 방법을 배울 수 있음을 부인한다거나, 공동 예배에 관한 특정 결정을 뒷받침하는 심층적이고 서로 맞물린 신학적 구조들이 존재할 수 있음을 부인한다는 말이 아니다. 신약은 공식적으로 승인된 공적 '예식'을 제시하기보다는 핵심 요소의 사례를 제시한다는 뜻이다. 우리는 우리 지식의 한계를 인정해야 한다.

4) 드라마, '특별' (연주) 음악, 찬양대, 무용, 오르간 독주 등 다른 많은 것에 관한 언급이 전혀 없다. 많은 교회가 이런 혹은 다른 전통에 너무 깊이 잠겨서 이를테면 '특별 음악'—신약에 그런 관행에 관한 암시가 전혀 없음에도 불구하고—없이 일요일 아침 예배 예식을 갖는 것을 상상조차 못한다.[44] 어떤 선호는 지역 교회뿐 아니라 그 교회가 자리 잡은 나라의 전통에 의해 결정된다. 미국 내 복음주의 교회의 압도적 다수, 특히 주류 교파에 속하지 않는 교회들은 거의 매 일요일 예배 순서에 공연 음악을 포함시킨다. 영국 내 교파적으로 비슷한 교회들의 압도적 다수는 예배에 그런 순서를 절대 포함시키지 않는다.[45]

Old and New (Nashville: Abingdon, 1998)는 더 낫다. 많은 사람이 '절충적 예배'(blended worship)라는 말을 사용할 때 뜻하는 바는 절충이라기보다는 잡탕이다. Webber는 우리가 골치 아픈 부조화에 굴하지 않고 편협한 지평을 넘어서도록 도와준다.

[44] 내가 말하는 '특별 음악'에는 약간 더 이른 시기의 복음주의 교회들이 관행적으로 예배 예식에 포함시킨 독주나 소규모 합주뿐 아니라 현재의 '찬양팀'이 예배 예식에 포함시킨 상당수의 '공연'도 포함된다. 찬양팀 스스로 이를 '특별 음악'이나 '공연 음악'으로 여기지 않는 경우가 많지만 그렇다고 해서 사실이 바뀌는 것은 아니다.

[45] 이런 문화적 차이는 공동 예배의 차이를 넘어 많은 부분에 영향을 미친다. 예를 들어, 공동 예배 예식에 '특별 음악'을 포함하는 경우가 드문 영국에서는 더 많은 '특별 음악'을 찾기 위해 그런 시장을 만들어 낼 필요가 없다. 그러므로 많은 지적·영적 에너지를 회중이 함께 부를 노래를 만드는 데 쏟는다. 그 결과 다소 현대적인 새로운 찬송가를 폭넓게 만들게 되었다. 일부는 보잘것없고, 일부는 받아들일 만하지만 거의 오래가지 못하며, 일부는 솔직히 뛰어나다. 그와 대조적으로 우리는 '특별 음악'에 중독되어 있어서 엄청난 양의 창의적 에너지가 그 시장

이따금 요한계시록에 등장하는 몇몇 이미지를 근거로 공동 예배에 대한 '종과 향' 접근 방식('bells and smells' approach, 전통적인 의례를 중시하는 고교회의 예배관―옮긴이)을 정당화하려 하기도 했다. 예를 들어, 요한계시록 5장에서는 장로들이 하나님 앞에서 향을 피우는데, 이 향을 가리켜 "성도의 기도들"이라고 말한다. 이것이 요한계시록의 풍성한 상징주의를 보여 주는 한 사례라면 공동 예배의 보조 장치로서 그와 비슷하게 상징으로 가득한 실체들을 도입해도 되지 않겠는가? 하지만 이런 논리는 몇 가지 측면에서 오류가 있다. 이 책의 묵시가 담고 있는 상징주의는 많은 부분 구약의 세계에 깊이 뿌리 내리고 있다. 이 본문의 경우, 시편 141:2과 같은 본문을 떠올리게 한다. "나의 기도가 주의 앞에 분향함과 같이 되며 나의 손 드는 것이 저녁 제사같이 되게 하소서." 다시 말해, 다윗의 개인 기도와 성막(후대에는 성전)이라는 중앙의 제도를 비교하는데, 이는 곧 새 언약 아래에서는 종식된 것이다. 어떤 사람은 끈질기게 "우리에게 남아 있는 기록에 따르면, 신약 시대 그리스도인들도 공동 예배 때 향을 사용하지 않았는가?"라고 반문하면서 명백한 해석학적 수렁을 피해 간다.

5) 역사적으로, 일부 교파에서는 하나님이 무언가를 금지하지 않으셨다면 우리는 그것을 해도 되며, 교회는 좋은 질서를 세우기 위해 이런 일에 규제를 가해도 된다고 주장해 왔다(앞에서 언급한 후커의 원리). 또 다른 교파에서는 공동 예배에서 우리는 신약 안에 분명한 예나 직접적

에 상품을 공급하는 데 투입된다. 좋든 나쁘든, 그런 음악은 회중이 거의 사용할 수 없는 음악이다. 그 결과, 미국 교회에서 회중이 부르는 노래들은 훨씬 더 많은 수가 영국보다 구식이거나 반복적인 찬양곡일 뿐이다.

명령을 찾을 수 있는 것만 해야 한다고 주장해 왔다. 그래야만 우리가 핵심적인 것으로부터 멀어지거나 교인들의 양심이 지지할 수 없는 것을 그들에게 강요하지 않게 될 것이라고 말이다(앞에서 언급한 규정 원리).

이 논쟁에 대해 기초적 평가만 한다 해도 이 장의 길이가 두 배로 늘어날 것이다. 게다가 이 문제는 뒷장에서 다시 등장할 것이다. 여기서는 네 가지 예비적 논점만 짚어 두는 것이 유익할 것이다. 첫째, 역사적으로 후커의 원리와 규정 원리 모두 더 강력한 방식과 더 약화된 방식으로 모두 이해되고 실행된 적이 있었으며, 그 결과는 크게 달랐다. 어떤 이들은 후커에 의거해 예복과 같은 것을 규정하거나 금지하는 것의 적합성 문제를 훨씬 뛰어넘는 변화를 주장했고, 다른 이들은 후커에 의거해 교회가 규정한 기도서를 지지했다. 또, 어떤 이들은 규정 원리에 의거해 공동 예배에서 모든 악기를 금지하고 시편의 찬송만 허용했고, 다른 이들은 이 원리가 한계 안에서의 자유를 허용한다고 보았다. 즉 우리는 '우리가 기뻐하는 대로' 하나님을 예배하도록 허용되지 않았고, 우리의 예배는 하나님이 받으실 만한 것이어야 하며, 따라서 그분의 말씀과 조화를 이루어야 한다는 것을 이 원리는 인정한다. 간단히 말해, 후커의 원리와 규정 원리 모두에 관해 역사적으로도, 오늘날에도 그것이 무엇을 뜻하는지 복잡한 논쟁이 벌어지고 있다.[46] 이 논쟁의 주창자들 중 다

---

[46] 예를 들어, 웨스트민스터의 신학자들이 잘 진술했던 규정 원리는 예배에 새로운 **의식**을 도입하는 것에는 반대했지만 예배 **환경**을 문화적으로 적합하게 배열하는 것은 부인하지 않는다. 그 결과 "환경"이 무엇을 의미하는가에 관해 작지 않은 논쟁이 발생했다. Clowney, "Presbyterian Worship", p. 117 이하와 John M. Frame, *Worship in Spirit and Truth* (Phillipsburg: Presbyterian and Reformed, 1996, 『신령과 진정으로 드리는 예배』, 총신대출판부)의 논의를 보라. 하지만 후자에 관해서는 *Reformation and Revival* 6/3 (1997): pp. 227-235에 있는 Leonard R. Payton의 서평을 참고하라.

수는 자신의 해석이 지브롤터 암벽(Rock of Gibraltar)만큼 확실하고 흔들리지 않으며 확고하다고 생각한다. 둘째, 후커의 원리와 규정 원리 모두 견고한 전통주의자들을 길러 냈음을 솔직히 인정해야 한다. 후커를 따르는 전통주의자들은 그 원리에 따라 교회가 특정 문제를 **규제할** 권리를 지니며, 끝없는 혁신은 이 권리를 부인하는 것이라고 주장한다. 따라서 『기도서』를 함부로 바꾸려는 시도를 중단하라! 규정 원리를 따르는 전통주의자들은 가장 단순한 형태의 공동 예배를 채택할 뿐 아니라 이를 전통적 표현 형식과 연결하는 경향이 있다[예를 들어, 그들은 언제나 현대 음악에 맞춰 시편을 노래하는 것에 대해 비판하며, 수 세기 전에 불렀던 율격을 맞춘 시편 찬송(metrical psalms)을 선호한다].[47] 셋째, 두 진영 모두 놀라울 정도로 동시대적이고, 인고의 세월을 거친 이 용어의 가장 좋은 의미에서 철저히 복음주의적이며, 공동 예배 인도에 있어서 혁신적인 목회자들을 길러 냈다. 예를 들어, 성공회 전통에서는 시드니의 존 메이슨(John Mason)이 주창한 '실험적 예배 예식'을 생각해 볼 수 있다. 이 예배는 복음주의적 성공회 교인들 사이에서 확산되고 평가를 받을 만하다.[48] 장로교 전통에서는 뉴욕의 팀 켈러(Tim Keller)가 생각난다(하지만 여기서는 공저자를 당혹스럽게 할 수 있으니 많은 말을 하지는 않겠다). 넷째, 차이점들에도 불구하고 두 진영의 신학적으로 풍성하고도 진지한 예배 예식은 서로가 대체로 인정하는 것보다 더 많은 공통

---

[47] 관련된 논의로는 John Frame, *Contemporary Worship Music: A Biblical Defense* (Phillipsburg: Presbyterian and Reformed, 1997)를 보라. 또한 Lee Irons, "Exclusive Psalmody or New Covenant Hymnody?": http://members.aol.com/ironslee/private/Psalmody.htm을 보라.

[48] John Mason, *A Service for Today's Church* (Mosman: St. Clement's Anglican Church, 1997).

된 **내용**을 담고 있다.

6) 공동 예배의 패러다임을 세우는 단 하나의 신약 본문은 존재하지 않는다. 적지 않은 저자들이 고린도전서 14장을 지목한다. 하지만 그 시점에 바울이 다루던 논제에 따라 이 장의 우선순위가 결정되고, 여기서 바울은 공적 모임에서 너무 도드라지는 '영적 은사'들을 다룬다. 성만찬에 대한 언급도 없고 목회자/장로에 의한 공적 가르침에 대한 언급도 없다. 하지만 바울 서신의 다른 본문에서는 이런 요소가 사도 바울이 감독하는 교회들의 공동체적 모임에서 중요한 역할을 했음이 나타난다.

7) 고린도전서 14장에서는 이해 가능성을 상당히 강조한다. 물론 바울이 다루는 문제는 방언과 예언이다. 그는 무질서한 열정을 견제하는 지침을 확립하는 데 관심을 기울인다. 존 프레임(John Frame)은 이해 가능성의 중요성을 음악 선택에도 적용한다.[49] 그것은 바울이 염두에 두던 바는 아니었지만 나는 그가 이런 적용을 불쾌하게 여기지 않을 것이라고 생각한다. 그럼에도 불구하고 명심해야 할 보완적 원리들이 있다. 바울은 "시(psalms)와 찬송과 신령한 노래들"에 관해 이야기한다. 이 표현이 지칭하는 음악 형식들이 무엇인지는 논쟁이 있을 수 있지만, 성경을 잘 모르는 이 세대가 시편을 이해할 수 있든지 없든지 간에 시편(psalms)이 분명히 포함된다. 교회의 공동체적 모임은 거기서 하나님을 아무리 많이 예배한다고 하더라도, 참석한 이들의 마음을 교육하고 계발하고 변화시키며, 하나님의 사람들을 의로 훈련시키고, 그들이 하나님을 더 잘 알 뿐만 아니라 (그래서 그분을 더 잘 예배하도록) 그분의

---

49 *Worship in Spirit and Truth*, 여러 곳.

아들의 죽음으로 속량하신 교회의 전모를 더 잘 이해할 수 있도록 (그래서 그분을 더 잘 예배하도록) 그들의 지평을 확장시켜야 할 부차적 책임을 지닌다. 그리고 이를 위해서는 하나의 특정 하위 문화에 존속된 교회의 협소한 단면보다 더 많은 부분에 반드시 신자들을 노출시켜야 한다. 그러므로 (이를테면, 음악에서) 이해 가능성이 중요하다는 주장과 한 가지 협소한 전통의 제한된 지평을 확장할 책임을 나란히 놓고 바라보아야 한다.[50] 덧붙이면, 이 주장은 교회가 어제 막 발명된 것 같은 인상을 줄 정도로 현대적이려고 노력하는 교회들 그리고 편협하면서도 시대에 뒤처진, 전통의 한 단면에 고착된 교회들 모두에 적용되어야 한다.

11. 더 자세히 다뤄야 할 문제—예를 들어, 신약에서 성만찬의 다양한 기능—가 많이 있다. 하지만 여기서는 공동 예배에서 신자들의 몸이 "모든 가치를 하나님께 돌리는 모든 형태의 경건한 찬양을, 이미 주어진 계시의 영광을 성취하고 궁극적 완성을 고대하는 새 언약의 명령과 본보기에 일치시키고자 노력"하는 것들을 논증하고 예증하는 데 일차적 초점이 있다.

이것이 제대로 이해될 때, "이미 주어진 계시의 영광[의] 성취"가 일어난다. 다시 말해, 새 언약의 규정을 가장 풍성하게 따른다는 것은 마르키온(Marcion) 같은 구약에 대한 거부가 아니라, 오히려 성경 신학적

---

[50] 예를 들어, 우리는 더 많은 지도자가 Andrew Wilson-Dickson, *The Story of Christian Music: From Gregorian Chant to Black Gospel. An Illustrated Guide to All the Major Traditions of Music in Worship* (Minneapolis: Fortress Press, 1996)과 같은 작업에 대해 알게 되기를 바란다. 이는 모든 교회가 모든 전통을 아우르려고 노력해야 한다는 주장이 아니다. 그런 목표를 성취하기 적합한 때란 없으며, 그것이 지혜로운 것도 아니다. 하지만 우리 자신의 문화적 한계를 넘어서고자 한다면, 우리 유산 밖에 있는 그리스도 안의 형제자매들의 전통을 배우기 위해 의미 있는 노력을 해야 한다.

성경 읽기를 통해 열매를 맺는 것이다. 그러한 성경 읽기는 기록된 계시의 각 부분이 성경의 전체 줄거리에 맞물려 있음을 알게 해 준다. 그 결과 하나님이 계시하신 바를 더 잘 이해하게 되며, 이상적으로는 그토록 놀랍게 자신을 계시하신 하나님을 더 깊이 그리고 더 풍성히 예배하게 된다.

12. 동시에 그런 예배에서는 "궁극적 완성을 고대"한다. 요한계시록에서 예배라는 거대한 주제가 절정에 이르는 부분은 21-22장이다. 새 예루살렘은 입방체처럼 세워져 있다. 구약에서 언급되는 유일한 입방체는 지성소다. 다시 말해, 도성 전체가 끊임없이 그리고 전폭적으로 하나님의 임재라는 영광을 제약 없이 누린다. 이 도성에는 성전이 없다. 주 하나님과 어린 양이 그 도성의 성전이기 때문이다. 하나님의 백성은 그분의 얼굴을 볼 것이다.[51]

하지만 우리는 여기서 이 목적을 고대하며 행동해야 한다. 성경에 충실한 예배는 이 목적을 지향한다. 성만찬도 "그분이 오실 때"까지 행해지며, 따라서 그것은 언제나 그분의 오심에 대한 기대이자 그분의 오심에 비추어 우리의 서약을 갱신하는 행동이다. 래리 허타도(Larry Hurtado)는 다음과 같이 말했다.

---

51 N. T. Wright, *For All God's Worth: True Worship and the Calling of the Church* (Grand Rapids: Eerdmans, 1997), p. 7 참고. "누구도 셀 수 없을 만큼 거대한 요한계시록의 무리는 크리켓 경기를 하지 않는다. 쇼핑을 가지도 않는다. 그들은 **예배한다**. 따분하게 들리는가? 그렇다면 이는 예배에 대한 우리의 관념이 얼마나 빈약해졌는지 보여 줄 뿐이다. 이 예배의 핵심에는 이사야 33장과 같은 본문이 자리 잡고 있다. 당신의 눈은 아름다운 왕을 볼 것이다. 주님이 우리의 재판장이시며, 주님이 우리의 통치자이시고, 주님이 우리의 왕이시다. 그분이 우리를 구원하실 것이다. 예배는 천상적 삶의 주요 특징이며, 이 예배는 예수님 안에서 그리고 예수님을 통해 우리가 알고 있는 그 하나님께 초점을 맞춘다." 『톰 라이트 예배를 말하다』(에클레시아북스).

더 구체적으로 말하면, 그리스도인의 예배는 하나님의 목적이라는 더 큰 그림을 기억함으로써 다시 살아나고 더 풍성해질 수 있다. 하나님의 목적은 우리를 둘러싼 환경과 시간을 초월해 인간 역사 전체를 아우르며 악에 대한 미래의 승리와 속량하는 은총의 완성을 약속한다. 악에 대한 하나님의 승리라는 소망이 없다면, 정말로 예수님이―만물이 그분 안에서 의미를 찾게 될―하나님이 정하신 주님이시라는 확신이 없다면, 예수님이 주님이시라는 그리스도인의 환호는 우리의 피조물 됨의 강력하고 부정적인 현실에 의해, 즉 정치·경제적 폭정과 종교·비종교적 세력, 기독교 신앙을 시시해 보이게 만들고 우리 예배를 고리타분한 취미에 불과한 것으로 만드는 사회·문화적 발전에 의해, 논박당하며 조롱당할 어리석은 일일 뿐이다.[52]

몇 가지 실천적 결론

여기 결론에 담은 간략한 목록은 종합적이기보다 함축적이다. 이 책의 다른 장들에 실천적 지혜가 훨씬 더 많이 담겨 있다.

1. 이 장 논지의 흐름이 성경에 충실하려면, 우리는 흔히 보이는, 예배에 대한 잘못된 해석들을 피해야 한다. 퍼거슨은 잘못된 해석 네 가지, 즉 예배에 대한 외재적 또는 기계적 해석, 개인주의적 해석, 정서적 고양에 초점을 맞추는 해석, 예배를 공연으로 보는 해석을 제시한다.[53] 여기에 예배를 제의의 경험으로 제한하는 해석, 그리고 반대로 너무 포

---

52 Larry W. Hurtado, *At the Origins of Christian Worship: The Context and Character of Earliest Christian Devotion* (Grand Rapids: Eerdmans, 1999), p. 116.
53 *The Church of Christ*, pp. 227-229.

괄적이어서 공동 예배의 여지를 남기지 않는 해석도 추가할 수 있다.

2. 탁월한 공동 예배를 가로막는 장애물의 종류는 다양하다. 편의상 두 종류로 분류할 수 있다. 먼저, 공동 예배는 집에서 전혀 기도하지 않는 교인, 수동적으로 즐거움을 누리기 위해 교회에 오는 교인, 예배에 참여하는 대신 마음속으로 점수표를 작성하는 교인, 진리가 아니라 단지 전통을 (또는 단지 혁신을!) 사랑하는 교인, 너무 바빠서 시급한 문제에 마음을 빼앗기는 교인, 마음속 깊이 어두운 곳에 은밀한 원한과 분노를 키우고 있는 교인에 의해 무력해질 수 있다.

다른 한편으로는, 기본적으로 인도하는 사람들 때문에 공동 예배가 빈약해질 수 있다. 중첩되지만 구분 가능한 두 요소가 있다. 첫 번째는 실제로 말하고 행하는 것이다. 이것은 자세한 고찰이 필요한 방대한 분야이며, 이어지는 장들에서 어느 정도 다룬다. 하지만 두 번째, 계량화하기 쉽지 않은 요소도 중요하다. 하나님 백성의 공동체적 모임을 공적으로 인도하는 이들 중 일부는 단지 공연을 할 뿐이고, 그들 중 다른 이들은 하나님을 예배하는 데 몰두한다. 어떤 이들은 그저 노래를 부를 뿐이고, 또 어떤 이들은 집중하고 있음을 보여 주려고 하지만, 또 다른 이들은 꾸밈없이 하나님을 예배한다.

여기서 잠시 '꾸밈없이'라는 말을 생각해 볼 필요가 있다. "다른 이들은 꾸밈없이 하나님을 예배한다"라는 말은, 공동 예배를 인도하는 이들에 의해 우리가 얼마나 잘 섬김을 받고 있는지 어느 정도 알 수 있다는 뜻이다. 그들의 행위는 '꾸밈없다.' 그들이 인도하는 방식은 무엇보다도 하나님 말씀에 충실해야 한다. 그것은 분명 관찰이 가능하다. 특히 성경을 잘 아는 이들은 알 수 있다. 하지만 그들이 인도하는 방식은 공식적인 내용뿐만 아니라 말, 신체 언어, 초점, 행동 양식 등으로 드러나기 마련인 마음의 태도 측면에서도 가늠해 볼 수 있다. 어떤 이들은 복음주의권의 상투적 표현을 나열하며 기도하기도 하고 어떤 이들은 미사여구를 뽐내기도 하지만, 또 다른 이들은 하나님께 심오한 인격적 지식에서 우러나오는 기도를 드리며 회중을 이끈다.[54] 어떤 이들은 맥없이 설교하지만, 또 다른 이들은 하나님의 신탁을 전달하듯 말한다.

문제는 진정성이다. 미국인들은 놀 때 일하고, 예배할 때 놀고, 일을 예배한다는 재치 있는 말이 있다. 하지만 그리스도인들은 아무리 잘 (또는 형편없이) 배치하고 감독하여 실행해도 근본적으로 진정성 없는 공적 모임은 이내 싫증을 낸다. 우리는 살아 계시며 위대하신 하나님과 공동체적으로 만나고 하나님이 마땅히 받으셔야 할 찬양을 그분께 드리기를 갈망한다.

3. 공동 예배의 진정성이라는 물음은 현대의 전도와 관련된 몇몇 시급한 물음과 맞닿아 있다. **첫째,** (특히 '구도자 친화적' 전통에 속한) 많은 교회의 공동 예배를 규정하는 열정 중 하나는 복음을 전하는 일에 관한 관심, 특정 사람들이 복음을 듣지 못하게 하는 장벽이 있다면 이를 허물고자 하는 관심이다. 한때 특정 부류의 집단과 연관 있던'동질 집단'의 원칙이 이제 세대에 적용된다. 이를테면, 버스터 세대와 베이비 붐 세대를 동시에 전도하는 것은 효과적이지 않다는 주장이다. 하지만 동시에 우리가 공동체적 삶에서 세상에 세운 장벽—유대인과 이방인, 흑인과 백인, 베이비 붐 세대와 버스터 세대 사이의 장벽—을 허물기 위해 어

---

54 물론 여기서는 특정 행동 양식이 아니라 많은 부분에서 양식을 초월하는, 성령이 기름 부으신 진정성에 관해 말하는 것이다.

떤 공간을 확보하고 있는지 평가해 보아야 한다. 우리의 공동체적 삶은 신약이 그리는 하나의 새로운 인류를 어떻게 반영하는가? 전혀 다른 배경을 지닌 그리스도인들이 함께 모여 한 신조를 낭독하고, 한 성경을 읽고, 한목소리로 찬양을 부르고, 이로써 인종, 성별, 세대의 간격을 가로지르고 수 세기를 거슬러 올라가 마침내 말씀에 근거를 둔 공유된 계보에 서야 할 필요가 있지 않을까? 모든 것이 구식이고 따분해져야 한다는 뜻이 아니다. 다만 (예를 들어) 개혁주의 전통에 속한 이들은 장 칼뱅(John Calvin)이 '엑스 세대'였다면 어땠을까 이따금 생각해 볼 필요가 있다는 뜻이다.[55]

둘째, 복음의 진리에 대한 가장 설득력 있는 증언 중 하나는 진정성 있게 예배하는 교회다. 여기서 나는 **예배**라는 단어를 가장 포괄적인 의미로 사용하고 있지만 당연히 공동 예배도 포함된다. 공격적으로 보이지 않으려고 너무 관심을 기울인 나머지, 삶의 방식에서나 공동체적 삶에서나 즐거워하고 기뻐하기는 하지만 **하나님을 예배하지는** 않는 회중은, 선형적 사고는 거부하나 관계의 진실성은 갈구하는 지칠 대로 지친 포스트모던 세대에게 거의 신뢰받지 못한다. 그러나 우리는 복음의 진리에 관심이 있기 때문에, 가르치고 설명해야 한다. 우리는 단지 사람들을 교육하는 것이 아니라 그리스도의 영광스러운 복음을 전하고자 하는 것이기 때문에, 인격적 신앙에 기초하고 용서받은 죄와 영생 그리고 우리의 창조주와 구속주의 순전한 영광과 위엄을 아는 것에 기초하여 우리와 그분이 맺는 관계의 진정성에는 엄청난 무게가 있다.

---

55 이 문장은 Scot Sherman, "If John Calvin Were an 'Xer,'…Worship in the Reformed Tradition", *re:generation* 3/1 (Winter 1997): pp. 22-25의 인용이다.

4. 모든 공동 예배 예식이 신약에서 공동 예배의 본보기로 제시하는 모든 것을 만족스럽게 아우를 수는 없다. 모든 예배에서 성만찬을 행할 수는 없고, 모든 예배에서 고린도전서 14장의 다양한 목소리를 허용할 수 없을 것이다. 하지만 그렇기 때문에 신약 교회의 삶이 보인 포괄성을 보존하려면 우리는 다른 종류의 예배를 계획할 필요가 있다.

5. 모든 공동 예배 전통에서는 인도자가 여러 방식으로 진정성 있고 거룩하며 성경에 충실한 예배를 크게 약화시킬 수 있다. 예전을 더 중시하는 전통에 속한 이들은 확립된 형식에 너무 많이 의존한 나머지, 그 형식이 역사적으로 뿌리가 깊고 신학적으로 풍성한 형식으로서 널리 사랑받고 잘 알려진 표현임에도 불구하고, 살아 계신 하나님에 대한 신중한 예배로 회중을 이끌지 못하고 모든 순서를 기계적이고 건조하게 만들 수 있다. (성찬 도중에 흐름을 끊고 예배당 관리인에게 창문을 닫으라고 말하는 목회자를 생각해 보라.) 반면, 예전을 덜 중시하는 전통에 속한 이들은 편안하지만 대체로 따분한 상투적 표현에 만족할지도 모른다. '자유 교회' 전통의 강점인 자유와 창의성을 남용한 나머지, 공동 예배를 준비하기 위해 신중하게 계획하고 기도하고 생각하는 과정을 거치지 않는다. 사실 이처럼 예배를 계획할 때는 많은 전통을 차용할 수 있다. 최근 내가 참석했던 개혁주의 침례교회의 성탄절 예식에서는 전통적인 성탄절 성경 읽기와 성탄 캐럴 부르기가 순서에 포함되어 있었을 뿐 아니라, 미리 준비된 순서지를 보며 니케아 신조와 마르틴 부처(Martin Bucer)의 스트라스부르 예전(Strasbourg Liturgy)에서 가져온 고백 기도, 잉글랜드 청교도 미들버그 예전(Middleburg Liturgy)에서 가져온 감사 기도를 회중이 함께 읽는 순서도 있었다.

6. 이 책에 실린 글들을 함께 읽을 때, 사소한 아이러니들을 만날 것이다. 때로 가장 강력한 교파적 유산과 기도서가 있는 교회들은 판에 박힌 형식주의의 위험성을 발견하고 성경 신학의 필요를 새로 깨달아 우리에게 단순한 전통주의의 위험을 경고하는 데 앞장서게 되었다. 구약의 용어를 아무 생각 없이 교회에 적용하여 남용하는 경우가 너무 많은 것을 알고 있기에 이들 교회는 교회 건물 안에서 가장 큰 방을 가리킬 때 '성전'(sanctuary)이라는 용어를 사용하는 것에 신경을 곤두세우고 '예식'(service)이라는 말을 절대 쓰지 않으려고 한다. 반대로, 가장 독립적인(independent, 교회사에서 비국교회 전통을 가리키는 용어—옮긴이) 전통에 속하는 교회들은 무제한적 주관주의와 무질서한 공동 예배의 위험을 인식하고, 삶 전부를 살아 계신 하나님께 바치는 것을 반영하는 공동 예배의 영광을 새로 깨달아, 점차 장엄함과 예전적 응답, 회중의 낭독 등을 예배 안에 포함시키고 있다. 그들은 '성전'이나 '예식'과 같은 용어를 망설임 없이 사용한다. 구약의 사고 체계나 성례주의(sacramentarianism)와 연결 짓기 때문이 아니라 (옳든 그르든) 전통에 대한 존중에서 이런 용어를 사용한다.[56]

하지만 가장 흥미로운 아이러니는, 용어의 문제를 제쳐 둔다면 **양쪽** 전통의 공동 예배가 보이는 최선의 형태는 실제로 말하고 행하는 바에

---

[56] 어떤 사람이 더 나아가 우리가 모든 역사와 전통을 한쪽으로 밀어 놓고 백지상태에서 시작해 우리의 공동체적 삶에 관해 이야기하고 신약의 용어와 신학만을 기준으로 삼고 판단한다면 무슨 일이 일어나겠느냐고 물었다. 나는 그의 주장을 이해한다. 하지만 우리는 절대로 그렇게 할 수 없다. 우리가 모두 역사적 맥락과 말씀에 의해 개혁되어야 하지만 우리는 결코 무시할 수 없는 맥락 안에서 말하고 생각하고 상호 작용한다. 그뿐만 아니라 나는 그 사람 역시도 좋든 나쁘든 역사적 통찰이 주는 혜택 없이 자신의 신학 전체를 구축하길 원하지는 않을 것이라고 생각한다.

있어 서로 매우 닮아 있다는 점이다. 요즘 일요일 아침 '예배 예식'(혹은 집회?)의 실제 모습을 비교해 보면 교단 간 차이보다 교단 내 차이(구도자 친화적 부류, 은사주의적 부류, 더 개혁주의적 부류 사이의 차이)가 더 크다. (이 책의 저자들처럼) '말씀 아래서 드리는 예배'를 중시하는 이들에게 용어나 전략에 있어 작은 차이들이 여기저기 나타나기는 하지만, 근본적 우선순위는 놀라울 정도로 유사하며 일요일 아침 예배의 모습도 비슷하다.

7. 얼마 전, 나는 대도시의 큰 교회에서 성경적 예배를 주제로 강연을 했는데, 그 후 그곳의 장로 중 한 사람이 나에게 편지를 보내 나의 핵심 주장을 아이들(4학년에서 6학년까지, 약 열 살에서 열두 살까지)에게 어떻게 설명하겠느냐고 물었다. 그는 특히 로마서 12:1-2에 관해 내가 했던 말을 언급했다. 나는 그 나이의 아이들은 추상적 관념을 삶으로 실천하고 보여 주지 않으면 쉽게 이해하지 못한다고 답했다. 공동 예배, 사려 깊은 전도, 가정 안에서 자신을 내세우지 않고 희생하는 결정, 가난하고 도움이 필요하며 길을 잃은 사람들을 희생적으로 돕는 것을 기쁨으로 실천하는 그리스도인 가정이나 그리스도인 부모, 그다음 자녀에게 이런 결정과 행동이 우리를 너무나도 사랑하셔서 우리의 죗값을 치르기 위해 자기 아들을 내주신 전능하신 하나님에 대한 감사와 예배의 일부라고 설명해 주는 부모는 참된 예배에 관한 아이들의 관념에 그 어떤 강의나 교실 교육보다 훨씬 더 큰 영향을 미칠 것이다. 참된 예배란 곧 마음과 목숨과 힘과 뜻을 다해 하나님을 사랑하고 이웃을 우리 몸처럼 사랑하는 것이라고 설명해 줄 뿐만 아니라, 구체적인 삶의 결정에서 이런 진술이 무엇을 뜻하는지 보여 주는 것 역시 중요하다. 그런 아이의 생각과

한 주 내내 세속주의가 지배하지만 일요일에 설교 전 30분 동안 '예배하러' 교회에 가는 집에서 자란 아이의 생각은 철저히 다르지 않겠는가?

> 오라. 우리가 굽혀 경배하며 우리를 지으신 여호와 앞에 무릎을 꿇자. 그는 우리의 하나님이시요 우리는 그가 기르시는 백성이며 그의 손이 돌보시는 양이기 때문이라. 너희가 오늘 그의 음성을 듣거든…너희 마음을 완악하게 하지 말지어다. (시 95:6-8)

2장. 크랜머의 발자취를 따라   마크 애슈턴, C. J. 데이비스

450년 전, 한 사람이 지은 책이 한 나라 전체를 성경 중심적 기독교 신앙으로 이끌었다. 16세기 잉글랜드 종교개혁과 영국 국교회의 기원에는 훨씬 더 복잡한 이야기가 있기는 하지만, 토머스 크랜머(Thomas Cranmer) 대주교와 그의 『성공회 기도서』는 세계 기독교 역사에 엄청난 영향을 미쳤다.

이제 그 영향력은 끝난 것일까? 성경을 교회 예배의 중심에 두기 원하는 이들이 성공회 전통으로부터 배울 것이 아직 남아 있을까? 오늘날 이 교단의 상황은 대체로 암울하다. 맬컴 머거리지(Malcolm Muggeridge)는 "더 이상 『39개 신조』(Thirty-Nine Articles)[1]를 믿는다고 주장하지조차 않는 평범한 현직 [목회자]의 교리적 혼란, 기량 부족과 순진한 속임수, 열정 없는 권면, 중얼거리는 기도를 비롯해 기독교 신앙과 더 나은 주거, 더 짧은 근무 시간과 국제 연합에 대한 관심이 어설

---

[1] 『39개 신조』는 영국 국교회가 16세기의 논쟁과 관련해 교의적 입장을 정의하려는 시도로서, 1563년 성직자 회의(Convocation)에서 처음 발표한 교리 진술이다. 발표 이전, 여러 단계의 교리 문서가 존재했다(Ten Articles, 1536; Bishops' Book, 1537; Six Articles, 1539; King's Book, 1543; Forty-Two Articles, 1553).

프게 뒤섞인 모습은 이루 말할 수 없을 정도다"라고 논평한 적이 있다.[2] 평균적인 성공회 교회의 예배에서 보이는 조악함 때문에 많은 이가 교회는 이 나라에서 가장 지루한 경험을 제공하는 곳이라고 결론 내리기에 이르렀다.

하지만 언제나 그랬듯이, 복음은 계속해서 사람들을 구원한다. 크랜머의 『성공회 기도서』에 삶을 바꾸고 사람들을 살아 계신 하나님께로 인도할 능력을 주었던 무언가는 오늘날도 동일한 능력을 행사한다. 이 기도서에 담긴 그의 목표는 "사람들이 날마다 교회 안에서 낭독되는 성경을 들음으로써 계속해서 하나님을 아는 지식에 더 많은 유익을 얻고, 그분의 [즉 하나님의] 참된 종교에 대한 사랑으로 더욱 불타오르게 되는 것"이었다.[3] 그는 삶을 변화시키기 위해 성경을 교회 예배의 중심으로 삼았다. 후대 성공회 교인들의 책무는 크랜머의 발자취를 따르며 그의 예배가 그랬듯이 효과적으로 우리 동시대인들에게 다가갈 수 있는 교회 예배를 만드는 것이다.

이 장에서는 어떻게 이 책무를 완수할 수 있는지 논할 것이다. 성경이 이 교단 안에 어떻게 적용되는지 살펴보는 이 장의 논의가 성공회 교인이 아닌 사람들에게는 흥미로운 일이 되기를 바라고, 성공회 교인들에게는 크랜머의 발자취를 참되게 따르도록 하는 자극이 되기를 바란다.

---

2 Bernard Levin, *The Pendulum Years* (London: Pan Books, 1970), p. 91에서 재인용.
3 *The Book of Common Prayer*, "Preface: Concerning the Service of the Church."

성공회 기도서의 목적

『성공회 기도서』를 써낸 크랜머의 작업은 20세기까지 성공회를 규정하는 핵심 역할을 했으며, 성경을 이 나라 삶의 중심으로 삼게 했다. 존 웨슬리(John Wesley)는 이 기도서에 대해 이렇게 평가했다. "나는 고대에든 현대에든 세상에서 영국 국교회의 『성공회 기도서』만큼 견고하고 성경적인 경건을 불어넣는 예전이 없다고 생각한다." 하지만 성공회 예전이 이후 수 세기 동안 동결되면서 문화적 적실성은 상실되고, 크랜머가 없애려고 그토록 열심히 노력했던 모호함이 교회 예배에 다시 등장하게 되었다. 이는 그가 바라던 바가 결코 아니었을 것이다.

또한 그는 20세기에 수정한 예전이 끼친 많은 영향에 대해서도 환영하지 않았을 것이다. 19세기에 등장한 성공회-가톨릭(Anglo-Catholicism)으로 인해, 1928년 가톨릭 요소를 더 많이 담은 기도서 발간이 이어졌다. 영국 의회는 이를 합법화하기를 거부했지만, 주교들은 이를 발표했다. [예전에 있어 성공회 공동체(Anglican Communion)의 개신교 진영의 영향보다, 신학적 상대주의 관점에서 역사적 성공회의 포괄성을 재규정하고자 했던 교계 지도자들의 영향을 더 받은 결과로] 1928년에 이 기도서가 발행되자, 『성공회 기도서』보다 신학적으로 더 폭넓은 기도서를 만들겠다는 목표를 세운 예전 위원회(Liturgical Commission)가 구성되었다. 논란이 되는 문제에 관해 이 위원회는 "다른 해석을 허용하는 단어 형태"를 사용한다는 정책을 명시적으로 밝혔다. 그 결과, 크랜머가 천명한 교리적 기초와 동떨어진 『대안 예식서』(*Alternative Service Book*, 1980)의 "의도적 모호성"이 나타났다. 이런 교리적 변화는 당시에는 받아들여지지 않았지만, 이후 『대안 예식서』는 교회 예배를 단지 현대 영어로 번역하려는 시도만은 아니었다고 인정을 받았다. 요크(York) 대주교가 1985년 11월 전국 의회(General Synod)를 대상으로 한 연설에서 "마지막으로 개정한 교리에 대해 분명한 주의를 기울이지 않았다는 지적은 정당하다. 특히 우리는 새로운 예배에 나타나는 교리적 강조점의 중요한 전환을 충분히 공개적으로 직시하지 않았다"라고 말했다.[4] 바로 뒤에서 이런 과정 때문에 영국 국교회가 그 기원으로부터 얼마나 멀어지게 되었는지 살펴볼 것이다.

더 이상 성공회 공동체 전체가 함께 사용하는 하나의 기도서는 존재하지 않는다. 새로운 예전은 넘쳐나지만 그 핵심에 어떤 교리적 합의도 자리 잡고 있지 않다. 이는 성공회 정체성의 위기를 초래했다. 우리의 책무는 (역사적 의미에서) 참으로 성공회적이면서도 동시대적인 예배를 만들어 내는 것이다. 우리가 충실히 크랜머를 따르고자 한다면 그가 기준으로 삼고 작업했던 원리들을 밝혀야 한다. 우리는 이 원리들이 그리스도인들의 모임에 관해 신약에서 가르친 내용을 반영하고 있음을 알게 될 것이다.

---

4 *Proceedings of the General Synod of the Church of England*, vol. 16, no. 3, p. 1045. 예전을 개정할 때마다 교리적 강조점이 계속 전환되었다. 예를 들어, 장례 예식 개정을 위한 예전 위원회(Liturgical Commission on the Proposed Funeral service)가 내놓은 1998년 보고서에서는 "현재 예전 위원회의 작업은 종교개혁보다 훨씬 더 이전에 시작되었을 뿐 아니라, 기도와 죽은 사람에 관한 논의를 다른 관점에서 바라볼 수 있는 더 폭넓은 목회적·신학적 맥락 안에 자리 잡고 있다"라고 주장했다(GS 1298, p. 5, 16절). 다시 말해, 예전 위원회의 작업은 죽은 사람을 위한 기도가 용인되는 신학적 맥락, 종교개혁의 성경적 관점과 전혀 다른 맥락 안에 자리 잡고 있다.

신약의 가르침

이 책에서 우리는 참된 그리스도인의 예배란 무엇이며 그렇지 않은 예배는 무엇인지 살펴보았다. 1장에서 카슨(D. A. Carson)은 교회 예배의 방향은 하나님을 향하는 동시에 인간을 향한다고 분명히 밝혔다.

하나님에 대한 예배에서 경배와 행동은 밀접히 연결된다. 히브리서 13:15-16은 그리스도인의 예배를 이렇게 정의한다. "그러므로 우리는 예수로 말미암아 항상 찬송의 제사를 하나님께 드리자. 이는 그 이름을 증언하는 입술의 열매니라. 오직 선을 행함과 서로 나누어 주기를 잊지 말라. 하나님은 이 같은 제사를 기뻐하시느니라." 한편으로 "찬송의 제사"(경배)가 있고, 다른 한편으로 선행과 서로 나눔(행동)이 있다. 교회 예배가 첫 번째 요소(경배)에 국한된다고 생각한다면 우리는 실수를 범하는 것이다. 참된 그리스도인의 예배가 되기 위해서는 두 번째 요소(행동)가 포함되어야 한다. 그렇기 때문에 전도, 서로에 대한 섬김, 헌금, 이 모든 것이 교회 예배의 필수 요소다. "그 이름을 증언하는 입술의 열매"는 복음 전하는 것이 암시된 말일 수 있으며, 이 경우 경배와 행동은 훨씬 더 밀접하게 연결된다. 따라서 예배 안에서 일어나는 일과 예배에 참석하는 자들의 나머지 삶에서 일어나는 일 사이의 구별은 훨씬 약해진다.

덕을 세우는 것과 전도, 예배는 서로 대립하지 않는다. 서로 덕을 세우는 것(우리가 서로의 믿음을 세워 주고 격려하는 것)은 우리가 모임 중에 하나님을 예배하는 본질적 방식이다. "교회 예배는 영적 활동이나 의례를 통해 하나님과의 사적 사귐을 돕고 촉진하는 것을 주된 목적으로 삼아야 한다는 일반적 전제"를 경계해야 한다.[5] 신약에서 그리스도인의 모임을 가장 길게 다룬 본문은 고린도전서 11-14장이다. 여기서 바울의 주된 관심은 고린도의 그리스도인들이 하나님을 어떻게 대했는지가 아니라, 그들이 모였을 때 서로를 또 외부자들을 어떻게 대했는지에 있었음이 분명하다. 왜냐하면 그들이 서로를 대하던 방식이 곧 하나님을 대하던 방식이었기 때문이다! 교회 예배 동안에 하나님께 너무 집중한 나머지 주위 사람들에게 주의를 기울이지 않는다면 이는 보기보다 그리 영적인 태도가 아닐지 모른다. 이것이 바로 바울이 고린도 교인들에게 경고했던 바다. 그들이 진정으로 하나님께 초점을 맞출수록, 서로에게 더 많은 관심을 기울일 것이다.

이런 맥락 안에서 고린도전서 13장의 사랑에 관한 유명한 말씀이 등장한다. 바울은 고린도 교인들이 모였을 때 서로를 대하던 방식과 대조되는 이 말씀을 의도적으로 여기에 배치했다. 이 말씀은 이어지는 14장에서 그리스도인의 모임에 실천 사항으로 적용된다(고전 14:1, "사랑을 추구하며…"). 다시 말해, 교회 예배에서 사랑을 우리의 목표로 삼는다는 것은 무엇인가? 그것은 모든 것을 덕을 세우기 위해 행한다는 뜻이다(12, 26절). 개인들이 가르침과 권면을 받고(19, 26절) 외부자의 존재를 진지하게 받아들일 때 교회는 든든히 세워진다. 따라서 이 장에서 바울은 이해 가능성, 질서, 명료함, 공동체성을 강조한다.

교회 예배는 천국에서 하게 될 경험을 특별히 미리 맛볼 수 있게 해준다. 히브리서 12:18-29에서는 그리스도인이 하나님의 임재를 경험하

---

[5] David G. Peterson, "Worship in the New Testament", *Worship: Adoration and Action*, ed. D. A. Carson (Carlisle: Paternoster, 1984), p. 79.

는 방식과 이스라엘 백성이 시내산에서 했던 경험을 대조한다. 그것은 중요한 의미에서 공동체적 경험이다. 우리는 함께 모일 때 혼자서 할 수 없는 방식으로 하나님을 알고, 하나님과 관계를 맺으며, 하나님을 예배할 수 있다. 그러나 이처럼 특별한 하나님과의 공동체적 만남 때문에 서로를 잊어버려서는 안 된다. 교회 예배의 수직적 차원과 수평적 차원은 서로 모순을 이루지 않는다. 그리스도인은 그러한 맥락에서 하나님과 특별한 만남을 가질 것이라는 열렬한 기대를 가지고 교회 예배를 위해 모일 수 있다. 하지만 다시 한번 말하지만, 이것은 공동체적 맥락이다. 하나님의 말씀이 우리를 위로 즉 하늘로 인도하며, 밖으로 즉 서로에게로 인도할 것이다. "그리스도의 말씀이 너희 속에 풍성히 거하여 모든 지혜로 **피차** 가르치며 권면하고 시와 찬송과 신령한 노래를 부르며 감사하는 마음으로 **하나님을** 찬양하[라]"(골 3:16, 저자 강조).

그러나 신약의 가르침과 우리가 교회 안에서 관습적으로 일요일마다 행하는 것 사이에는 큰 간극이 있다. 어떻게 마태복음 23:1-10을 읽으면서도 여전히 그리스도인의 모임에 특별한 십일조, 특별한 복장, 특별한 좌석이 있다고 생각할까? 예배하고자 하는 인간의 충동은 인간 역사의 모든 문화에 공통적으로 나타나는데, 성공회 예배는 대체로 비기독교적 종교의 형태를 띠어 왔다. 일요일에 성공회 교회들에서 일어나는 일 중 일부는 기독교보다는 이교도적 예배 이해와 더 가깝다. 그리고 그 이유는 우리가 『성공회 기도서』의 탁월한 언어를 칭송하는 데는 많은 시간을 할애하지만, 그것이 지닌 영적 능력의 참된 원천에는 거의 관심을 기울이지 않았기 때문이다.

크랜머의 업적

그 능력이 어디에서 나오는지를 발견하기 위해서는 크랜머의 『기도서』가 실제로 성취한 바를 생각해 보아야 한다. 로저 벡위드(Roger Beckwith)는 그것을 다음과 같이 요약한다.

> 헨리 8세(Henry VIII) 통치 초기의 예전 상태와 비교하면 크랜머의 『기도서』에서는 다음과 같은 큰 변화가 보인다. 언어는 라틴어에서 영어로 바뀌었고, 여러 권으로 된 예식서는 한 권으로 축소되었고,…전례 지시문은 간결해졌고,…성서 정과(lectionary)는 개편되었고, 설교가 되살아났고, 예배의 많은 부분에 회중이 참여할 수 있게 되었고, 다시 포도주를 평신도에게 주기 시작했고,…성찬 예배에 인상적인 새로운 구조를 부여했고, 여덟 번의 성무 일과(daily office)를 두 번으로 병합했고, 대부분의 예배에서 성경 내용을 크게 늘렸고, 크랜머가 성경 신학과 충돌한다고 판단했던 전통 교리와 관행(특히, 미사의 희생 제사와 화체설, 성체 보존, 고해소, 죽은 사람을 위한 간구, 성인을 통한 기도)은 개편되거나 완전히 없어졌다.[6]

크랜머의 목표는 "이해 가능성, 덕을 세움, 공동체성을 이루는 것"이었다. 그는 "질서 있게 성경을 읽고 자세히 설명하며, 성경적 가르침을 전체적으로 통합하고, 오해를 일으키거나 무의미한 모든 것을 배제하며, 말을 알아들을 수 있게 하고, 행동을 볼 수 있게 하며, 말하기와 노

---

[6] *The Study of Liturgy*, ed. C. Jones, G. Wainwright, E. Yarnold (London: SPCK, 1978), pp. 73-74.

래하기와 (두 종류 모두의) 성사(sacrament)를 받는 것에 대한 회중의 참여를 장려하는 자국어로 된 하나의 단순한 예전을…만들어 냄으로써" 이 목표를 이루었다.[7]

크랜머는 중세 서방 교회의 예전이 복잡하고 모호하다는 문제 앞에서 평범한 교인들이 쉽게 이해할 수 있는 예전을 만들어 내겠다고 결심했다. 이런 예전은 그들이 이해할 수 있는 언어로 기록되어 있어야 했다. 그는 "사도 바울은 교인들이 이해하고 듣고 유익을 얻을 수 있는 언어로 말했을 텐데, 오랫동안 영국 국교회 예배에서는 사람들이 이해할 수 없는 라틴어로 말했다. 따라서 사람들은 귀로만 들을 뿐 마음과 영혼, 정신의 영적 유익은 얻지 못했다"라고 적었다. 그뿐만 아니라, 예전은 정돈된 방식으로 그들을 성경으로 이끌어야 했다. 성서 정과에 관해 그는 "많은 해가 지나면서 불확실한 이야기와 전설을 삽입함으로써, 고대 교부들의 경건하고 고상한 질서가 심하게 바뀌고 깨어지고 무시되었으며, 그 결과…성경의 어느 부분이라도 처음 서너 장을 읽고 나면 나머지는 읽지 않는다"라고 지적했다.[8]

크랜머의 작업을 관통하는 세 가지 원리를 확인할 수 있다. 그는 **성경적이며, 이해하기 쉽고, 균형 잡힌** 예전을 만든다는 목표를 세웠고 이 드문 조합의 목표를 성취했다. 세 원리 모두 성경에 바탕을 두었지만, 첫 번째 원리는 특별히 그가 만든 예전의 내용이, 두 번째 원리는 그의 의사소통 방식이, 세 번째 원리는 그의 태도가 그러하다고 할 수 있다.

---

[7] 같은 곳.
[8] 앞의 모든 인용문의 출처는 *The Book of Common Prayer*, "Preface: Concerning the Service of the Church"이다.

1. 성경적이다

크랜머는 예배의 본문이 성경과 충돌되지 않게 하고, 많은 경우 성경의 언어를 그대로 사용하여 적극적으로 성경의 생각을 표현하고자 했다. 성경적이라는 것은 (예전 위원회의 작업처럼) 단순히 성경 읽기와 발췌문을 포함시키는 것이 아니라, 성경의 메시지를 해석하고 한데 묶어 이를 충실히 반영한다는 뜻이다.

예를 들어, 아침 기도와 저녁 기도에서는 하나 또는 그 이상의 성경 구절을 읽은 다음, "사랑하는 형제들이여, 성경은 우리를 여러 방향으로 인도하여 우리의 온갖 죄와 악함을 인정하고 고백하게 합니다"라고 말한다. 이를 『대안 예식서』의 해당 부분인 "우리는 하나님의 가족으로서 아버지 앞에 찬양과 감사를 드리고자 모였습니다"라는 부분과 대조해 보면, 하나님 주도(은총: 우리를 회개로 인도하는 하나님의 말씀)에 대한 성경적 단언에서 인간 주도(우리가 하나님께 무언가를 바치러 모였음)에 대한 단언으로, 강조점에 큰 변화가 일어났음을 알아차릴 수 있다. 데이비드 피터슨은 "1552년 성찬 예배의 구조는 잉글랜드 교회에 이신칭의라는 위대한 교리의 예전적 표현이 되었다. 이 예배는 그 자체로 동방이든 서방이든 예전의 독특한 구별점이며, 새로운 예전적 계보로 이어진다"라고 말했다.[9]

크랜머는 성경의 명령과 원리를 따라 움직였다. 이 점에 있어 그는 철저하게 확고부동했다. 크랜머의 1549년 기도서에서 여전히 미사를 발견할 수 있다고 주장했던 가디너(Gardiner) 주교 같은 개혁 반대자들

---

9   David G. Peterson, *The Moore Theological Correspondence Course: Prayer Book* (Kingsford: St Matthias Press, 1992), p. 78.

에 맞서 그는 내용을 수정했다.[10] 그 결과로 만들어진 1552년 기도서에서는 가디너가 미사의 지속을 주장하기 위해 빠져나갈 구멍으로 사용했던 모든 세부 사항이 수정되었다. 예를 들어, 성찬 예배에서는 성찬의 요소(빵과 포도주)를 위한 기도가 받는 이들을 위한 기도로 대체되었다. 1549년 기도서에 등장하는 (미사의 본질인, 그리스도의 살과 피의 기념적 희생 제사라는 의미로 해석될 수 있는) '기념'이라는 용어가 1552년 기도서에서는 삭제되었다. (『대안 예식서』에서는 이 두 사례를 모두 뒤집기 시작했다.)

크랜머 예배의 구조는 그의 성경 신학을 반영한다. 예를 들어, 예배의 시작 부분 가까이에 죄의 고백을 배치하는 것이 중요한 까닭은, 우리가 더 죄인이라고 느끼고 그다음 다시 한번 깨끗해진다고 느껴야 하기 때문이 아니라 우리가 복음의 사람들임을 기억해야 하기 때문이다. (시편과 많은 찬송가에서 자주 그러하듯이) 하나님의 백성이 함께 모일 때 그들에게 기뻐하라고 말하는 이유는 우리가 서로를 만나게 되어 기쁘기 때문이 아니다. 우리가 용서받은 사람들로서 함께 모이기 때문이다. 하나님의 은총으로 우리의 죄가 해결되었으며 우리는 다시 그분과 사귐을 누릴 수 있게 되었다. 따라서 우리를 한데 묶어 죄를 고백하게 하고 하나님의 용서하심을 기뻐하게 하는 것은 바로 복음이다. 그렇게 시작하는 교회 예배는 신학적으로 올바른 곳에서 시작하는 것이다.

또 다른 예는 크랜머의 성찬 구조다. "이것은…내 몸이라.…이것은 내 피[다]"(눅 22:19, 20)라는 예수님의 말씀은 그것을 축성(consecration)하

---

10 그는 강력한 개신교였던 John Hooper에게 도움을 받았으며, Hooper와 Cranmer 모두 (그들의 요청으로) Martin Bucer가 쓴 『비판서』(*Censura*)의 관점을 검토했다.

시는 말씀이 아니라 집행(administration)하시는 말씀이기 때문에 크랜머는 감사 기도 직후에 ['빵 떼기'(fraction), '성체 거양'(elevation)이나 '성체 조배'(adoration) 없이] 분병과 분잔을 배치했다. 그가 제시한 구조에서는 하나님이 우리를 위해 행하신 바를 우리가 감사함으로 받아들이는 것을 강조했으며, 예배에서 그 순간이 특별히 '거룩하다'는 생각은 마법과 미신에 빠지게 하는 허점이 되기 쉽다고 보아 전적으로 거부했다. (예상 가능하듯, 『대안 예식서』에서는 크랜머 이전의 형식으로 돌아가기 시작했다.)

『성공회 기도서』는 이처럼 성경의 진리를 전달하기 위한 현명하고 상식적인 규정으로 가득 차 있다. 크랜머는 '용어 순수주의자'가 아니었지만 **예배**라는 단어를 교회 예배를 지칭하는 말로 사용하지 않는다. 성찬대는 '상'(table)이라 불러야 하며, '제대'(altar)라고 불러서는 안 된다. 성공회 교인들은 옮길 수 있는 나무 탁자 대신 석조 제대 사용을 허용함으로써 우리가 인식하는 것보다 많은 것을 잃어버리고 말았다. 크랜머는 이런 세부 사항에 중요한 신학적 함의가 있음을 알고 있었다. 우리는 (그리스도의 죽음을 기념하는) 성만찬 혹은 성찬을 위해 '상' 주위에 모인다. 하지만 '제대'는 골고다에서 단번에 영원히 이루어진 제사를 재연하는 것이 암시된다. 이렇게 사소한 용어상의 변화조차 그리스도의 일을 축소하며 사람들로 하여금 인간이 하나님과 관계를 맺는 방식을 오해하게 만든다.

2. 이해하기 쉽다

크랜머는 교회 예배를 모든 사람이 이해할 수 있어야 한다고 생각했다.

성경의 내용을 명확히 전달하지 않으면 덕을 세우는 데 아무런 유익이 되지 않을 것이다. 그는 기본적으로 예배를 영어로 진행하게 함으로써 이 목표를 달성했다. 이 자체가 전에는 교회 안에서 일어나고 있는 일을 온전히 이해하지 못했던 대다수에게 얼마나 중요한 변화였을지 상상하기 어려울 정도다.

또한 크랜머는 자신의 시대와 문화에 적합한 언어와 사고 방식으로 성경의 진리를 표현하는 기도를 작성하려고 노력했다. 그는 이를 너무 잘 해냈으며, 그 결과 그의 '본기도'(collects)는 다른 많은 시대와 문화에 속한 사람에게도 효과적으로 의미를 전달할 수 있었다. 대강절 둘째 일요일 본기도는 좋은 예다.

> 우리를 가르치기 위해 모든 성경을 기록되게 하신 복되신 주님, 우리가 그와 같은 방식으로(in such wise) 성경을 듣고 읽고 주목하며 배우고 마음속에서 소화하게 하시고, 당신의 거룩한 말씀에 담긴 인내와 위로로 주님이 우리의 구원자 예수 그리스도 안에서 우리에게 주신 영원한 생명의 복된 소망을 받아들이고 굳게 붙잡을 수 있게 하소서. 아멘.

사람들이 분명히 이해할 수 있는 언어로 기도서를 작성하는 것이 크랜머의 목표였는데, 4세기가 지난 후에도 사람들이 교회 예배에서 그가 썼던 16세기 언어를 사용하고 있다는 것을 알게 되면 그는 무척 충격을 받을 것이다. (예를 들어, 영어의 역사에 관심이 없는 오늘날 사람들은 앞서 본기도에 사용한 'wise'라는 단어를 무슨 뜻으로 읽을까?)

또한 그는 이해하기 쉬운 기도서를 만들기 위해 복잡한 것을 단순화

했다. 한 권으로 된 크랜머의 책은 (*The Pie*라 불린) 사제를 위한 별도의 지침서를 사용해야 할 정도로 복잡했던 종교개혁 이전에 쓰인 여러 권의 책을 대체했다. 회중은 무슨 일이 일어나고 있는지 이해하기를 기대조차 하지 않았다. 크랜머는 회중 전체를 위해 모든 단계의 일을 설명하는 명확한 지침(지시문)을 담아 단 한 권의 책으로 만들었다(이와 대조적으로, 오늘날 예전을 다룬 책들이 급속히 늘어나고 있다는 사실에 주목하라).

교회 예배를 이해하기 쉬운 것으로 만들기 원했던 크랜머가 강조한 또 다른 측면은 공동체성이다. 중세 가톨릭 신학에 따라 중세 예배에서는 많은 부분이 성단소(chancel)에서 이루어졌으며, 그 결과 회중은 참여자가 아니라 관찰자가 되고 말았다. 그와 달리 크랜머의 예배에서는 회중이 기도하고 참여하는 부분이 크게 늘어났다. 현대 교회의 비격식성과 자유조차도 이 점에 관해서는 크랜머와 비교하면 빈약해 보인다. 그의 예전에서는 (많은 개인이 그들 나름대로 기여하지만 사람들이 함께하는 부분은 더 적어진) 오늘날 일부 비형식적 예배들보다 훨씬 더 공동체를 강조한다.

3. 균형 잡혀 있다

크랜머는 성경적 내용과 전달의 명료성만 중시한 것이 아니라, 성경 본문을 고르게 다루며 미묘한 의미를 파악하고 성경이 침묵하는 부분에도 주의를 기울이는 성경적 태도도 지녔다. 크랜머 작업의 이러한 양상에 맞는 용어를 한 가지만 꼽기는 어렵다. 크랜머에게는 성숙함과 중용이 있었기에 그는 극단주의나 종교적 편견으로 치우치지 않을 수 있었다. 또한 그는 공정함과 상식을 중요하게 여겼기 때문에 작업에도 겸손과 균형 잡힌 관점이 갖추어졌다. 그는 어디에서 유연해야 하고 어디에서 확고부동해야 하는지 알고 있었다. 인간의 약함과 불완전성도 깊이 이해했다. 경쟁적 관점의 진정성 있는 요구를 기꺼이 받아들였으며, 하나님의 말씀을 넘어서거나 몇몇 문제에 대해 자신이 성경보다 더 명쾌하다고 주장하지는 않을까 염려했다. 그는 독일 출신 멘토 마르틴 부처에게서 이처럼 온건한 절제와 감수성을 배웠을 것이다. 1549년, 부처는 "공식들을 피하고 약한 이들을 참을성 있게 대하라. 그리스도를 온전히 신뢰한다면 그 선택은 안전하다. 모든 사람이 동시에 똑같은 것을 볼 수는 없는 노릇이다"라고 썼다.[11]

더 나은 말이 없기에 크랜머의 이런 태도를 가리켜 '균형'이라고 말한다. 하지만 이 말은 단순히 새로운 주장과 전통적 주장 사이의 타협적 태도보다 훨씬 더 폭넓은 의미로 사용된다. 균형을 크랜머의 가장 중요한 원리라고 할 수는 없지만, 아마도 그가 설립을 도운 성공회의 가장 독특한 측면일 것이다. 이것은 제임스 패커(J. I. Packer)가 "과거와 불필요하게 단절하거나 현재 교회의 부분을 이루는 그리스도인들과 불필요하게 단절하면서 교회를 형성하려고 하지는 않는 성공회 경향성"이라고 설명했던 태도를 만들어 냈다.[12]

따라서 크랜머는 가능한 한 많은 이를 아우르고 가능한 한 적은 수의 사람들을 배제하기 위해 절제된 속도로 혁명을 이루었다. 그가 여러 다른 기도서를 만들었다는 사실은, 변화가 점진적이어야 한다는 것을 그

---

11 Martin Bucer, *Scripta Anglicana fere omnia* (Basiliae: Pernae officina, 1577), p. 686.
12 J. I. Packer, *A Kind of Noah's Ark: The Anglican Commitment to Comprehensiveness*, Latimer Study 10 (Oxford: Latimer House, 1981), p. 20.

가 받아들였음을 보여 준다. 그는 교부들과 중세 교회는 물론, 종교개혁의 성경적 통찰에 비추어 덕을 세우는 데 유익한 모든 것을 받아들이려고 노력했다. 그는 많은 이가 원했던 것처럼 빨리 변화를 이루려 하지 않았으며, 바울이 교회 안에서의 질서를 주장했고 약한 이들을 비롯한 모두가 동의하기를 바랐던 것을 근거로 이런 정책을 옹호했다. 크랜머는 일차적 진리와 부차적 진리를 구별하고, 가능한 모든 곳에서 "너그럽게 양해할" 뿐 아니라 균형 감각을 유지하려고 노력했다.

'의식'(행진, 십자가로 기어가기 등 같은 의례)에 관해 그는 "사람들의 눈을 가리고 하나님의 영광을 흐리게 하므로 마땅히 잘라 내고 단호히 거부해야 하는" 것들은 제거해야 하는 반면, "비록 인간이 만들어 낸 것이지만 교회의 품위 있는 질서를 위해, 또한 (사도 바울이 가르쳤듯이, 처음에는 인간이 만들었지만) 교회 안에서 행하는 모든 것의 목적인 덕을 세우는 일에 기여하므로 여전히 보존하는 것이 좋다고 여겨지는" 다른 의식들은 유지할 수 있다고 썼다.[13] 개혁 시기에 크랜머는 일부 사람들이 성경보다 새로움을 자신의 권위로 삼으려 한다는 것을 간파했다. 하지만 그에게는 자신이 사도들 이후 지혜를 가진 첫 번째 사람이 아님을 인정하는 성경적 겸손이 있었다.

크랜머의 균형 잡힌 태도는 성경이 말하지 않은 부분에 대해(예를 들어, 교회 예배를 위한 정확한 형식에 관해), 교회는 좋은 질서를 세우기 위해 그 삶을 규정할 자유가 있다는 '후커의 원리'가 발달할 자연스러운 맥락을 제공했다.[14] 성경이 우리에게 자유를 부여하는 부분에 대해, 크

---

[13] *The Book of Common Prayer*, "Preface: Of Ceremonies."
[14] Richard Hooker(약 1554-1600년)는 영어로 쓴 탁월한 산문 「교회 정체 법에 관한 논문」

랜머는 최선의 결과를 이루고자 성경적 원리들을 유연하게 적용하려고 노력했다.

따라서 크랜머의 작업이 오늘날 우리에게 가치 있는 이유는 성경적 교리에 충실하면서도 성경적 교리를 예전적 실천에 어떻게 적용할지 실례를 제공하기 때문이다. 크랜머가 제시한 많은 측면은 오늘날 성공회 교인들에게 더 이상 의무 사항이 아니다. 하지만 그럼에도 그것들은 우리에게 매우 유익하며, 성공회 유산의 일부다.

크랜머의 유산

따라서 크랜머의 유산은 온건하며 상식적인 신학적 실용주의와 결합된 건전한 성경 신학이라 할 수 있다. 그러나 그 유산을 물려받은 예전적 전통은 그의 이상에서 자주 벗어났고 최근에는 그런 현상이 더 심해졌다. 하지만 그의 유산은 여전히 유효하다. 『성공회 기도서』의 영적 힘은 이 책이 대상으로 삼았던 이들이 쉽게 이해할 수 있는 형식으로 성경의 가르침을 전달한다는 사실에서 나온다. (크랜머와 『성공회 기도서』가 성공회의 기원에 있어 중요한 역할을 했음은 인정해야 하지만) 예전 자체가 특별히 성공회적인 것은 아니다. 성경에 근거를 두고 예배에 대한 성경적 교리를 표현하는 데 초점을 맞춘 예전이다. 또한 크랜머 예전의 원래 형태를 지금 그대로 사용할 수 있는 것도 아니다(이 책은 16세기 언어로 쓰였기 때문에 그대로 사용한다면 그가 주창한 '이해하기 쉬움'의 원리와 모순된

(*Treatise on the Laws of Ecclesiastical Polity*, 1594 and 1597)에서 1559년에 이뤄진 엘리자베스 여왕의 성공회 국교화(Elizabethan Settlement)를 옹호했다.

다). 그러나 [『39개 신조』, 『서품 예식서』(The Ordinal)[15]와 더불어] 『성공회 기도서』에 실린 교리는 오늘날 무엇이 성공회적이며 무엇이 성공회적이지 않은지를 결정한다. 영국 국교회 교회법(Canon) A5에서는 다음과 같이 명확히 주장한다.

> 영국 국교회의 교리는 성경, 그리고 성경과 조화를 이루는 고대 교부들과 공의회의 가르침에 기초를 두고 있다. 특히 그 교리는 『39개 신조』와 『성공회 기도서』 그리고 『서품 예식서』에 담겨 있다.[16]

이 교회법에 담긴 명확한 지침은 현대의 예전에 관한 개정법의 어조와는 대조를 이룬다.

> 예전의 책무 중 하나는 사람들의 경험과 공명을 이루고, 사람들이 있는 곳에서 그들과 동일시되는 것이다. 그렇기 때문에 때로 고대적인 것과 현대적인 것을 섞어야 하고 본문에 생생한 이미지를 담아야 한다. 예전의 다음 책무는 사람들—그리스도인들과 아직 헌신하지 않은 이들 모두—이 그들이 있는 곳에서 하나님을 향한 여정을 내딛도록 이끄는 것이다. 따라서 새로운 예전은 사람들을 하나님께로 움직이게 할 만큼 역동적이며, 따라서 선교와 영성

---

15 『서품 예식서』는 부제와 사제를 위한 서품 예식으로 크랜머가 썼고 『성공회 기도서』 안에 포함되어 있다. 이 예식서에는 별도의 서문이 포함되어 있으며, 따라서 『성공회 기도서』와 한 권으로 묶여 있지만 엄밀히 말하면 다른 책이다.
16 영국 국교회 교회법(Canons of the Church of England)은 영국 국교회가 교회의 삶을 규제하기 위해 공포한 교회법이다. 이 법은 17세기 초까지 거슬러 올라가는 오랜 역사를 지니고 있으며 현재는 교회법이 시대에 뒤처지는 것을 막기 위해서 상설 교회법 개정 위원회(Standing Canon Law Revision Committee)가 재검토하고 있다.

모두를 위해 강력한 도구가 되어야 한다.[17]

    이런 식으로 예전을 수정하려는 시도는 인간 중심적 관점을 분명히 드러낸다. (복음과 크랜머 예배의 방향이 '하나님으로부터 인간으로'였던 것과 달리) 이제 우리로부터 하나님께로 방향이 바뀌었다. 여기에서는 (또는 소책자 어디에서도) 예전을 통해 성경의 진리를 표현한다는 점을 전혀 언급하지 않는다.

    지금의 예전이 영국 국교회에 어떤 식으로든 일치를 제공한다고 주장하기는 불가능하다. 영국 국교회의 '기도 실천'에서 현대적 형태의 성공회적 일치를 찾으려고 하는 것은 도깨비불을 추적하거나 젤리를 벽에 박아 놓으려고 하는 것과 마찬가지다. 영국 국교회의 교리는 이제 예전에 의해 보호를 받지 못한다. 왜냐하면 더 이상 그 예전이 통일된 교리를 표현하지 않기 때문이다. 크랜머의 명료성과 단순성을 포기했으며, (수정을 주장하는 이들 사이에서 합의를 이루기 위해) 모호함과 애매함을 의도적으로 성공회 예전에 다시 끌어들였고, 그 결과 (교회 안에서 사용되는 말의 형식을) 표면적으로 일치를 이루어 (믿는 바에 관한) 실제의 불일치를 감추고 있다.

---

17 *Revising The Church of England's Liturgy*, Bulletin 3 (June 1998)의 서문으로, the Bishop of Guildford, Chairman of the Liturgical Publishing Group과 the Bishop of Salisbury, Chairman of the Liturgical Commission이 썼다.

우리의 책임

성공회 교인들은 크랜머로부터 소중한 유산을 물려받았다. 이 유산을 허비하지 않으려면 단호하고 시급한 행동이 필요하다. 이미 많은 부분이 사라지고 말았기 때문이다.

예전을 수정하려는 시도에 맞서고, 20세기를 지나오면서 영국 국교회 예배로부터 성경을 제거하려는 흐름을 막고자 애쓰는 이들도 있고, 반대로 지역 교회 안에 좋은 실천을 계속 만들어 내고 있는 이들도 있다. 후자에 해당하는 이들은 예전 위원회가 성공회 예배의 정확한 형식을 명령할 수 없다고 주장한다. 예전 위원회는 (앞서 언급한) 교회법 A5를 따르지 않는다. 성공회 예배 안에 포함할 것과 하지 말 것을 결정할 권위가 성경에 있음을 인정하지 않는다. 마찬가지로, 영국 국교회의 전국 의회가 교회법에 관해 이런 식으로 행동한다면, 의회가 승인하지 않은 예배 형식을 사용한다는 의미라고 해도 지역 교회들은 계속해서 교회법을 따를 권리가 있는 셈이다.

실제로 영국 국교회의 교회법에서는 예배 형식을 발전시키는 데 있어 목회자들에게 상당한 자유를 허용한다. 교회법 B5:1에서는 "목회자는 자신의 판단에 따라 교회법 B1에 의해 승인된 모든 예배 형식에 있어서 특수한 상황에 맞춰 본질적으로 중요하지 않은 내용은 변형하고 활용할 수 있다"라고 규정한다. 교회법 B5:3에서는 무엇이 "본질적으로 중요한 내용"의 변형인지 정의한다. "예배 형식의 모든 변형과 이 교회법의 규정에 따라 사용되는 모든 예배 형식은 경건하고 적절해야 하며, 본질적 문제에 있어 영국 국교회의 교리와 모순되어서는 안 되고 교리로부터의 이탈을 암시해서도 안 된다." "본질적 중요성"을 지닌 변형이란 곧 교리에 영향을 미치는 변형이다. 변형이 ("경건하고 적절하다면") **문화적으로** 성공회적이지 않아도 교회법은 이를 금지하지 않는다. **교리적으로** 성공회적이지 않을 때만 변형을 금지한다.

따라서 교회법은 예배에 참여하는 회중에게 가장 적합하고, 성공회 교리를 가장 효과적으로 가르칠 수 있으며, 믿음 안에서 그들을 세워 줄 수 있는 예배를 만들기 위해, 영국 국교회가 승인한 예배 내의 변형을 만들어 낼 자유를 허용한다. 『성공회 기도서』를 만들 때 이 책 자체가 기독교 신앙의 통일된 진리를 문화적으로 효과적이며 이해하기 쉽게 만들고자 하는 시도였다. 현대의 성공회는 이와는 반대로 통일된 문화 안에서 '진리'를 여러 가지로 변형하여 표현하려는 위험에 처해 있다.

다행히도 적어도 이론상으로 성공회의 교리적 초석은 여전히 『성공회 기도서』와 『서품 예식서』 그리고 『39개 신조』다.[18] 그리고 이 문서들은 다시 우리를 성경으로 향하게 한다. 따라서 오늘날의 성공회 교회들을 위한 교회 예배의 형식을 만들어 내고자 할 우리의 첫 번째 책무는 성경을 그 형식의 중심에 두는 것이어야 한다(그렇게 함으로써 그리스도를 중심에 둘 수 있기 때문이다).

다음으로, 우리는 크랜머의 문화가 1세기 문화와 멀리 떨어져 있듯이 우리의 문화가 그의 문화와 멀리 떨어져 있음을 진지하게 받아들일 필요가 있다. 우리 문화는 그의 문화보다 덜 기독교 친화적이고, 더 다양하며, 기술적으로 더 정교하다(따라서 우리는 매주 참신한 형식의 예배를

---

18 앞에서 인용하고 주 16에서 설명한 교회법 A5를 보라.

쉽게 만들어 낼 수 있다). 또 몇몇 측면에서는 더 참여적이고 즉각적이며 민주적이다. [예를 들어, 많은 사람은 정해진 예전을 불편해한다. 목회자가 전하는 설교 대신 설교집(The Homilies)[19]에 실린 설교 하나를 읽어 줄 때도 마찬가지다.] 교회와 운동 경기장을 제외하면 사람들이 함께 노래하는 것이 일상적인 문화도 아니다.

따라서 덕을 세우는 것과 전도를 우리 모임의 주요 목표로 삼아야 하며, 회중으로 하여금 교회 예배가 전도의 기회임을 새롭게 깨닫게 하고 이런 목표를 이루기 위해 예전과 절기를 활용해야 한다. 우리는 이해 가능성을 극대화하고 예배의 공동체성을 강화하기 위해 노력해야 한다. 크랜머처럼 과거로부터 배워야 하며, 새것을 단지 새롭다는 이유만으로 귀하게 여겨서는 안 된다. 하지만 우리는 끊임없이 변화할 준비가 되어 있어야 한다. 왜냐하면 복음 안에서 하나님은 우리에게 (개인으로서 또한 교회로서) 변화하라고 말씀하시기 때문이다. 회중의 중심은 분명하고 가장자리는 흐릿하여 외부에 있는 사람들이 쉽게 들어올 수 있게 해야 한다. 하나님이 구별하지 않으시는 것을 우리가 구별하려고 해서는 안 된다.

우리가 크랜머의 발자취를 따르고자 한다면, 그가 그랬듯이 성경을 우리 교회 예배의 중심으로 삼기로 결정해야 한다. 그가 그랬듯이 보통

---

[19] 설교집은 표준 설교로, 1547년에 1권이 출간되었고 1563년에 2권이 출간되었다. 1권의 대부분은 Cranmer가 썼고, 2권은 John Jewel(1522-1571) 주교가 쓴 것으로 보인다. 설교집은 "하나님의 교회 안으로 거짓 교리가 엄청나게 침투하는 것을 막기 위해" 출간되었다. 왜냐하면 종교개혁 초기에 "서품을 받은 목회자들" 중에 "사람들을 가르치기에 충분한 설교의 은사"가 없었던 사람들이 있었기 때문이다. 설교집은 오늘날에도 매우 중요한데, 특히 『39개 신조』의 여러 조항에서 다양한 교리를 더 충분히 설명하기 위해 설교집을 인용하기 때문이다. 이는 설교집의 목적 중 하나가 『신조』의 뼈에 살을 붙이는 것이었음을 보여 준다.

사람들이 기독교를 이해할 수 있도록 돕기 위해 노력해야 한다. 또한 그가 그랬듯이 일차적 진리와 부차적 진리를 가려내고, 어디에서는 유연하고 어디에서는 확고부동해야 할지 아는 상식을 갖춰야 한다.

실천

우리의 교회 예배가 이런 기준을 충족하게 하려면, 성공회 교인들 앞에 대단히 어려운 책무가 놓인 셈이다. 따라서 우리는 이를 구체적으로 어떻게 실천할지 고민해야 한다. 논의가 더 실천적으로 변할수록 보편적 적용 가능성이 낮아질 수밖에 없다고 미리 말해 둘 필요가 있다. 성공회 안에는 거대한 다양성이 존재하기에, 크랜머의 원리를 적용하는 데는 다양한 변수가 영향을 미친다. 회중의 규모나 활력은 그들이 활용할 수 있는 자원에 영향을 미칠 것이고, 회중의 성숙도와 전반적인 분위기, 교인들의 확신과 능력도 변수가 될 것이다. 또한 회중의 역사와 환경(도심, 교외, 지방), 지도자들의 가용 시간 등 전반이 영향을 미칠 것이다. 이어지는 실천적 논의의 목표는 통일된 예전 형식을 만들어 내는 것이 아니라 같은 원리를 다양하게 적용하는 것이다. 특별한 기준을 만들어 내고자 함이 아니라, 특별한 방향을 유지하고자 함이다.

   오늘날 우리가 성실히 크랜머를 따르고자 한다면, 정해진 예배 형식을 고수하든 아니면 일요일마다 더 유연한 방식으로 예전적 자료를 사용하든, 매주 우리의 예배에 대해 심사숙고하고 기도하고 계획을 세워야 한다. 정해진 예전은 성경적 교리에 건전한 틀이 될 수 있다. 또한 순서에 충분히 익숙해지게 하여 옛것과 새것 사이의 편안한 균형을 만들어 내고, 바울이 고린도 교인들의 모임에 필요하다고 판단했던 품위와 질서(고전 14:40)를 갖추도록 도울 수 있다. 하지만 그렇다고 해서 창의와 혁신을 억눌러서는 안 된다. 또한 이를 참신한 생각을 피하려는 핑계로 삼아서도 안 된다. 영국 국교회는 정해진 예전으로 성직자가 생각 없이 그리고 준비 없이 예배를 인도하여 (특히 가장 일반적으로 사용되는 정해진 예전이 더 이상 성경적 교리에 확고히 뿌리내리지 않은 것이기 때문에) 큰 어려움을 겪어 왔다. 좋은 예배를 위해서는 계획이 필요하고, 이를 위해서는 시간이 필요하다.

예배 계획

실수로부터 배우고 좋은 실천을 만들기 위해 예배를 계획하고 검토하는 회의를 하는 것이 유익하다. 물론 일부 교회는 이런 기회를 얻지 못하지만, 성경을 가르치는 사람과 음악을 준비하는 사람이 의논하고 함께 기도하는 곳에서는 이를 통해 예배의 질이 높아질 것이다. 매주 그런 회의를 하고, 한두 사람이 더 참여하여 예배 순서의 초안을 준비하고 미리 회람한다면 훨씬 더 좋을 것이다. 설교를 평가하고 예배의 나머지 부분이 설교와 어떻게 연결되는지 생각해 보는 것은 특히 중요하다. 설교는 그것이 전해지는 맥락과 분리되어서는 안 된다. 모든 설교자는 자신의 설교에 대한 검토를 들어보는 것에서 유익을 얻을 수 있으며, 예배 준비에 설교자가 참여하는 것 역시 모든 예배를 유익하게 한다.

　　세심하게 준비해야 한다고 해서 즉흥성을 배제하는 것은 아니다. 회중의 문화에 따라 열린 기도와 즉흥적 간증, 찬양이 '자연스럽게 흘러나

오는 것', 다른 형태의 계획되지 않은 회중 참여가 적절히 이루어질 수도 있다. 바울이 고린도전서 14장에서 말했던 바는 그런 활동을 배제하라는 것이 아니라 조절하라는 것이었다. 준비하는 모임에서는 이런 참여가 회중의 집단적 기질과 조화를 이루는지, 외부자들에게 친화적일지를 신중히 판단해야 한다. 설교자는 자신의 다음번 설교에 회중이 어떻게 반응하는 것이 최선일지 제안할 수 있다. 침묵의 시간, 열린 기도의 시간, 회개의 시간, 토론 모임, 설교자에 대한 질문, 복음에 반응할 기회가 필요한 이들을 위한 예배 이후의 모임, 상담이나 기도를 위한 시간 등을 준비할 수 있다. 그런 다음 예배 인도자에게는 시간이 되었을 때 미리 정한 지침에 따라 적절한 방식으로 계획한 내용을 바꿀 수 있는 자유도 부여해야 한다.

계획 세우기와 함께, 기도가 이 회의의 중요한 목적이다. 만약 우리가 하나님의 목적(제자들을 만들고 길러 내는 것)을 위해 하나님이 정하신 무언가(그리스도인의 모임)를 계획하는 일에 참여한다고 믿는다면, 또한 이것이 그분의 일이라고 (따라서 우리는 그 일을 함께하는 것일 뿐이라고) 믿는다면, 예배 계획을 세울 때 기도를 가장 우선순위로 삼을 것이다. 그렇게 함으로써, 우리는 교회 예배의 중요성을 인정하고 교회를 세울 수 있는 유일한 분이신 하나님께 의지한다.

신자들이 그리스도의 이름으로 모이는 모든 시간은 너무도 귀한 기회이기 때문에 세심한 계획 없이 그저 지나가게 두어서는 안 된다. 함께 기도하거나 계획을 세울 동료 없이 혼자 목회를 하는 사람들은 이 일을 함께할 누군가를 찾는 것을 시급한 우선순위로 삼아야 한다. 최선의 예배는 보통 팀의 노력을 통해 준비되며, 그 자체가 그리스도인으로 사는 삶의 공동체성을 예증한다. 하지만 우리가 흔히 하는 실수는 다른 이들을 불러 예배를 계획하고 준비하는 과정보다 예배 예식 행하기를 돕게 하는 데 치중한다는 것이다. 혼자서 일하는 관할 사제(vicar)는 자신을 대신해 다음 주 도고(intercessions)를 인도할 누군가를 찾는 것보다, 지난주 설교와 예배에 대한 누군가의 평가를 들어 보는 것으로 더 큰 도움을 받을 수 있다. 누군가에게 우리를 **위해** 무언가를 해 달라고 부탁하는 것과 우리**와 함께** 무언가를 하자고 부탁하는 것은 다르다. 어떤 목회자들은 격려와 비판을 함께 나누면서 자신과 참된 멍에를 같이 멜 동료가 되어 달라고 하지 않기 때문에 팀도 세우지 못한다. 우리가 다른 이들에게 도움을 청한다면, 예배가 교리적으로 잘못되거나 단조로워지는 것을 막는 것이 훨씬 더 쉬워질 것이다.

하지만 예배를 계획하는 데 적용되는 지침은 무엇일까? 오늘날 예배가 토머스 크랜머에게서 물려받은 성공회 유산과 조화를 이루게 하려면, 이 세 가지 기준을 통과해야 한다. (1) 성경적인가? (2) 이해하기 쉬운가? (3) 균형 잡혀 있는가?[20]

1. 성경적인가?

예수 그리스도의 말씀을 예배의 중심으로 삼지 않는다면, 그분을 예배의 중심으로 삼을 수 없다. 바로 하나님 말씀이 하나님의 교회를 존재하게 했으며, 하나님 말씀의 일하심은 교회의 생명에 있어 근원이자 중심

---

20 여기서 '균형'이라는 용어는 이 책 100-103쪽에서 Cranmer 작업의 특징을 담아내기 위해 사용되고 있다. 새것과 옛것 사이의 균형을 의미할 뿐 아니라, 온건, 포용, 겸손, 감수성을 아우르는 태도를 지칭한다.

이다. 지역화된 교회는 일하시는 말씀을 중심으로 특정 공간에 모인 사람들의 무리인 것이다. 우리는 매주 하나님 말씀의 일하심 아래 서로 만나기 위해 모인다. 다가오는 한 주에도 하나님을 믿기 위해 말씀을 중심으로 일요일마다 모여 격려를 얻는 것이 우리에게 얼마나 절실한 것인지 과소평가할 때가 많다.

따라서 예배에 성경의 발췌 본문이 포함되는 것만으로는 충분하지 않다. 예배 자체가 성경 중심적이어야 한다. 위대한 성경의 교리가 예배의 형태를 결정해야 한다. 크랜머는 우리가 하나님의 은총으로 함께 모인 복음의 사람들임을 상기시키기 위해 죄의 고백을 시작 부분에 배치했다(아침 기도의 첫 부분을 기억하라. "사랑하는 형제들이여, 성경은 우리를 여러 곳으로 인도하여 우리의 온갖 죄와 악함을 인정하고 고백하게 합니다.…"). 우리는 말씀 안에서 우리를 향한 그분의 부르심으로부터 시작하고, 우리의 죄를 고백하고 그분의 용서하심을 기뻐함으로써 그분께 반응한다. 성경 구절과 단락 읽기, 시편 찬송하기, 성경에 기초한 기도(예를 들어, 정부를 위한 규칙적인 기도: 딤전 2:1-2), 신조를 통한 체계적인 성경적 신앙 고백, 설교할 수 없는 이들을 위해 성경에 기초한 설교문 제공, 설교할 수 있는 이들에게는 설교 독려, 이 모든 것을 통해 하나님의 말씀은 크랜머 예배의 중심에 계셨다.

우리 시대에도 똑같이 해야 하지만 적절한 수단을 통해 적용해야 한다. 시편을 노래로 부르기가 더 이상 적절하지 않다면 시편을 우리 예배 안에 포함시킬 다른 방법을 찾아야 한다. 시편은 인간 감정을 표현하는 주된 성경적 매체다. (슬픔과 기쁨, 확신과 절망, 분노와 환희의 표현이 시편 안에 풍부하게 담겨 있다.) 시편이 우리의 교회 예배에서 사라지자 인간의 감정이 다른 방식으로 분출되었는데, 그중 일부는 시편보다 훨씬 건전하지 않고 대부분 성경적이지 않다. 그렇지만 시편은 여전히 기도와 교독문, 묵상을 위한 틀로 사용될 수 있다.[21]

이 성경적 기준을 통과한다면 그 예배는 덕을 세우는 데 유익할 것이다. 우리는 개인으로서 서로를 믿음 안에서 세우고, 교회로서 함께 세워지기 위해 모인다. 각자가 개인적으로 그리스도인의 삶에서 얼마나 멀어졌든지 간에, 우리는 정기적으로 하나님의 말씀 아래에서 함께 만나 도움을 받아야 한다. 왜냐하면 우리의 믿음은 그분의 말씀으로 지속되는 것이기 때문이다.

교회 예배는 일차적으로 기독교 교리의 정확한 진술을 위해 존재하는 것이 아니다. 일차적 목적은 덕을 세우는 것이다. 그러나 덕을 세우는 것은 교리를 통해―하나님 말씀의 신실한 가르침을 통해― 이루어진다. 따라서 건전한 교리가 교회 예배에서 지켜져야 한다. 우리는 예배의 모든 요소에 관해 질문을 던져야 한다. 이것이 참석하는 사람들을 믿음 안에서 세워 주겠는가? 이것이 그들로 하여금 자신을 사랑하시는 하나님이 계시다고 계속 믿을 수 있도록 도와주겠는가? 이것이 그들을 격려하여 다음 주에 거룩한 삶을 살고 다른 이들을 섬길 수 있게 하겠는가? 혹시라도 좌절하게 하고 믿음을 잃게 할 요소는 없는가? 위대한 성경의 진리, 즉 진술하고 설명하고 토론하고 적용하고 그에 관해 기도하고 노래하고 묵상하고 반응하게 하는 성경의 진리는 믿음 안에서 함

---

21 예를 들어, David Iliff, Michael Perry, David Peacock이 편집한 *Psalms for Today*와 *Songs from the Psalms* (London: Hodder and Stoughton, 1990)에는 찬양에 활용할 수 있는, 시편에 기초한 유용한 자료가 많이 담겨 있다.

께 회중을 세우고, 몸된 교회의 개별 지체인 우리를 믿음 안에서 세워준다.

복음을 전하는 것은 그 몸을 세우는 일의 한 부분이다. 사실 교회 예배에서 덕을 세우는 것과 복음을 전하는 것을 뚜렷이 구별할 수는 없다. 그리스도인의 믿음을 강화하는 성경의 진리가 비그리스도인의 믿음 없음에 대해서는 도전을 제기한다. 교회 예배는 복음을 전하는 것의 가장 효과적인 수단 중 하나여야 한다. 그리스도인이 친구들을 쉽게 초대할 수 있고, 예배에 온 친구들이 당황스러워하지 않으며, 기독교 신앙을 깨달을 수 있는 시간이어야 한다. 우리가 하는 행동이 그들에게 익숙하지는 않을 것이다. 요즘 사람들이 함께 노래하는 행위가 얼마나 흔하겠는가? 하지만 손님이 보기에도 우리가 열정적으로 이 행위에 임하고 있음이 분명해야 한다. 우리가 하나님의 말씀을 진지하게 받아들이고 있으며 그들도 진지하게 받아들이기를 바란다는 것에 대해 의심할 여지가 없어야 한다.

데이비드 피터슨은 "하나님께 영광을 돌리는 예배에 관심을 기울이는 사람들은 그리스도께로 사람들을 인도하는 데 전념할 것이다"라고 말했다.[22] 이것이 그리스도인의 삶 전체를 지배해야 할 진리이며, 또한 이 진리가 우리의 교회 예배를 계획하는 방식을 규정해야 한다. 교회 예배는 '외부자 친화적'이어야 한다.

크랜머는 모든 지역 교회가 체계적으로 성경 전체를 읽을 수 있게 하려고 성서 정과를 개정했다. 우리가 달성하기 원하는 목적은 동일하지

---

22 Peterson, "Worship in the New Testament", p. 65.

만 다른 수단을 사용하길 원할 수도 있다. 하나님의 말씀을 판단하는 자리에 앉아서 말씀의 특정 부분이 현대인이 듣기에 적합하지 않다고 여기는, 자유주의 신학에 의해 구성된 현대의 성서 정과는 만족스럽지 않을 것이다. 관할 사제는 자신의 회중이 어떤 본문을 들어야 하는지 결정할 책임은 오로지 자신에게 있다고 느낄지도 모른다. 그것은 너무 중요해서 다른 누구에게도 맡길 수 없다고 생각한다. 하지만 그도 자신이 좋아하는 본문에 치우칠 위험을 경계해야 한다. 10년 동안 일요일마다, 성경의 중요한 책 전부를 단락마다 체계적으로 다룬다면, 자유와 체계 사이의 균형을 이룰 수 있을 것이고 하나님의 말씀 전체를 가르쳐야 할 장기적 책임과 현재 교회에 필요한 것의 비중을 적절히 구별할 수 있을 것이다. 오늘날, 한 목회자가 성경의 한 책을 매주 주의 깊고 신중하게 강해하는 설교를 들으며 유익을 얻는 교회는 매우 드물다. 그렇게 하는 교회는 가장 건강한 교회일 확률이 높다.

따라서 교회 예배에 관해 물어야 할 첫 번째 질문은 '그것이 성경적인가?'이다. 성경을 중심에 두고 있는가? 성경의 진리에 의해 규정되었는가? 덕을 세우는 것과 복음을 전하는 것이라는, 그리스도인의 모임을 위한 신약의 두 가지 목표를 모두 성취하는가? 이제, 두 번째로 물어야 할 질문은 '이해하기 쉬운가?'이다.

2. 이해하기 쉬운가?

크랜머의 위대한 성취는 성경적 진리를 보통 사람들 가까이에 가져왔다는 것이다. 우리의 예배 역시 그러해야 한다. 교회 안에서 일어나는 일과 다른 모든 곳에서 일어나는 일의 다름을 진지하게 받아들여야 한다. 크랜머는 교회 예배에 있는 모호함을 단순성과 명료성으로 대체하겠다고 결심했다. 따라서 불필요하게 외부자를 소외시키는 언어와 행동을 피해야 한다. 반면, 피할 수 없는 기독교 용어(예를 들어, 믿음, 은총, 거룩함, 영광, 죄)도 존재한다. 그런 용어를 쓸 때는 잘 설명하면 된다. 마찬가지로, 기도, 찬송 부르기, 함께 신조 낭독하기, 설교 듣기 등 이런 활동 역시 교인이 아닌 사람에게는 일상적 경험이 아니다. 이런 것들은 우리의 예배 안에서 중요한 자리를 차지하기에, 교회 문화에 익숙하지 않은 이들이 잘 대처할 수 있는 방식으로 소개를 할 필요가 있다. 예를 들어, 회중에게 신조나 고백의 기도를 소리 내어 읽자고 권하기 전에, 그것들을 읽고 스스로 생각할 시간을 주는 것이 적절할 것이다.

당혹감은 덕 세우기와 전도를 방해하는 큰 적이다. 이 인사, 이 노래, 이 기도, 이 환호, 이 드라마, 이 간증, 이 헌금, 이 광고가 누군가를 당혹스럽게 하지 않을까? 우리가 무언가를 이런 식으로 한다면 누군가 불편해하지 않을까? 편안함을 목적으로 삼고 추구하려는 것은 아니다. 하나님 말씀은 우리를 재평가와 회개로 이끌기 위해 인간의 마음속에 불안정을 만들어 내기 마련이다. 하지만 예배를 통해 덕 세우기 및 전도의 효과를 극대화하기 원한다면 불필요한 당혹감은 최소화해야 한다. 그리고 이것은 예배에 참여할 특정 부류의 사람들에 대한 분별과 감수성 관련 문제가 될 것이다. 예배 중에 서로 격식 없이 인사하는 시간은 오늘날 대부분의 회중에게 적절하다. 하지만 이런 비격식성이 너무 위협적이라고 느끼는 회중도 있을 것이다. 그런 경우에는 인사를 나누는 것이 유익하기보다 해로울 것이며, 당혹감이라는 요인이 매우 크게 작용할 것이다.

물론 우리는 모두 다르며, 모두가 다른 이유로 당혹스러워한다. 모든 취향에 적합하고 모든 감수성을 존중하는 예배는 존재하지 않을 것이다. 하지만 예배를 책임지는 사람들의 감수성을 대하는 태도는 잘 드러나기 마련이다. 그들의 진지한 태도나 잘하려고 노력하는 태도 역시 마찬가지다. 예배 중 한 요소가 특정 개인의 취향에 맞지 않더라도 그것을 존중하는 태도를 갖출수록, 사람들은 다름에 관해 덜 불편하게 느낄 것이다.

우리는 행하는 모든 것에 있어서 회중에 속한 모든 사람의 취향을 맞출 수는 없으며 맞추려고 해서도 안 된다. 교회 예배가 끝나고 나가면서 누군가 "이 예배의 모든 면이 정확히 내가 원하는 대로 진행되었습니다"라고 말한다면 이는 나쁜 징조일 것이다. 모든 교회 예배는 취향들이 혼합된 곳이어야 하고, 우리 모두에게 참석한 다른 이들의 취향과 선호를 더 많이 받아들이도록 도전해야 한다. 그 혼합에 대해 너무 위협적으로 느끼지 않을 지점에 이르기까지 우리가 '편안하게 느끼는 범위'를 확장해야 한다.

모든 취향에 맞출 수는 없겠지만, 우리가 할 수 있는 모든 것을 최선을 다해 노력할 수는 있다. 이로써 하나님께 영광을 돌리고, 그리스도인의 사귐으로써 우리가 함께 모이는 것의 중요성을 강조하고, 당혹감을 최소화할 수 있다. 우리는 하나님을 위해 가능한 한 최선을 다해 예배의 요소들을 행함으로써 하나님께 영광을 돌리기 원한다. 우리의 기준으로 사람들에게 깊은 인상을 남기려고 하지 않으면서, 우리가 하나님에 관해 생각하는 바를 전달하려고 노력한다.

우리의 예배를 이해하기 쉬운 것으로 만들고자 한다면, 외부자가 기독교 신앙에 대해 동의하지 않더라도, 우리에게는 이것이 중요하고 우리는 이것을 진지하게 받아들이며 그 사람이 이해할 수 있는 용어로 우리가 이것에 관해 이야기하고 있음을 그가 알 수 있어야 한다. 회중에게 비그리스도인이 참석할 것을 **염두에 두라고** 권면해야 한다. 여기에는 믿음을 고백하지만 회심하지 않은 사람들까지 포함될 것이다. 하지만 이렇게 함으로써 회중은 그리스도인이 아닌 친구와 가족을 교회로 인도할 가능성에 대해 열린 태도를 갖게 될 것이다.

그리스도인이 아닌 사람으로 하여금 비밀 종파의 회합을 엿듣는 침입자처럼 느끼게 만들어서는 안 된다. 그들이 거기에 있는 것이 정말로 괜찮고, 아직 예수 그리스도에 관해 결정을 내리지 않은 사람으로서 환영받고 있다는 편안한 마음이 들게 해야 한다. 예배의 몇몇 순서에서는 '빠져나갈 수 있게 하는' 조항도 필요할 수 있다. "이곳에 있는 사람 중에 아직 신조를 말할 수 없는 사람들도 있을 것입니다. 원하시면, 다른 사람들이 소리 내어 신조를 읽는 동안 이 진술에 관해 한번 생각해 보시기 바랍니다." 혹은 설교자가 듣는 사람의 영적 상태에 따라 특정 논점의 적용이 달라질 것이라고 말할 수도 있다.

'이해하기 쉬운가?'는 예배의 여러 부분의 적합성을 판단하기 위한 핵심 질문이다. 이 문제에 관해 올바른 판단을 내리기 위해서는 지혜가 필요하다. 다시 한번, 제2의 (그리고 제3의, 제4의) 견해의 중요성을 아무리 강조해도 지나치지 않다. 일종의 '예배 계획을 위한 모임'이 없다면 교회 예배는 한 개인의 취향과 문화적 편견으로 인해 피해를 입기 쉽다. 그리고 그 결과로 예배를 통한 덕 세우기와 전도의 능력이 심각하게 제한받을 것이다.

3. 균형 잡혀 있는가?

'성경적인가?'라는 물음은 우리에게 성경을 가리켜 보인다. '이해하기 쉬운가?'라는 물음은 사람들을 가리켜 보인다. 크랜머 작업의 세 번째 기준은 민감한 실용주의가 특징이다. 이는 우리에게 '이 예배가 균형 잡혀 있는가?'라고 묻게 한다.

이로써 우리는 우리의 예배에 관해 묻게 된다. 이 예배는 우리가 참석할 것으로 예상하는 사람들에 대해 민감한가? 어떻게 더 잘 할 수 있을까? 과거로부터 어떻게 배울 수 있을까? 최근에 어떤 변화를 도입했는가? 최근에 너무 많은 변화를 도입하지는 않았는가? 이 예배에서 음악은 (아마도 표준적인 유명한 찬송가와 더 현대적인 노래 사이에서) 균형 잡혀 있는가? 예배에서 정서적인 분위기는 (걱정이 없는 사람들과 우울한 사람들 모두에게 호소할 수 있도록) 균형 잡혀 있는가? 내용은 평범한 사람들이 이해할 만한 범주이면서도 지성을 확장할 만한 깊이도 있는가? 이 예배는 완악한 마음을 깨뜨리는 동시에 깨어진 마음을 치유하는 데 도움을 주는가? 아직 회심하지 않은 사람과 회심한 사람 모두의 마음을 움직일 수 있는가?

물론 크랜머의 신학적 실용주의는 단지 균형 잡힌 예배의 형식에 그치지 않고 더 나아간다. 그래서 그는 일차적 문제와 부차적 문제를 구별했다. 우리는 우리의 예배가 기독교의 근본 진리—즉 그리스도의 신성, 오직 은총에 의한 구원, 십자가 중심성, 성경의 권위 등—를 분명하게 전달하기를 바랄 것이다(그리고 절대로 예배의 핵심에 있어 도덕적 권면이 은총 교리의 자리를 차지하지 않게 해야 한다). 하지만 우리의 예배가 신자들을 서로 나누어 놓는 교파적 차이나 문제에 초점을 맞추기를 원하지 않는다. 중심이 명확하다면 가장자리는 모호할 수 있다. 양과 염소를 나누는 일은 하나님이 하실 일이지 우리의 책무가 아니다.

균형을 기준으로 삼을 때, 우리는 말하는 것뿐 아니라 행하는 것도 평가하게 될 것이다. 교회 건물 안에서 우리가 행동하는 방식은 그 자체로 신학적 메시지를 전달한다. 만약 건물의 한 부분을 특별한 경외감을 가지고 대한다면 그런 태도가 실제로 우리의 신학과 조화를 이루는지 확인해 보아야 한다. 모든 좌석이 한 방향을 향하고 있다면 그것이 교회 예배의 본질에 관해 무엇을 말하는지 생각해 보아야 한다. 몸의 자세, 목소리의 어조, 의복, 움직임, 상징 모두가 메시지를 전한다. 그리고 우리가 주의를 기울이지 않는다면 이러한 것들이 우리가 입술로 말하는 바와 모순될 수도 있다. 교회의 기구와 의례에 대해 크랜머는 온건한 변화의 태도를 견지했다. 우리 역시 더욱더 신학적 일관성을 견지하기 위해 점진적으로 노력해야 할 것이다. 하지만 이것은 민감한 영역이다. 먼저 회중에게 왜 변화가 신학적으로 바람직한지 가르쳐야 한다. 그런 다음에야 비로소 그들은 그런 변화를 받아들일 준비가 될 것이다. 신학적 정당성이 없는 변화는 이내 회중을 분열시킬 것이다.

성경적인가? 이해하기 쉬운가? 균형 잡혀 있는가? 이제 우리는 어떻게 크랜머의 이 세 가지 기준을 다양한 문제에 적용할 수 있는지 생각해 볼 것이다.

예배의 다양성

어떤 교회들은 일요일에 다양한 예배를 드린다. 오전 8시 『성공회 기도서』로 드리는 성찬 예배, 오전 10시 가족 예배, 오전 11시 30분 『공동 예배』(Common Worship)로 드리는 아침 기도, 오후 6시 저녁 기도, 오후 8시 저녁 찬양 집회. (특정 연령이나 인종과 같은) 특정 집단을 대상으로 그 집단에게 가장 익숙한 문화 속에서 (이를테면, 격식 또는 비격식으로) 각각의 예배를 행하려고 노력한다. 또 어떤 교회들은 정반대로 일요일에 한두 번 드리는 예배에 자원을 집중하는 편을 선호한다.

전자의 교회들은 '이해하기 쉬운가'라는 기준을 택하고 있다. 전도에 관심을 두고 (어떤 경우, 자기 취향에 맞는 예배를 원하는 교인들의 비판을 피하고자) 다양한 유형의 사람들에게 편리하고 위협적이지 않은 예배를 행한다. 후자의 교회들은 '성경적인가'라는 기준을 택하고 있다. 복음이 인간들 사이의 장벽을 무너뜨리며 그들을 그리스도 안에서 하나로 묶는 것처럼, 교회는 복음의 공동체로서 다양한 유형과 인종을 하나로 묶고 서로를 위해 자신의 취향과 선호를 희생하는 것을 가르쳐야 한다. 이 정책을 실행하기 위해서는 많은 노력이 필요하며, 아침 '기도회'(Matins)나 비격식의 '저녁 찬양 집회'와 다르게 언제나 문화적으로 절충적인 예배가 될 것이다. 하지만 예배의 수를 줄이면 한 예배에 더 많은 준비를 집중할 수 있고, 아마도 더 질이 좋은 예배를 행할 수 있을 것이다. 이런 예배는, 외부자가 (그들 자신의 문화와) 문화적으로 동질적인 예배일 때 느낄 수 있는 매력은 없다 해도, 교회가 복음의 공동체임을 더 충실하게 보여 줄 수 있을 것이다.

구조

크랜머의 예배는 구조가 성경적 진리를 반영한다는 점에 대해 이미 강조한 바 있다. 예배에 신중하게 설계된 구조를 부여하는 것은 (고대든 현대든) 정해진 예전의 장점 중 하나다. 다만, 그 구조가 **신학적으로 건전한지** 반드시 점검해야 한다. 가장 먼저, 우리에게 주시는 하나님 말씀에서 시작해야 한다. 그다음 하나님의 뜻대로 하나님께 반응해야 한다(고백과 회개). 또한 전체적으로 인간 중심적이 아니라 하나님 중심적이어야 하며, 선행이 아니라 은총을 선포해야 하고, 우리 자신에 대해 생각하라고 독려하기보다 하나님에 관해 더 이야기해야 한다.

그러나 동시에 **이해하기 쉬운** 구조여야 한다. 예를 들어, 다양한 음악적 취향을 섞어서 사용할 때, 가장 인지도가 높은 곡(아마도 유명한 찬송가)으로 시작하고, 더 인지도가 낮은 곡을 예배 중간에 배치하며, 최대한 많은 회중에게 익숙한 찬송가나 찬양곡으로 끝내는 것이 현명하다. 처음과 마지막에 전통적인 찬송가를 배치하면 현대적인 노래에 호의적이지 않은 이들의 마음을 '달래' 줄 수 있다. 또한 그런 찬송가를 신중하게 선택한다면 현대적인 곡을 선호하는 이들도 거부 반응을 보이지 않을 것이다.

예배의 구조는 균형을 확보해 줄 것이다. 기본적인 틀 안에서 계획을 세우고 특정한 주에 구조의 여러 부분을 빼거나 넣음으로써, (사도신경이나 십계명과 같은) 한 요소를 반복적으로 무시하는 위험에 빠지지 않으면서도 일정한 참신함을 확보할 수 있다. 예배 인도자의 책무는 노골적이지 않으면서도 신학적으로는 일관성을 띠도록 예배를 '엮어서'

한 부분을 다음 부분과 자연스럽게 연결하는 영적 논리를 마련하는 것이다. 예를 들어, "하나님의 용서하심을 기억할 때 그리스도인으로서 우리는 하나님을 찬양하기 원하게 됩니다. 이제…곡을 부르면서 하나님을 찬양하겠습니다."

음악

예배에서 사용하는 음악은 크랜머의 세 가지 기준(성경적이어야 함, 이해하기 쉬워야 함, 균형 잡혀 있어야 함)으로 통제되어야 한다. 우리는 진지하게 예배에서 행하는 바에 임하므로, 우리가 부르는 노래의 가사도 가볍게 여겨서는 안 된다. "세비야의 이발사"(The Barber of Seville)에서 피가로(Figaro)는 "말로 하는 것이 바보같이 느껴진다면 항상 노래로 하면 됩니다"라고 노래한다.[23] 우리가 알고 있듯이, 몇몇 기독교 노래는 이런 평가를 받아 마땅하다. 하지만 존 웨슬리는 (이미 1761년에) "무엇보다도 영적으로 노래하라. 당신이 부르는 가사 마디마다 당신의 눈을 하나님께로 향하게 하라"라고 썼다.[24]

예배를 계획할 때 예배에서 부를 노래를 미리 살펴보는 작업도 해야 한다. 가사를 조정해야 할 수도 있다. 전체 예배의 주된 목적은 교리의 정확한 진술이 아니라 덕 세우기와 전도임을 기억하라. 하지만 교회를 생겨나게 하고 든든히 세우며 그 수를 늘어나게 하는 것이 하나님 말씀

---

[23] "Aujourd'hui, ce qui ne vaut pas la peine d'etre dit, on le chante" (Pierre-Augustin Caron de Beaumarchais, *Le Barbier de Seville*, Act I, Scene ii).
[24] *The Works of the Rev. John Wesley, A.M.*, (New York: Carlton and Phillips, 1853), 7:580.

이라면, 우리의 책무는 찬양을 부를 때조차 최대한 신실하고 정확하게 그 말씀을 전하는 것이다.

어떤 노래를 올바른 신학적 틀 안에 맞추기 위해 세심하게 소개해야 할 때도 있다. 예전에 부르던 어린이 찬양의 2절 가사는 "너도 매우 슬플 때가 있고, 나도 매우 슬플 때가 있어. 하지만 그러지 말아야 해"라고 시작한다. 우리에게 있는 천상적 소망이라는 맥락에 이 찬양을 맞추지 않으면, 이 가사는 잘못 해석될 수도 있다. 예를 들어, 최근 사랑하는 사람의 죽음으로 심령의 고통을 당하고 있는 사람들에게는 심한 상처가 될 수 있기 때문이다. (이 곡의 개정판에서는 가사가 수정되었다.) 또 다른 예로, "예수, 주 승리하심 찬양해"(Jesus We Celebrate Your Victory)라는 곡이다. 2절에서는 "주 임재 안에서 문제는 사라져"라고 노래한다. 큰 오해를 불러일으키지는 않지만, 설명이 필요한 가사다.

대부분의 훌륭한 '고전적' 찬송가는 오랜 기간에 걸쳐 개작되고 수정되어 온 역사가 있으며, 찬송가의 각주를 통해 뜻을 분명히 알 수 있다. 곡을 쓴 이들은 그들이 쓴 가사에 대해 교회가 숙고하여 내놓는 의견에 귀를 기울여야 한다. 작사자에게 편지를 보내 곡을 수정해 주기를 제안하는 것도 유익한 실천이다.

교회 예배에서 음악이 이 세 가지 기준으로 통제되지 않는다면, 당황스러울 정도로 잘못되거나 부적절한 방식으로 모임을 압도할 가능성이 있다. 우리 모임에서 음악의 역할을 과소평가하는 것은 그것을 과대평가하는 것만큼이나 위험하며, 음악이 교회의 삶에서 빈번하고 강력한 영적 공격을 받는 영역이라는 사실은 놀라울 것이 없다.

회중으로 하여금 예배에서 사용하는 음악에 있어 연합하도록 격려하기 위해서는 지혜가 필요하다. 음악이 지닌 힘 때문에 사람들은 자신의 개인적 선호에 대단히 집착하고, 거의 언제나 음악의 **형식**이 신학적으로 본질적인 문제가 될 만큼 중요하지는 않다는 것을 깨닫는 데 어려움을 겪는다. 신학적인 것과 문화적인 것, 성경이 분명히 말하는 부분과 그렇지 않은 부분의 차이를 인식하도록 회중을 훈련시키는 것은 균형 잡힌 관점으로 성경을 이해하도록 회중을 훈련시키는 과제의 중요한 부분이다. 말과 책에 관한 많은 논란은 기본적으로 지역 교회의 삶 안에 있는 권력 다툼이라고 할 수 있다. 이기심은 문화라는 옷을 입기를 좋아한다. 음악적 취향은 자기 이익보다는 훨씬 더 경건해 보이지만, 특정 음악 형식에 대한 선호에 불과한 경우가 너무 많다!

우리는 이 영역에서 일어난 싸움에 대해 너무도 잘 알고 있다. BBC 조사에서 교인들은 현대적인 찬양곡보다 오래된 찬송가를 선호했다. 피터 베이커(Peter Baker)는 유명한 찬송가를 이렇게 패러디했다.

사랑하는 주님, 인류의 아버지,
우리의 어리석음을 용서하소서.
우리의 생각을 물어본다면 우리는
옛날 찬송가를
옛날 찬송가를
여전히 가장 좋아한다고 인정합니다.

수많은 현대 찬양곡의
단순한 가사는

너무 진부해서 마음을 만질 수 없고,
시도 예술도 담고 있지 않으며,
너무 길게 이어집니다.
너무 길게 이어집니다.

그 유쾌함과 당김음을 사용한 찬양을
잠시만 멈추게 해 주소서!
고요함은 사라지고 말았습니다.
요즘은 영원의 침묵을
듣기가 힘듭니다.
듣기가 힘듭니다.

우리를 부르시는 주님의 부드러운 속삭임을
묻어 버리는 그 행복한 박수를
잠잠하게 하소서.
승리주의가 전부가 아닙니다.
우리가 낙심할 때도 있기 때문입니다.
우리가 낙심할 때도 있기 때문입니다.

시끄러운 소리가 다 그칠 때까지
주님의 고요한 이슬을 내려 주소서.
언제나 행복해야 한다는 부담과 압박을
우리 영혼에서 제하여 주소서.

우리에게 작은 평화를 주소서.

우리에게 작은 평화를 주소서.

기타의 박자에

주님의 평정과 주님의 위로를 불어넣어 주소서.

드럼이 잠잠해지게 하시고, 수금으로 돌아가게 하소서.

더 이상 지진, 바람 그리고 불이 아니라

고요함에 귀를 기울이게 하소서.

고요함에 귀를 기울이게 하소서.[25]

물론 오래된 찬송가도 비판을 받기 쉽다. "주님의 눈이 생명의 광선을 비추셨습니다"[찰스 웨슬리가 지은 찬송가 "And Can It Be That I Should Gain"(주 보혈로 날 사심은)의 가사—옮긴이]라는 구절은 영화 〈스타워즈〉(Star Wars)의 한 장면을 떠올리게 할지도 모르며 오늘날 교회의 삶에 대해 외부자인 사람에게 그다지 도움이 되지 않을 가능성이 크다. 우리가 좋아하는 곡을 단지 **우리가** 그것을 좋아한다는 이유만으로 계속해서 부르는 것은 크랜머가 제시한 기준에 부합하는 실천이 아니다.

교회 예배에서 음악을 통제하는 사람은 교회의 삶에서 매우 강력한 역할을 하며, 그 영향력이 교회의 재정을 통제하는 사람과 거의 맞먹고 지역 교회 위원을 능가하는 경우가 많다.[26] 이 사실을 받아들이고 자신

---

25 Peter Baker, *News of Hymnody*, Issue 59 of Grove Books(Cambridge: Ridley Hall, July 1996)에서 재인용. (한국에서는 "만민의 성부 되신 주"라는 제목으로 번역되어 불렸던 찬송가 "Dear Lord and Father of Mankind"의 패러디—옮긴이).
26 지역 교회 위원은 영국 국교회 지역 교회의 두 임명직 평신도 대표 중 하나다.

의 목적이 아니라 복음을 위해 음악을 사용하기 원하는, 종의 마음을 지닌 성숙하고 경건하며 겸손한 사람을 위해 기도해야 한다. 1749년 3월 18일에 헤이즈 지역 교회(Hayes Parish Church)에서 일어났던 일이 다시 벌어지지 않기를 바라자. "성직자가 시편 100편을 제시하자 노래하는 이들이 즉각 그에게 반발하며 15편을 불러 큰 혼란을 일으켰다."[27]

기도

교회 예배에서 기도는 일반적으로 생각하는 것보다 많다. 예를 들어, 많은 노래와 찬송가는 사실 기도이며, 죄의 고백 역시 기도다. 회중이 이미 기도하고 있는데도 예배 인도자가 "기도합시다"라고 말하는 경우가 많다. 이런 말은 예배 안에서 일어나고 있는 일에 대한 인식의 부족을 드러내므로, 언제나 불협화음처럼 들린다.

크랜머의 본기도는 기록된 최고의 기도에 속한다고 할 수 있다. 하지만 안타깝게도 크랜머를 충실히 따르고자 한다면 오늘날 그 기도를 그대로 반복해서는 안 된다. 오늘날 그의 기도처럼 성경의 가르침으로 가득 차 있고 주의를 기울여 만들어 낸 기도를 쓰는 것은 우리의 책임이다. 크랜머의 기도는 통상적으로 하나님 앞에 우리의 필요를 내어놓기 전에 간구하고("성령의 감화하심으로 우리 마음의 온갖 생각을 정결케 하시어, 주님을 진심으로 사랑하고 주님의 거룩하신 이름을 공경하여 찬송케 하소서") 하나님에 관한 성경의 진리를 고백하는 것("전능하신 하느님, 주께서

---

27 헤이즈 지역 교회 기록부.

는 모든 사람의 마음과 소원을 다 아시며, 은밀한 것이라도 모르시는 바 없사오니…")으로 시작된다. 우리의 기도 역시 이를 본받아야 한다.

기도를 공동체적으로 하는 것 역시 성경적이다. 일부는 예배 순서지에 준비된 기도문을 따라 기도한다. 많은 회중 안에는 도고 인도에 특별한 은사를 지닌 사람들도 있다. 이들은 준비할 때 가장 어려움을 겪는 사람이기도 하다. 그런 사람들이 하나님께 그분의 백성을 향한 약속을 이루어 달라고 간구하도록 회중을 이끌 때, 우리 모두는 하나님의 뜻에 따라 기도하는 법을 더 잘 배울 수 있다. 우리는 성경이 우리에게 기도하라고 말씀하신 것들과 하나님이 우리에게 주시겠다고 말씀하지 않은 것들을 구별하는 법을 배워야 한다. 가끔이라도 후자를 위해 기도해서는 안 된다는 뜻은 아니지만, 우리는 하나님의 본성과 하나님의 약속에 기초해 기도하는 데 집중하는 법을 배워야 한다. 그런 기도가 즉흥적으로 나올 수도 있지만 준비가 필요한 경우가 그렇지 않은 경우보다 더 많다.

예배 중에 즉흥 기도를 드리는 시간도 마련할 수 있다. 하지만 그런 기도가 잘 인도되고 구성되며 주의 깊게 준비되고 성경에 기초하여 드리는 기도만큼 회중 전체에 유익이 되는 경우는 드물다. 열린 기도는 듣기 어렵다는 문제가 있을 수 있다. 그런 기도는 내향적이고 반복적이기 쉽다. **틀림없이** 성경적이며 이해하기 쉽고 균형이 잡힌 기도가 **되게 하는 것이** 불가능하다. 하지만 즉흥적인 기도가 회중으로 하여금 하나님의 성령과 말씀을 통해 그분의 인도하심에 즉각적으로 반응할 수 있게 해 준다면 이런 우려는 사소한 문제일지 모른다.

드라마와 간증

드라마는 교회 예배에서 사용할 수 있는 강력한 매체이며, 너무 강력하기 때문에 심사숙고 없이 사용해서는 안 된다. 드라마는 예배의 다른 어떤 요소보다 회중의 기억에 더 강력한 이미지를 남길 수 있다. 드라마는 성경 본문, 설교와 밀접하게 연결되어 있어야 한다. 말씀을 설명하기보다 예증하는 데 더 효과적으로 사용될 것이다. 설교자가 미리 검토해야 하며, 자신이 전하는 성경의 메시지를 부인하거나 희석한다고 판단되면 드라마를 제외하자고 주장해야 한다.

연기가 좋지 않을 경우, 드라마가 사람들을 민망하게 만들 가능성도 있다. 회중의 믿음을 세우기보다 당황스럽게 한다면 마지막 순간에라도 드라마를 빼야 한다. 그렇게 하려면 배우들과 제작자가 겸손하고 경건해야 한다. 그들에게는 음악가들과 마찬가지로 종의 마음이 필요하며, 자기를 표현하고 찬사를 받고자 하는 자기중심적 욕망보다 회중의 유익과 하나님의 영광을 더 중시하는 태도가 필요하다. 찬양대의 노래와 독주 연주 역시 동일한 시험을 통과해야 한다. 예배에 도움이 되지 않을 것임이 분명할 때 마지막 리허설까지 행한 곡이라 해도 뺄 수 있는 용기와 경건함을 지닌 오르간 연주자나 찬양대 지휘자에게는 감사하는 마음을 가져야 한다.

간증과 인터뷰 역시 해야 할 역할이 있다. 간증과 인터뷰에는 새로운 사람들이 참여하고, '전문적'이기보다는 '평범한' 사람이라는 것이 분명할 때 회중이 더 폭넓게 매력을 느낄 수 있을 것이다. 때로는 미숙함이나 유창함의 부족이 간증을 더 감동적으로 만들기도 한다. 예를 들어, 언어 장애가 있는 사람이 하나님이 자신에게 행하신 일에 관해 이야기할 때, 그가 자원해서 그 이야기를 하기 위해 얼마나 큰 대가를 치러야 했는지 모든 사람이 분명히 알 수 있을 것이다. 간증을 하는 사람이 너무 긴장한 나머지 도움 없이는 할 수 없는 상황이라면 인터뷰를 하는 것도 가능하다. 질문자가 질문을 잘 선택하고 시간을 잘 배분한다면 간증하는 이의 당혹감도 없애고 간증이 원활하게 이루어지도록 도울 수 있다.

교인이 다른 곳에서 사역하기 위해 떠나기 직전(또는 최근에 사역을 마치고 돌아왔을 때), 혹은 세례가 있을 때(유아 세례의 경우는 부모에 대한!) 인터뷰나 간증을 할 수 있다. 필요에 따라 수시로 이런 순서를 예배에 넣어 교인들에게 하나님이 그들의 삶 속에서 무슨 일을 행하시는지 이야기할 기회를 제공할 수 있다. 하지만 다른 이들에게 기여하고 싶어서 간증을 하는 사람들과 일차적으로 자기중심적 목적으로 하고 싶어 하는 사람들을 구별하기 위해서는 현명한 판단력이 필요하다. 이런 순서가 성경 읽기나 성경에 대한 설명에 집중하지 못하게 주의를 흩뜨린다면 유익보다 손해가 더 클 것이다.

예배 인도

예배를 세심하게 계획할수록 예배 인도자의 역할이 더 중요해진다. 예배가 잘 준비되어 인도될 때 그렇지 못한 예배와 달리 외부자는 환영을 받는다고 느낀다. 또한 회중도 예배의 주제를 잘 이해할 수 있다. 하지만 과도한 준비는 단조로움을 초래할 수도 있으므로 즉흥성, 즉석의 유며, 상황에 따른 말을 가미하는 것도 좋다.

예배를 인도하는 사람은 회중의 관심 및 집중력을 붙잡아 두는 것과 일어나고 있는 일의 진지함을 전달하는 것 사이에서 균형을 이루기 위해 노력해야 한다. 어떤 이들은 예배를 인도할 때 관심을 붙잡아 두는 것은 잘하지만 피상적이라는 느낌이 들게 한다. 유머와 재치는 넘치지만, 텔레비전 토크 쇼처럼 경박할 수 있다. 반면에 최소화된 스타일로 인도할 수도 있다(준비를 거의 혹은 전혀 하지 않는 사람들이 그렇게 핑계를 대는 경우도 많다). '인도자의 개성에 관심을 두지 않게 하려는 것'이라는 근거로 정당화될 수도 있지만, 회중 안에서 덕을 세우기 위한 소중한 기회를 놓치고 말 것이다. 우리가 곧 부를 노래 가사의 의미를 설명하지 않고 찬송가 제목과 번호만 말한다면 사람들은 대개 예배 인도자가 이 부분에 관한 준비를 하지 않았다고 생각할 것이다. "값없이는 내 하나님 여호와께 번제를 드리지 아니하리라"라는 다윗의 말을 떠올려 보라(삼하 24:24). 성공회 교회의 예배는 인도자의 준비 시간에 있어서 비용이 거의 들지 않는 "찬양과 감사의 제사"가 되고 마는 경우가 너무 많다. 이런 예배는 덕을 세우는 것과 전도에 전혀 효과적이지 않으며 참석한(혹은 현명하게도 참석하지 않는 편을 선택한) 사람들이 엄청나게 지루하게 느낀다 해도 전혀 놀라울 것이 없다!

예배 인도를 주로 한 사람이 맡아서 한다면, 지속적이고 익숙하며 (그 사람이 적절한 은사를 지니고 있다면) 일관되게 수준 높은 인도를 할 수 있다는 이점이 있다. 예배 인도자가 교회의 주요한 성경 교사이기도 하다면, 그는 예배 인도를 하면서 회중에게 교리를 가르칠 수도 있다.

반면에 예배 인도가 팀 사역이라면, 참여하는 사람들이 예배에서 자신이 맡은 (더 작은) 부분을 더 꼼꼼하게, 여러 다른 측면에 더 세심한 주의를 기울여 준비할 수 있을 것이다. 또한 팀 사역은 교회 사역의 공동체적 속성을 보여 줄 것이며, 새로운 개인들이 그 역할에 참여할 기회를 제공할 것이다. 가능한 한 기독교 사역이 원맨쇼라는 인상을 주지 않도록 해야 한다.

이 문제에 관해서는 물론 어렵겠지만 두 마리 토끼를 잡으려고 노력하는 것이 최선일지도 모른다! 강력하며 신학적으로 명민한 예배 인도의 본보기를 보여 기준을 세워야 하지만, 동시에 이 역할이 일부 사제 계급에 국한되지 않는다는 것을 분명히 해야 한다. 이따금 이 사역을 수행하는 새로운 얼굴을 보고 새로운 목소리를 듣는 것도 유익하다. 하지만 가능한 한 예배를 잘 인도해야 하며, 이를 위해 격려와 비판으로 인도자들을 훈련시킴으로써 최선을 끌어내야 한다. 좋은 예배 인도는 인도자 개인으로 향하는 관심은 줄이고 예배의 목적에 더 집중하게 한다.

광고[28]

광고(Notices)는 교회 예배에서 가장 지루한 순서인 때가 많다. 하지만 매주 행하는 예배가 교회의 삶이라는 구조에서 중핵이라 한다면 이 핵으로부터 뻗어 나가는 바퀴살 같은 다른 모임들이 있을 것이고, 주중에 이루어지는 교회 내 친교의 삶 역시 중요하다. 교회 활동이 계속 늘어나 교인들의 여가를 침범하거나 독점하고 그 결과 그들이 비기독교적 세상

---

28 많은 영어권 지역에서는 'Announcements'라고 부르기도 한다.

과의 모든 일반적인 사회적 교류에 임하지 못하는 상황이 일어나지 않도록, 교회 지도자들이 주의를 기울여 광고를 점검하는 것이 이상적이다. 하지만 일요일에 광고를 통해 알려야 하는 교회의 주중 모임도 있을 것이다.

따라서 우리는 광고에 대해 부끄러워하거나 피해를 최소화하기 위해 광고를 예배의 구석으로 치워 놓으려고 해서는 안 된다. 하지만 목회자가 광고 시간을 회중을 '혼내는' 시간으로 삼아 과거에 대한 죄책감을 느끼게 하거나, 지역 교회 수련회에 등록하지 않은 것과 같은 아직 행하지 않은 미래의 잘못을 꾸짖어서도 안 된다. 교회는 절대로 죄책감을 원동력으로 삼아서는 안 되며, (월간 기도회처럼) 중요한 모임에 관한 공지를 할 때는 단어를 신중하게 골라야 한다.

다시 한번 말하지만, 준비가 핵심이다. 광고를 세심하게 준비해야 한다. 예배 시작 직전에 성구실(vetry)에서 급하게 모은 쪽지를 보면서 광고한다면 제대로 전달할 수 없을 것이다. 주의를 기울여 준비할 때 가장 효과적이고 간결한 방식으로 중요한 정보를 전달할 수 있다. 광고는 점점 더 많은 시간을 잡아먹는 경향이 있다. 과도하게 장황한 말은 잘라 내야 한다. 광고 내용이 담긴 안내문이 제공된다면 귀중한 예배 시간을 절약할 수 있을 것이다. 혹은 관심 있는 사람들은 행사의 자세한 내용에 대해 게시판을 참고하라고 말할 수도 있다. 규모가 더 큰 교회들의 경우는 안내 데스크를 설치하여 모든 종류의 문의 사항을 개별적으로 섬세하게 해결해 주고, 홍보물과 전단지 등을 다수 비치해 둘 수도 있다.

회중의 규모

성경은 우리에게 회중의 규모에 어떤 영적 의미가 존재한다고 생각하기를 권하지 않는다. 최근 몇 년간 하나님의 백성이 많이 모일 때 하나님이 특별히 그들과 함께하신다고 암시하는 새로운 영성이 나타났다. '실재적 임재에 관한 새로운 교리'라고 불린다. 옛 교리에서는 빵과 포도주를 축성하는 순간 그리스도께서 미사에 독특한 방식으로 임재하신다고 주장했다. 하지만 이제는 그분의 백성이 '능력을 위해 모이고', '찬양 안에서 황홀한 기쁨을 누린다'고 주장한다. 전혀 성경적 근거가 없는 주장이다.

하지만 회중의 규모가 작다고 해서 반드시 아름다운 것도 아니다. 분명한 사실은 규모가 다른 회중들은 다른 방식으로 작동하며, 따라서 예배도 그에 맞게 계획을 세워야 한다는 것이다. 회중의 규모가 너무 작아서 소모임과 같다면 회중의 삶도 그런 식으로 계발되어야 한다. 이를테면, 설교 후 해당 성경 본문에 관해 토론하거나 기도 제목을 나눌 수 있다. 그런 회중이 계속해서 몇 배 더 큰 회중에게나 적합한 격식을 갖추어 행동한다면 활력을 갖기 어려울 것이다.

더 규모가 작은 회중의 경우는 매주 예배를 새로운 방식으로 하기가 불가능할지도 모른다. (견고한 성경적 기초를 지닌) 정해진 예전 형식에 맞추어, 찬송가, 도고, 광고, 성경 봉독, 설교만 매주 다르게 하는 것이 더 현명할 것이다. 하지만 한두 사람과 더불어 매월 (혹은 적어도 분기에 한 번) 예배를 검토하는 것은 가능할 것이다. 그런 검토 회의를 통해 교회 예배를 향한 하나님의 뜻을 구하고자 한다면, 이는 교회 예배를 위한 새로운 생명과 복의 원천이 될 것이다. 많은 경우에 변화는 매우 천천히 일어날 것이다. 하지만 변화가 가능할 것이다. 하나님은 우리와 다른 시간 시간에 맞춰 일하시기 때문에 신약에서는 그토록 자주 우리에게 인내와 견인을 촉구하는 것이다. 우리는 대개 6개월 후 우리가 어디에 이를 수 있는지 과대평가하고, 하나님의 섭리 아래에서 5년 후 (우리의 목적을 유지한다면) 우리가 어디에 이를 수 있는지 과소평가한다.

반대로 수백 명 이상이 모여서 예배를 행할 때는 회중이 소모임 경험을 하기가 어렵다. 그들에게 나눔과 친밀함을 위한 기회를 제공하기 위해서는 다른 방법을 마련해야 한다. 큰 모임에서는 침묵 기도나 즉흥 기도보다는 많은 수가 함께 모였을 때만 할 수 있는 것, 즉 함께 노래하고 함께 하나님 말씀의 강해를 들으며 믿음 안에서 서로를 격려하는 것 등에 집중하는 것이 현명할 수 있다. 대규모 예배에는 침묵이 있을 자리가 없다고 주장하는 것이 아니다. 물론 있으며, 즉흥적 참여를 위한 자리도 있다. 하지만 이것은 어떻게 예배의 균형을 잡을 것인지의 문제다. 특정 집회에서 무엇이 가장 효과적일지는 그 집회의 규모에 따라 다르다. 우리는 고린도 교회의 규모가 어느 정도였는지 모르지만, 바울이 그들에게 보낸 편지를 통해 그가 그들 규모에 적합한 방식으로 모임이 진행되기를 원했음을 알 수 있다. 질서 있고 이해하기 쉬운 모임이 되어야 한다고 강조했다. 특히 규모가 더 큰 회중이 모이는 경우, 교회 예배에서 할 수 있는 것을 제한하는 요인들이 존재할 수밖에 없다.

회중의 규모가 크든 작든, 하나님 말씀의 가르침을 듣는 경험은 늘 비슷할 것이다. 그것은 참여적 경험이다. 질문하거나 토론하는 모임이 늘 있어야 한다는 뜻이 아니라, 성경을 설교하는 것은 학문적 강연이나 연설과 다르다는 뜻이다. 성경이 제시하는 이미지에 따르면, 학교 수업보다는 밥상이 설교에 더 어울리는 비유다. 우리는 앉아서 하나님의 말씀을 듣고 함께 '먹기' 때문이다. 그렇기에 가능한 한 교인들이 자신들 앞에 성경 본문을 펼쳐 두는 것은 무척 중요하다. 설교를 들으면서 가장 고무적인 광경은 설교자가 강단에서 열정적인 몸짓으로 말하는 모습이 아니라 교인들이 귀를 기울여 들으면서 "이것이 그러한가" 알아보기 위해(행 17:11) 자신의 성경책을 응시하는 모습이다. 설교자는 그의 역할은 성경을 충실하게 가르치는 것이며 회중의 책임은 그가 이 일을 제대로 하고 있는지 확인하고 그가 말하는 것을 주의 깊게 분별하는 것(고전 14:29)이라고 이따금씩 회중에게 분명히 말해 주어야 한다. 또한 설교자는 특정 본문을 더 깊이 연구한 결과 이전 설교에서 자신이 성경의 진리를 잘못 해석했다는 결론에 이르면 회중에게 사과할 준비가 되어 있어야 한다.

설교자가 설교 본문을 말할 때 교인들이 바스락거리며 성경책을 넘기는 것만큼 고무적인 소리는 없다. 그는 설교 중에 자신이 한 말을 칭찬하는 소리보다 이 소리에 더 위로를 받아야 한다. 신실한 회중은 자신들의 목회자로부터 신실한 설교를 이끌어 낼 것이다. 거꾸로 회중이 하나님 말씀을 배우고 싶어 하지 않으면 설교자는 하나님 말씀의 신실한 교사로서 역할을 다하기 대단히 어렵다. 어느 정도까지 회중은 자신들에게 합당한 설교자를 갖게 된다. 왜냐하면 설교는 양방향의 과정이기 때문이다. 설교자와 회중의 태도는 하나님 말씀에 대해 겸손한 허기를 느끼는 가운데 연합되기 때문이다. 그리고 이것은 모든 교회 예배의 핵심에 자리 잡고 있으며 회중의 규모에 영향을 받지 않기 때문에, 교회 예배의 규모는 중요하지 않다. 중요한 것은, 예수 그리스도가 임재하셔야 한다는 것이다. 그리고 회중이 그분의 말씀을 듣고 순종할 때 그분은 임재하실 것이다.

예배의 길이

교회 예배의 적절한 길이는 그 문화에 따라 결정할 사안이다. 예배가 너무 길면 복음은 동시대인들이 다가가기 어려운 것이 될 수 있다. 하지만 짧은 것이라면 무엇이든 진지하게 받아들이지 않는 문화도 있다. 이해의 용이성도 또 다른 중요한 사안이다. 어쨌든, 교회 예배는 자연히 길어지는 경향이 있다는 점에 주의하라. 자연히 짧은 상태를 유지하는 경향은 존재하지 않는다.

예배 안에서 설교에 할당된 시간의 비율은 성경적 문제를 야기한다. 우리 문화는 짧고 인상적인 말을 선호하고 집중 시간이 제한적일지 모르지만, 하나님의 말씀을 진지하게 받아들여야 하는 것은 피할 수 없는 우리의 의무다. 전체 예배가 성경에 의해 주도된다고 하더라도, 성경에 대한 우리의 태도는 성경을 읽고 설명하는 데 얼마나 긴 시간을 할애하는지를 통해 분명히 드러날 것이다. 늘어나는 설교 시간에 점진적으로 회중을 적응시켜야 할 수도 있다. 이해하기 쉬운 설교를 위해서는, 설교자가 길이와 질을 동일시하지 않고 듣는 이들이 지치고 지루해하는 것보다 더 많은 것을 원하는 상태에서 끝내는 것이 낫다는 것을 깨달아야 한다. 설교의 길이는 회중에 따라 다를 테지만, 길이에 대한 통제가 없을 때 설교는 질서가 없어지고 질이 낮아지기 마련이다. 오늘날의 서구 세계에서 우리는 시간의 제약 아래 살기 때문에, 예배와 설교 모두 준비가 더욱 중요해졌다. 더 많이 준비할수록 제한된 시간 안에 더 많은 것을 담아낼 수 있다.

우리가 이러한 '시간의 폭정' 아래 노예 상태로 머물러 있는 것이 옳은지 여부는 논쟁의 여지가 있다. 어떤 교회 공동체는 시간에서 벗어나 시간의 주인이신 하나님을 지나치게 분주한 우리 시간표 안에 욱여넣어서는 안 된다는 성경의 진리를 선언한다. 다른 어떤 교회들은 시간에 묶여 있는 사람들이 쉽게 접근할 수 있도록 문화적 제약을 받아들인다. 우리의 예배는 우리가 교회 안에서 보내는 시간에 국한되지 않는다. 예배는 우리 삶 전체를 아우른다. 교회 안에서 효과적으로 덕을 세우고 전도를 위한 시간을 보낸다면, 제한된 예배 시간은 충분히 이해 가능하다. 무제한적 예배 시간을 매력적이지 않다고 생각할 수 있는 비그리스도인들을 고려할 때는 특히 더 그렇다.

교회 건물, 기구, 의복, 움직임

대부분의 성공회 교회 건물은 건축에 있어 중세 가톨릭 신학을 반영하며, 따라서 복음의 메시지를 강화하는 데 그다지 도움이 되지 않는다. 동쪽의 성단소가 성직자들(과 아마도 성가대)만 접근할 수 있게 되면, 이곳은 틀림없이 교회 건물 안의 더 거룩한 공간이 된다. 성찬이 동쪽 끝에서 이루어지고 성찬대가 제단처럼 장식되고 취급되는 경우에는 특히 더 위험하다. 크랜머가 중세 교회 건물의 내부 건축을 전면적으로 재구조화하기 위한 프로그램을 제시한 것은 아니지만, 중세의 제대를 성단소 안에 마련된—동쪽 벽을 향해 직각으로 길게 배치된—이동 가능한 탁자로 대체함으로써 종교개혁 신학을 명확히 보여 주었다. 성찬을 받는 사람들은 성단소로 들어가 성찬상 주변에 무릎을 꿇고 빵과 포도주를 받았다. 이를 통해 성찬이 식사임을 명확히 했다. 크랜머가 더 오래 살았더라면, 주류 종교개혁이 견제를 받지 않고 지속되었더라면, 잉글랜드 내전 시기의 개신교에 대한 왕정복고의 반동이 없었더라면, 교회 건물의 재구조화가 어디까지 진행되었을지 알 수 없다.

건축만큼이나 교회의 기구, 의복, 움직임도 신념과 태도를 상징한다. 주의를 기울이지 않는다면 이런 것들이 우리가 가르치려고 하는 교리와 모순을 일으킬 수 있다. 예를 들어, 오늘날 성공회 교회는 어떤 제의 예복도 신학적 의미를 지니지 않으며 신학적 입장과 상관없이 누구든 사용할 수 있다고 주장한다. 이는 교단 안에 실질적인 신학적 불일치가 존재함에도 그렇지 않은 척하는 태도를 유지하려는 주장이다. 하지만 많은 성공회 성직자가 '미사의 제복(祭服)'이었던 옷들을 성찬과 다른 성사 예식을 위해서는 착용하지만 아침 기도와 저녁 기도를 위해서는 착용하지 않는다. 이런 옷들은 사제 중심주의를 암시하는 것으로 간주되며, 『성공회 기도서』의 교리와 배치된다. 목회자는 착용하지만 회중은 착용하지 않는 모든 옷은 '만인 제사장' 개념과 조화를 이루지 않는 교권주의(clericalism)를 떠올리게 할 것이다. 이해의 용이성 측면에서도, 대체로 교회가 의미 없는 중언부언에 몰두한다고 생각하는 다수에게는 제복이 매력적이지 않을 것이다.

성직자가 어디에 앉고 서는지도 중요하다. 성찬을 행할 때 목회자가 성찬상의 북쪽으로 움직여야 한다는 크랜머의 규정은 은총의 수단에 있어서 목회자의 도구성을 상징한다고 언급되어 왔다. 목회자는 성찬상을 차리고, 복음을 읽고, 그리스도의 말씀을 선언한다. 그 이상의 어떤 의미가 없다. 오늘날도 세부 사항은 달라질 수 있지만, 회중으로 하여금 성직자가 다른 회중보다 영적으로 우위에 있다는 생각을 갖지 않도록 모든 조치를 취해야 한다. 특별한 위치나 특별한 복장 모두 성경에서 지향하는 바가 아니다(마 23:1-13을 보라).

하지만 이런 것들은 일차적으로 중요한 문제가 아니며, 지혜로운 교회 지도자는 이런 문제를 매우 섬세하게 다룰 것이다. 회중에게 변화를 받아들이라고 요청하기 전에 먼저 성경으로부터 도출된 바른 신학적 원리를 가르쳐야 한다. 성경적 기준을 이해하고 받아들이지 않은 상태에서 추진되는 변화는 열기를 만들어 내기는 하지만 빛은 전혀 가져오지 못할 것이다.

교회력

종교개혁 때 크랜머는 교회력에서 성인 축일과 절기 수를 많이 줄였다. 그는 중세의 '성인 고유문'(sanctorale) 중 최소한에 해당하는 '붉은 글씨' 축일과 교회력을 종교적 목적뿐 아니라 법적·상업적 목적으로 사용함으로써 생겨난 '검은 글씨' 축일은 유지했다. 그리고 기도서 서문에 특별한 날들을 싫어하는 이유는 연속적인 성경 읽기를 끊임없이 방해하기 때문이라고 밝혔다. 동시에 교회력이 이 나라의 의식에 깊이 새겨져 있어서 성경이 원칙상 금지하지 않았으므로 그것의 뼈대는 유지하는 것이 실용적으로 유익하다고 보았다.

오늘날 성탄절과 부활절을 제외하면 교회력은 대중문화에서 차지하는 비중이 거의 없다. 따라서 교회력을 촘촘하게 지키려고 할 때 연속적인 성경 읽기와 가르치기는 타격을 받을 것이다. 하지만 성탄절과 부활절(또한 지역의 중요한 다른 절기들)은 한 해 중에서 전도를 위한 최고의 기회를 제공할 것이다. 그런 절기 예배는 '방문자들을 위한 예배'로 준비해야 한다. '가족 예배'로 드릴 수도 있다. 이 경우에는 외부자들이 쉽게 다가갈 수 있으면서 아이들 친화적이어야 한다는 이중적 과제를 해결해야 한다.

동일한 원칙은 지역의 중요한 다른 절기에도 해당된다. 예를 들어, 어머니 주일(Mothering Sunday)[29]에 한 해 중 가장 많은 사람이 예배에 참여하는 지역도 있다. 추수 감사절이 그런 날인 곳도 있을 것이다. 이런 경우, 회중이 부를 노래의 익숙한 정도는 교리 내용만큼 중요할 것이다. 예를 들어, 성탄절에 사람들은 전통 캐럴을 부를 것이라고 예상하는 정도가 아니라 **부르고 싶어서** 성공회 교회를 찾아올 것이다. 우리가 사람들의 그런 바람을 실망시킨다면 그 예배에서 그들이 복음을 듣고자 하는 마음을 강화시키기 어려울 수도 있다. 평소에는 'thee'와 'thou'(영어 고어체의 2인칭 단수 대명사—옮긴이)를 피하는 교회에서도 성탄절 캐럴 예배를 위해서는 다시 집어넣는 것이 적절할지 모른다.

물론 교회력의 다른 특별한 날들은 하나의 교리에 초점을 맞추는 예배를 행할 기회다(재의 수요일, 성금요일, 성령 강림절, 승천 축일 등). 이런 예배에는 단일한 주제가 있어서 이를 중심으로 무슨 노래를 부를지와

---

29 많은 영어권 지역에서는 'Mother's Day'로 부르기도 한다.

무슨 말을 전할지 계획할 수 있다.

특별 예배

성찬

성찬은 모든 예배 중에서 교리적으로 가장 민감하다. 수정된 성찬 예배가 얼마나 『성공회 기도서』로부터 멀어졌는지는 이미 살펴보았다. 성찬 예배는 예수님이 친히 제정하셨기 때문에 사탄은 수백 년 동안 이 예배를 신학적 전쟁터로 만들었다. 따라서 성찬 예배는 특별히 민감하게 다루어져야 한다. 자칫 성경적이지 않은 메시지가 전달되기 매우 쉽기 때문이다. 예를 들어, 이 예배가 서품을 받은 사람에 의해 행해져야 한다는 규정은 성경적 규정이 아니라 교단의 규정이다. 마찬가지로, 성찬이 예배 안에서 특별히 거룩하거나 덕을 세우는 데 유익하다고 여길 성경적 이유는 존재하지 않는다. 하지만 대부분의 성공회 성찬 예배에서는 특별한 경외감으로 이를 대한다. 이런 경외감이 실제로 덕을 세우는 데 유익하지 않다면 (오히려 미신적 경향을 띤다면) 빵과 포도주를 회중에게 더 빨리 나누어 주는 방법을 찾아 시간을 단축해야 한다.

(누가복음 22장을 제외하고 신약에서 성찬 제정을 구체적으로 언급하는 유일한 본문인) 고린도전서 11장을 주의 깊게 읽어 보면, 성찬에 대한 강조가 현재의 예배만큼은 아님을 분명히 알 수 있다. 데이비드 피터슨은 "교회사 전체에서 신자들과 주님과의 사귐을 깊어지게 하는 수단으로 자주 받아들여졌던 성만찬에서, 참여자들은 하나님뿐 아니라 서로에게 시선을 고정해야 한다"라고 말한다.[30] 사도 바울은 고린도 교회의

분열이라는 맥락에서 성만찬을 논했다. "주의 죽으심을 그가 오실 때까지" 전한다는 것은 예수님의 십자가 죽음이 무엇을 의미하는지 서로에게 상기시키는 것을 뜻한다. 성찬 예배에서 서로를 무시한다면 그 죽음의 의미 자체를 부인하는 것과 다름없다. 성공회 성찬 예배를 성경적인 것으로 유지하기 위해서는 이 예배의 하나님 지향적 차원뿐 아니라 인간 지향적 차원을 재천명해야 한다. 그리고 성찬 예배는 다른 예배에 비해 외부자들이 접근하기 어려울 수밖에 없기 때문에, 교회의 삶에서 지배적인 예배가 되어서는 안 된다.

세례

세례 예배는 기쁨이다. 모든 연령대의 사람들에게 모든 방식으로 세례를 베푸는 것이 영국 국교회의 관행이다. 성공회 세례의 요건은 삼위일체의 이름으로, 물로, 믿음의 맥락 안에서 행해져야 한다는 것이다. 물은 나이가 가장 어린 사람부터 가장 많은 사람까지 모든 사람이 죄 사함을 필요로 하며 그리스도의 십자가를 통해 모든 연령의 사람에게 죄 사함이 주어진다는 징표다. 자녀를 그리스도인으로 기르겠다고 다짐하는 그리스도인 부모의 기독교 가정에 아기가 태어날 때, 성공회에서는 아이가 스스로 믿겠다고 작정할 때까지 그 아이를 불신자라고 생각하지 않으며, 아이가 믿지 **않겠다고** 작정할 때까지 신자라고 생각한다(그리고 그런 순간이 절대 오지 않기를 경건하게 바란다). 기독교 가정에서 자란 많은 신자는 자신이 믿지 않았던 순간을 기억할 수 없다고 말할 것이다.

---

30 Peterson, "Worship in the New Testament", p. 82.

이런 접근 방식은 자각 없는 유아 세례를 허용한다는 의미가 아니다. 부모와 대부모에게 분명한 신앙의 고백이 요구된다는 의미다(성공회 예전에서는 간증이나 면접을 통해 이를 확인할 수 있다).

성인 세례는 복음을 설명하기에 특별히 좋은 기회다. 성찬과 달리 세례는 이해하기 쉽다. 또한 기독교화된 사회에서 점점 벗어나는 가운데 성인 회심 현상은 더 흔해지고 있으며, 강한 전도 효과를 낼 수 있다.

성공회 전통에서 세례의 방식은 개인 선택의 문제다. 점점 더 많은 교회가 세례당(baptistery)을 마련하고 있으며, 물을 뿌리는 방식이나 물에 잠기는 방식을 선택할 수 있게 한다. (크랜머의 전례 지시문에서는 "조심스럽고 신중하게" 아이를 "물에 살짝 담그라"고 한다.)

크랜머의 세 번째 기준을 따른다면, 세례의 나이나 방식이 신자들 사이에서 논쟁점이 되지 않게 해야 한다. 우리는 성공회의 관례가 성경과 조화를 이룬다고 믿는다. 하지만 다른 신념을 지닌 그리스도인들에게 이를 강요하는 것은 원하지 않는다.

가족 예배

가족 예배, 즉 (갓난아이를 제외한) 모든 연령의 사람이 예배 내내 함께 머무는 예배의 가치를 과소평가해서는 안 된다. 이런 예배의 모든 부분은 어린이 친화적이어야 한다(아이들을 붙잡아 두면서 그들을 무시하는 것은 옳지 않다). 그렇다고 **유치할** 필요는 없다. 더 짧고 단순하고 예를 들어서 쉽게 설명하는 설교는 덕을 세우고 어른들을 전도하는 일에도 효과적이다. 그런 설교가 더 효과적인 이유는 메시지가 아니라 매체를 조정하기 때문이다. 인간이 영적 진리를 받아들이는 것은 단순한 지적 작용이 아니다. 잘 교육을 받은 어른들만 하나님의 말씀을 깊이 있게 흡수할 수 있는 것도 아니다. 가족 예배의 설교를 통해 온 가족을 믿음 안에서 세우고자 한다면, 설교자는 어른들을 대상으로 하는 표준적 길이의 설교를 준비할 때처럼 진지하게 준비해야 한다. 의사소통의 매체에 관한 준비에 더 많은 시간을 할애해야 하며, 무엇을 빼야 할지 결정하는 고통스러운 작업에 더 많은 시간을 할애해야 한다. 하지만 절대로 "이번 주는 아이들 설교일 뿐이야"라고 생각해서는 안 된다. 탁월한 단순함을 위해서는 생각을 탁월하게 명료화해야 하며, 이를 위해서는 열심히 준비하여 본문을 깊이 이해해야 한다.

어른들은 설교자가 직접 자신들을 향해 이야기하지 않는다고 생각할 때 더 많은 것을 배우기도 한다. 어른들은 설교자가 아이들에게 말하는 것을 바라보는 관객이 된 것처럼 느낄 때 경계하는 마음을 거둔다. 그렇지만 회중에게 가족 예배를 이런 식으로 생각하라고 권하는 것은 옳지 않다. 어른들이 아이들에게 성경을 가르치는 것을 바라보고 있다는 사실보다 부모와 교회의 다른 어른들이 성경을 진지하게 받아들이고 있음을 아이들이 아는 것이 훨씬 더 중요하다. 성경은 아이들에게 올바르게 행동하는 법을 가르치는 도덕 교과서가 아니라 모든 신자가 따라 살아야 할 말씀이 담긴 책이다. 따라서 교회의 어른들이 성경을 배우고 자신의 삶을 성경 아래 두는 것을 교회의 아이들이 보는 것이 지극히 중요하다. 그러므로 설교자는 가족 예배에서 이따금씩 직접적이고도 구체적으로 어른들을 향해 말해야 하며, 그렇게 하는 것을 아이들이 알 수 있게 해야 한다. 그렇게 할 때 우리 **모두가** 성경을 진지하게 받아들이고 있음을 누구도 의심하지 않을 것이다.

한 세대에서 다음 세대로 신앙을 전수하는 것은 성경(특히 구약)의 중요한 관심사다. 성경은 다른 민족들의 후손에게 복음을 전하는 것을 거의 보증하지 않지만 (오랫동안 그런 형태의 전도에 그리스도인들이 에너지를 집중해 왔음에도 불구하고) 가족 전체에 덕을 세우고 복음을 전하는 것은 많이 권면한다. 자녀 중심적인 우리 사회에서 젊은 부모들은 대체로 자신들의 자녀가 행복할 때 행복해한다. 잘 준비된 가족 예배는 복음을 전하는 것에 있어 매우 효과적일 수 있지만, 이를 위해서는 평소의 예배보다 더 많은 준비가 필요하다.

손님 초청 예배

손님 초청 예배도 마찬가지다. 이 예배에는 이해의 용이성이라는 기준이 반드시 적용되어야 한다. 외부자 친화적이지 않은 것에 대해서는 신중히 판단해 보아야 한다. 헌금 순서가 꼭 있어야 할까? 광고는? 신조는? 노래는? (손님 초청 예배에서 찬송가를 부를 때 회중을 둘러보고 얼마나 많은 성인 남성이 노래하지 않는지 살펴볼 필요가 있다.) 반면에 (드라마와 간증, 음악 연주처럼) 즉시 이해할 수 있는 것들에 우선권을 부여하게 될 것이다. 예배와 설교의 길이에 관해서도 신중하게 생각해 보아야 한다. 예배에서 성경 관련 내용은 기초적인 복음 진리로 제한될 것이다. 죄의 고백과 도고처럼 예배에서 늘 행하는 순서에 관해서는 특별한 설명이 필요할 수도 있다. 사람들이 복음에 반응할 적절한 기회, 즉 예배 후 모임에 참석하고, 소책자를 받아 가고, 설교자를 만나고, 카드를 작성하며, 앞으로 나오는 것 등을 마련해야 한다. 복음에 관심을 갖게 된 사람들이 복음을 더 자세히 알아 갈 방법(기독교의 기본 진리를 다루는 강좌에 등록

하거나, 일대일 성경 공부와 제자 훈련을 위한 만남을 통해)에 관한 정보를 제공해야 한다.

결론

손님 초청 예배라는 주제는—한때 영국 사람들의 국민적 삶을 규정했지만 지금은 영향력을 잃은—교단의 교회 예배를 다루는 이 장을 마무리하기에 적합하다. 영국 국교회는 토머스 크랜머 대주교가 작성하여 보존된 『성공회 기도서』와 『39개 신조』, 『서품 예식서』로 시작되었고 늘 이를 통해 스스로를 정의해 왔다. 이 개혁된 복음적 문서는 성경의 권위 아래 기록되었으며 오직 은총에 의한 칭의라는 위대한 성경적 진리를 표현하고 있다. 하지만 어느새인가 영국 국교회는 활력을 잃어버리고 말았다.

20세기에 예전을 수정하려는 시도는 평범한 영국 사람들이 이해할 수 있고 문화적으로도 공감할 수 있도록 성공회 예배에 대한 접근 가능성을 높이려는 고무적인 열망으로부터 시작되었다. 하지만 수정을 주장하는 이들 대부분은 성경을 더 이상 권위 있는 말씀으로 받아들이지 않았고, 오직 은총에 의한 칭의를 이해하지 못하거나 받아들이지 않았다. 그 결과 개정된 예배는 사람들을 다시 교회로 이끄는 데 성공적이지 못했다. 해가 지날수록 이 나라에서 영국 국교회의 중요한 역할 비중은 점점 줄어들고 있다. 하지만 사실 『성공회 기도서』에 영적 힘을 부여한 것은 성경이었다. 영어를 다루는 데 탁월한 크랜머의 고유한 능력이나, 변화와 다른 큰 논란을 일으킬 수 있는 문제를 다루는 그의 지혜와 균형 잡힌 접근 방식 때문이 아니었다.

영국 국교회가 영국의 국가적 삶에서 다시 한번 중요한 역할을 하고자 한다면 그것이 존재하는 영적 이유를 회복해야 한다. 하나님은 예수 그리스도를 선포하는 설교를 복되게 하겠다고 약속하셨다. 교파적 특징을 복되게 하겠다고 약속하지 않으셨다. 성공회 교인들이 복음이 아니라 성공회에 대해서만 전한다면 성공회는 계속해서 죽어갈 것이다. 하지만 성공회 교인으로서 우리가 복음을 선포한다면, 영국 국교회에는 하나님의 목적 안에서 여전히 미래가 있을 것이다.

교회 예배는 교회의 진열창이다. 교회 예배는 너무 중요하기 때문에 예전 위원회의 전문가들에게 일임할 수 없다. 예배의 목적이 무엇이며, 왜 그리스도인들이 교회 안에서 모이는지 모든 교인이 이해해야 한다. 그다음 우리는 복음을 위해 성공회 예배를 회복해야 한다. 교회의 삶에 있어 개혁과 갱신은 대개 풀뿌리에서 시작되어 아래에서 위로 올라간다. 따라서 성공회 교인들은 전국 의회와 참사회원들이 변화되어 우리의 예배를 하나님 말씀 중심으로 전향하기를 기다리고 있지만 안 된다. 교회의 참사회원들은 지역 교회 안에서 일어나고 있는 일에 맞춰 적응하는 데에 익숙하다. 그들은 교회의 삶을 규제하기 (혹은 억압하기!) 위해서가 아니라 교회 안의 갈등을 해소하기 위해 존재한다. 우리의 책임은 (앞에서 인용한 교회법 A5의 의미대로) 참된 성공회 교인이 되어 크랜머의 예배처럼 성경에 충실하고 평범한 사람이 쉽게 이해할 수 있는 예배를 만들어 내는 것이다. 하나님의 영광을 위해, 그리고 아직 그 영광을 알지 못하는 모든 사람을 위해 그렇게 해야 한다.

부록: 원리를 실천하기(세 가지 예배 사례)

'본보기'가 될 만한 예배 개요를 제시하는 것이 이 장의 다른 부분에서 주장한 바와 어울리지 않다. 수백 년에 걸쳐『성공회 기도서』를 사용함으로써 생긴 문제점 중 하나는 영국 국교회의 성직자들이 생각 없이, 준비 없이 교회 예배를 인도하도록 조장했다는 것이다. 그렇다고 이 부록에서 아침 기도와 저녁 기도에 대응하는 현대적 예전을 제시하려는 것은 아니다. 그럼에도 불구하고 많은 경우에 매주 교회 예배를 바꾸기는 불가능하기 때문이다. 예전적 형식은 불가피하다. 온 나라가 동일한 예전을 사용하던 시대는 지났지만, 여전히 지역에 맞는 좋은 예전이 필요하다.

따라서 여기서는 세 가지 '실제' 예배를 소개하고, 예배에 사용된 자료에 관한 해설을 덧붙였다. 이 장에서 제시한 원리들이 실제로 어떻게 적용될 수 있는지 보여 주는 (본보기가 아니라) 실례로서 임의로 선택된 예배들이다. 계획에 있어 주요 기준은 성경 주도적 예배, 외부자 친화적 예배, 짧은 예배로, 각 경우에 적합한 예배 순서를 제공하고자 했다. (이 교회에서 내린 결정은 예배를 대략 한 시간 이내에 마치고, '가족' 예배는 45분 정도에 끝내자는 것이었다. 139-140쪽에 있는 예배의 길이에 관한 논의를 보라.)

이 책은 영국 국교회의『대안 예식서』가 생명을 다할 무렵에 썼다.

현대 예전에 관한 성공회의 개정된 지침에 따라 지역 회중은 자신들의 특수한 필요에 꼭 맞고 철저히 성경적인 예배 형식을 만들어 낼 수 있는 상당한 자유를 누리고 있다. 철저히 개혁된 신학을 나타내는 자료가 드물기는 하지만 교회 예배를 위한 새로운 자료는 언제나 출간되고 있다. 어려운 점은, 이미 출간된 책 중에서 좋은 예전적 자료를 선별해 그것을 익숙함과 참신함 사이에서 균형을 이루며 회중에게 적합한 예배 형식에 적용하는 것이다.[1]

예배 순서 - 첫 번째 예시

1998년 10월 18일 오전 10시 30분
유아 놀이 시설[2] 및 트렉커스(3-10세)와 함께

[환영]

찬송가 새 노래로 여호와께 찬송하라(Sing to God new songs of worship).
그분이 하신 모든 일이 놀랍도다.
그분의 손과 거룩한 팔로
우리를 구원으로 이끄셨고,
공의와 구원의 능력을
열방에 보이셨네.

---

1 자료 목록은 금세 유행이 지난 것이 되고 말 테지만 (찬송가와 노래책에 더해) 예배를 계획하는 데 유용한 자료를 이 부록 마지막 부분에 실어 두었다.
2 갓난아이들과 걸음마를 시작한 아이들—즉 유아실에 있는 아이들.

그분의 백성 이스라엘에게
그분의 진리와 자비를 알게 하셨네.
새 노래로 하나님께 찬양하라.
땅이 그분의 영광을 보았으니
나라마다 기뻐하며
감사함으로 그분께 찬양하고
수금으로 찬양의 연주를 하고
목소리로 찬양의 노래를 부르라.
나팔로 그분의 승리를 알리고
왕이신 하나님께 너의 기쁨을 보이라.

새 노래로 하나님께 찬양하라.
바다는 외칠지어다.
땅 위와 물 가운데 있는 만물아
주께 찬양하라.
언덕들은 함께 기뻐하고
강들은 손뼉 칠지어다.
공의와 정의로
그분이 땅을 심판하러 오시리라.

[주께 노래하라(*Cantate Domino*, 시편 98편)][3]

(© Michael Baughen/Jubilate Hymns) CCL Licence 1584

• **소개**―오전 10시 30분에 시작하는 성찬이 포함된 보통 예배로, 예배 내내 유아실 두 곳(걸음마를 시작한 아이들과 안고 있어야 하는 아기들)과 광고 이후

---

[3] Admin. by Hope Publishing Company, Carol Stream, IL 60188. All rights reserved. 저작권자의 허락을 받아 사용함.

시작하는 아동 부서[트렉커스(Trekkers)라고 부르며 3-10세를 대상으로 함]를 함께 운영한다.

순서지는 A4 용지를 반으로 접어 안쪽에 예배 순서를 넣고 바깥쪽에 광고를 실었다. (찬송가와 찬양곡의 가사는 순서지에 인쇄하지 않고 스크린 두 곳에 비춰 준다. 인쇄된 종이를 선호하는 사람들에게는 가사가 수록된 별지를 제공했다.)

순서지 첫 부분에 자녀들을 위한 프로그램이 제공되고 있음을 강조했다. 가족 사역을 통해 교회를 찾게 된 사람들이 관심을 기울일 만한 내용이기 때문이다.

• 환영—외국인 방문자처럼 특정 집단을 특별히 염두에 두고 환영 인사를 했다. 예배의 개요를 언급했다. 회중이 서로 인사하고 빈자리를 채울 수 있는 시간을 마련했으며, 원하는 사람에게 가사가 수록된 별지를 제공했다.

인사 후에는 인도자가 성경 구절(시편 98:1)을 읽어서 회중이 곧 부를 찬송가 가사를 눈여겨보게 했다.

• 찬송가—활기차고 어느 정도 익숙한 (시편 98편에 기초한) 현대적인 찬송가를 예배 시작 곡으로 택했다. 단점은 전통적인 찬송가가 아니었고(따라서 외부자들에게는 덜 알려진 곡이었고), 찬송가를 소개할 때 첫 줄 가사의 신약적 의미를 간략하게 설명하지 않았다면 그 단어로 인해 예배는 곧 노래하기라는 생각이 자칫 강화될 수 있었으며, 이 찬송가와 이 예배의 주요 성경 본문이 분명하게 연결되지 않았다는 점이다.

죄의 고백

[다 같이]   전능하신 하나님, 하늘에 계신 우리 아버지,

우리는 생각과 말과 행동으로,

부주의함으로, 약함으로,

고의적인 잘못으로, 주님께 죄를 지었습니다.

우리는 진심으로 통회하고 우리의 모든 죄를 회개합니다.

우리를 위해 죽으신 주님의 아들 예수 그리스도를 인하여

우리가 과거에 지은 모든 죄를 용서하시고

우리가 새로운 생명 안에서

주님 이름의 영광을 위해 주님을 섬길 수 있게 하소서.

아멘.

사죄의 확신

노래   예수님의 사랑 신기하고 놀라워(Jesus' love is very wonderful).

예수님의 사랑 신기하고 놀라워.

예수님의 사랑 신기하고 놀라워.

오 크신 사랑!

하늘 그보다 높고

바다 그보다 깊고

우주 그보다 넓은

오 크신 사랑!

(H.W. Rattle © Scripture Union) CCL 1584[4]

광고   [헌금]

(유초등부는 교실로 이동)

기도

---

4   저작권자의 허락을 받아 여기에 실음.

• **죄의 고백** — 이 고백 기도의 장점은 (우리가 다른 사람들에게 상처를 주었다는 것에 강조점을 두지 않고) 하나님 중심적이라는 것이다. 그러나 이 기도는 죄에 대한 하나님의 분노를 충분히 강조하지 않으며, 많은 성공회 고백의 기도가 지닌 위험에 빠진다. 즉 사람들은 복음을 통해 매주 모일 때 일시적인 용서를 받을 뿐이라고 생각하게 된다. 시편 98:8, 9을 통해 첫 번째 찬송가와 죄를 고백하는 행위 사이에 적합한 성경적 연관성을 전달했다면 좋았을 것이다.

• **사죄의 확신** — 사죄의 확신은 성경 구절을 근거로 겸손히 죄를 고백하며 하나님께 나아가는 사람들을 용서하겠다고 하신 그분의 약속을 즉각 선언하는 것이었다. (시편 98:1을 다시 읽거나 고린도전서 2:2을 언급할 수도 있었을 것이다). 회심하고 참회하는 사람들에게 죄 사함을 분명히 선언하는 동시에, 회심하지 않은 사람들에게 거짓 확신을 심어 주지 않기란 쉽지 않다.

• **노래** — 이 순서를 위해 더 어린아이들이 나와 다양한 소리가 나는 탬버린과 북, 심벌즈, 트라이앵글 그리고 다른 비슷한 악기들로 반주를 해 달라고 부탁했다. 그래서 박자가 활기차면서도 가사는 사죄의 확신과 자연스럽게 연결되는 노래를 택했다. (가끔은 어린아이들이 악기로 반주하는 대신 회중 전체에게 이 곡 같은 어린이 친화적 노래에 참여해 달라고 부탁할 수도 있다.)

• **광고와 헌금** — 헌금 순서를 소개할 때 꼭 참여할 필요는 없다고 분명히 밝혔다. ("사람들은 다른 많은 것을 위해 다른 많은 방식으로 헌금을 합니다. 이 특정 시간에 이러한 특정 방식으로 돕는 것이 적절하지 않다고 여긴다면 헌금 바구니가 왔을 때 그냥 넘기시기 바랍니다. 많은 사람이 그렇게 할 것입니다.") 헌금을 이런 방식으로 (회중에게 헌금 바구니를 돌려서) 걷는 이유는, 우리의 예배는 단지 노래나 기도 같은 의례 행위에 그치지 않고 우리 삶 전체임을 강조하기 위

해서다.

이 시점에 광고를 함으로써, 어린이들과 아동 부서 프로그램을 맡은 교사들이 광고를 들을 수 있게 하고, 예배의 한가운데에서 주중으로 이어지는 교회의 삶을 자연스럽게 강조하고자 했다. 광고를 듣는 것은 예배 안에서 일어나는 다른 모든 행동과 똑같이 영적인 행동이다. 광고 마지막 부분에 어린이들(트렉커스)이 예배실을 떠났다. '주일 학교'라는 용어는 (신앙의 전수를 과도하게 발달시킨 서양의 교육 체계와 너무 밀접하게 연결시켜서) 여러 유익하지 못한 함의가 있기 때문에 사용하지 않는다.

• **기도**―이 시점의 도고는 아이들과 교사들이 예배실을 나가는 어수선함 속에서 시작하기 어렵다는 단점이 있다. 그러나 예배 초반부의 좀더 어린이 친화적인 예배에 맞추어 진행할 때보다 더 길고 복잡한 기도를 할 수 있다는 장점이 있다.

주제 찬양	**어리석은 세상 지혜**(Foolish the wisdom of the world), 그 확실성을 부인하는 하나님의 어리석음의 지혜, 그리스도께서 십자가에 달려 죽으셨다 하시네. 세상의 교만을 깨뜨리시는 그리스도는 나의 힘, 나의 의. 하나님은 십자가에 달려 죽으신 그리스도 외에 아무것도 알지 못하게 하시네.

그분은 약한 이들을 택하셔서 강한 이들을 부끄럽게 하시고,
어리석은 이들을 택하셔서 지혜로운 이들을 부끄럽게 하시며,
철학자들이 경멸하는
초라한 것들을 치켜세우시네.
그리스도는 나의 힘.

누군가는 조롱해도 우리는
이 어리석은 십자가의 메시지를 전하네.
예수를 위한 바보인 우리는
십자가에 달려 죽으신 그리스도 외에는 아무것도 자랑할
수 없네.
그리스도는 나의 힘.

(Hilary Jolly)[5]

성경 봉독	**고린도전서 1:17-25**
설교	**하나님의 능력**

우리 자신의 인간적 '지혜'를 붙잡는다면,
우리는 하나님의 능력을 경험할 수 없다.

1. 하나님이 약해지심:
   십자가에 달려 죽으신 그리스도   1:17-25
2. 하나님이 약한 이들을 택하심   1:26-31
3. 하나님이 약함을 사용하심   2:1-5
   결과: 하나님의 능력을 의지하는 믿음   2:5

---

[5] © Jubilate Hymns Ltd. Admin. by Hope Publishing Company, Carol Stream, IL 60188. 저작권자의 허락을 받아 사용함.

성찬

(성찬에 참여하기 원하시면, 앉아 계신 곳으로 빵이 왔을 때 한 조각을 뗀 후 '**당신을 위해 주신 몸입니다**'라고 말하며 옆 사람에게 건네신 후 빵을 드시기 바랍니다. 잔이 오면 한 모금 마신 다음 '**당신을 위해 흘리신 피입니다**'라고 말하며 옆 사람에게 건네주시기 바랍니다. 참여하기를 원하지 않으시면, 둘 다 그냥 옆으로 건네주시기 바랍니다. 분병과 분잔을 할 때 조용히 노래를 할 것입니다. 원하시면 함께 부르기 바랍니다.)

• **주제 찬양**—이 노래는 두 교인이 고린도전서 연속 설교를 위해 특별히 작곡한 곡이다. 가사와 곡조 모두 다른 이들이 비판적으로 검토하고 평가했으며, 일요일마다 연속 설교 주제에 맞춰 여러 절을 더하기도 하고 빼기도 하면서 불렀다. 예를 들어, 고린도전서 5장에 맞춘 가사는 아래와 같다.

죄와 수치의 누룩이

그리스도의 빵 안에 퍼지지 않도록.

흠 없는 하나님의 어린양이신 예수님이

우리를 위해 희생당하셨으니.

• **성경 봉독**—주제 찬양을 통해 이미 회중은 설교 본문인 고린도전서의 본문에 집중하고 있는 상태다. 회중이 서신서의 흐름을 파악하도록 돕기 위해 (고전 1:25에서 끝났던) 지난주 본문과 겹치도록 본문을 선택했다.

봉독자는 회중에게 좌석에 비치된 NIV성경을 펴서 낭독되는 본문을 보라고 권했다.

• **설교**—설교 제목이 원래 교회 프로그램에 적혔던 제목과 달랐다. 설교자는 이 본문에 대한 설교를 준비하면서 계획했던 제목이 적절하지 않다고 판단했다. 설교에서는 지난주 설교(1번 내용)에서 다룬 내용을 이어가려고 했다. 본문에 대한 직접적인 강해였지만 그리스도인뿐 아니라 특별히 참석한 비그리스도인을 향한 메시지를 전하고자 했다. 성찬 예배였기 때문에 설교 시간은 약 20분이었다(또한 설교에서 성찬을 구체적으로 언급했다).

• **성찬**—괄호 안에 긴 단락을 넣어 방문자와 외부자들에게 성찬의 분병과 분잔이 어떻게 이루어지는지 설명하고 그들이 놀라거나 당황할까 봐 걱정하지 않게 했다. 인도자는 기쁨으로 모든 신자를 성찬식에 초대하는 동시에, 부적절하게 빵과 포도주를 받는 것은 심각한 결과를 초래한다고 회중에게 경고했다. 그는 친근하며 사려 깊은 방식으로 이 말을 전했다.

이 예배의 단점은 설교 마지막 부분이 갑자기 성찬으로 전환되는 것이다. 인도자는 갑작스럽다는 느낌을 줄이고자 회중에게 짧은 침묵 시간을 갖게 하고 성만찬에 초점을 맞추도록 그에 맞는 성경 구절을 사용했다.

겸손히 나아가며 드리는 기도
[다 같이]   자비로우신 주님,
            우리는 자신의 의를 의지하며
            교만하게 주님의 상으로 나아가지 않고,
            주님의 풍성하며 크신 자비를 의지하며 나아갑니다.
            우리는 주님의 상 아래에서 부스러기를 주워 모으기에도

합당하지 않습니다.
하지만 주님은 자비를 베풀기를 기뻐하십니다.
그러므로 은혜로우신 주님,
우리가 이 빵과 이 포도주를 먹고 마시어
우리의 몸과 영혼이
그리스도의 몸과 피로 깨끗해지게 하시고
우리가 더욱더 그분 안에 거하며
그분이 우리 안에 거하게 하소서. 아멘.

감사 기도

[다 같이] 전능하신 하나님, 하늘에 계신 우리 아버지,
주님의 온화한 자비로
주님의 독생자 예수 그리스도를 우리에게 주셔서
십자가의 죽음으로 우리를 속량하시니 감사합니다.
그분은 거기서 단번에 영원히
유효한 희생 제물로 자신을 바치시고,
온 세상의 죄에 대해 완전한 속죄를 이루셨습니다.
그분은 다시 오실 때까지
그분의 귀중한 죽음을 영원히 기억하도록
성만찬을 제정하시고 그분의 거룩한 복음 안에서
이를 행하라고 명령하셨습니다.

배반당하시던 그날 밤,
그분은 빵을 들어 하나님께 감사를 드리고
그것을 떼어 제자들에게 주시며
"이것은 너희를 위하여 주는 내 몸이라.
너희가 이를 행하여 나를 기념하라"라고 말씀하셨습니다.

마찬가지로, 식후에 잔을 들어 하나님께 감사를 드리고
그것을 제자들에게 주시며
"너희가 다 이것을 마시라.
이것은 죄 사함을 얻게 하려고
많은 사람을 위하여 흘리는 바 나의 피 곧 언약의 피니라.
이것을 행하여 마실 때마다 나를 기념하라"라고 말씀하셨습니다. 아멘.

분병과 분잔
찬양 주 보혈 날 씻었네(It's your blood that cleanses me).
내게 생명을 주셨네.
주 보혈 나의 죄를 구속하신 어린 양,
날 씻었네 흰 눈보다 더 희게 하셨네.
예수님 귀하신 어린 양.

(Michael Christ © 1985 Mercy Publishing/Thankyou Music) CCL Licence 1584[6]

- **겸손히 나아가며 드리는 기도** — 그런 다음 인도자는 회중에게 겸손히 나아가며 드리는 기도를 함께 드리자고 했다. 이 기도문은 신학을 강화하기 위해 약간 수정되었다. 우리가 무엇을 근거로 성찬에서 빵과 포도주를 받는지 일깨우는 소중한 기도다.

겸손히 나아가며 드리는 기도와 감사 기도 사이에 인도자는 성공회 성찬 예배에 포함된, '위로의 말씀'으로 알려진 구절 일부를 사용했다(마 11:28; 요

---

[6] All rights reserved. 저작권자의 허락을 받아 여기에 실음.

3:16; 딤전 1:15; 요일 2:1).

- **감사 기도**―인도자는 회중에게 함께 이 기도(크랜머의 기도를 현대적으로 수정해서 1980년대에 수록한 『대안 예식서』의 기도)를 드리자고 했다. 인도자가 자신의 말로 빵과 포도주를 그리스도의 살과 피로 변화시키는 '사제'라고 암시되는 것을 피하기 위해 기도를 다 함께 드렸다. 이 기도의 목표는 그리스도의 사역과 하나님의 일하시는 다양한 다른 부분들, 또는 우리가 하나님께 바치는 것에 집중하기보다 속죄에만 집중하게 하는 것이었다.
- **분병과 분잔**―감사 기도 마지막에 인도자는 성찬식으로 초대하는 말을 전했다. "믿음으로 나아오십시오. 예수님이 우리를 위해 죽으셨음을 기억하면서 먹고 마시며, 감사함으로 마음 다해 믿음에 의지하여 그분을 받아먹읍시다." 이 말을 하는 사이 분병 분잔 위원들이 나아가 예배당 곳곳에 빵과 포도주를 나누어 주었다. 가능한 한 분병과 분잔 시간을 줄이고자 많은 수의 위원들이 동원되었다.
- **찬양**―분병과 분잔이 이루어지는 동안 이 노래를 불렀다. 분병과 분잔이 시작되고 몇 분이 지난 후 연주자들이 먼저 부드럽게 연주를 시작했다. 가사 덕분에 회중은 성찬의 의미에 집중할 수 있었고, 모두가 빵과 포도주를 받을 때까지 노래를 반복했다. 점점 더 많은 교인이 연주자들과 함께 노래를 불렀다.

기도

[다 같이] 전능하신 하나님, 우리 주 예수 그리스도를 통해
우리의 영혼과 몸을 산 제물로 주님께 바칩니다.
성령의 능력으로 우리를 세상 속에 보내셔서
주님께 찬양과 영광을 돌리며 살고 일하게 하소서. 아멘.

찬송가 크신 일을 이루신 하나님께!(To God be the glory!)
큰 영광과 존귀를 늘 돌리세.
독생자를 주셔서 구하시니
이 죄인들 생명 길 찾았도다.

(후렴) 주 찬양 주 찬양 큰 소리로 찬양
주 찬양 주 찬양 기쁨으로 찬양
만백성 모여서 찬양하세.
이 크신 일 이루신 하나님께.

보혈 흘려 그 백성 사셨으니
주 믿는 자 누구나 사랑받네.
주 사랑이 널 용서하시리니
이 완전한 구원에 참여하라.
　　주 찬양…

놀라워라 주께서 이루신 일
큰 영광과 존귀를 늘 돌리세.
주 예수님 우리를 살리시니
이 즐거움 다 측량 못하리라.
　　주 찬양…

마침 기도
[앉아 계신 곳으로 커피와 차를 가져다드리겠습니다.]

- **기도**—분병과 분잔을 마친 후 이 기도를 함께 드렸다. 이 기도는 성만찬에 대한 우리의 올바른 반응, 즉 세상 안에서의 예배에 초점을 맞추는 기도이기 때문이다.
- **찬송가**—이 친숙하고 전통적인 찬송가는 예배를 마무리하기에 적합했다. 곡조가 활기찼고, 회중이 설교의 진리("독생자를 주셔서 구하시니")와 성찬("이 죄인들 생명 길 찾았도다")과 응답하라는 초대("크신 일을 이루신 하나님께 큰 영광과 존귀를 늘 돌리세")에 다시 한번 초점을 맞출 수 있게 해 주었다.
- **마침 기도**—마지막 기도는 설교와 동일한 주제의 축복 기도였다.

짧은 침묵 시간 동안, 예배 인도자 중 한 사람과 설교자가 예배당 문 쪽으로 이동했고 연주자들은 조용히 연주를 시작했다. 봉사자들은 쟁반에 담은 차와 커피를 회중이 앉아 있는 곳으로 가져다주었다. (그렇게 함으로써 음료를 더 빨리 나누어 줄 수 있었고, 교인들이 부엌에 와서 직접 차와 커피를 받아 가는 것보다 서로 대화를 나누게 하는 데 도움이 되는 것 같았다. 또한 회중이 더 머무르며 서로 이야기를 하게 하는 데 더 효과적이었다.)

결론

분명 개선할 점들도 있었지만 예배가 효과적으로 이루어지는 것 같았다. 시간은 한 시간 조금 넘게 걸렸다(이를 위해 설교를 20분으로 제한했다).

(설교자를 포함해) 인도자는 네 사람이었다. 첫 번째는 여성 교역자(보좌 사제)로 시작할 때 환영 인사를 했고 어린이 노래("예수님의 사랑 신기하고 놀라워")까지 인도했다. 남성 교역자가 광고를 전했고 트렉커스에게 교실로 이동하도록 부탁했다. 기도는 젊은 여성 교인이 인도했으며, 기도 후에는 주제 찬양을 소개하고 고린도전서 본문을 봉독했다. 관할 사제는 설교를 했고 분병과 분잔까지 성찬을 집전했다. 성찬 후 기도와 마지막 찬송가, 기도는 여성 보좌 사제가 인도했다. 여러 인도자들이 예배의 다양한 부분을 맡은 덕분에 한 사람이 전체(혹은 대부분)를 인도할 때보다 더 집중되고 세심한 준비를 할 수 있었다.

이 예배의 한 가지 단점은, 이런 다양한 부분을 하나로 묶는 데 어려움이 있었다는 것이다. 광고 전까지는 어린이 친화적 예배를 만들기 위해 특히 노력했고, 기도와 설교에서는 어른들에게 초점을 맞추었고, 성찬이 이어졌다. 자칫 놓칠 수 있는 예배의 연속성과 '영적 논리'를 위해서는 이런 다른 요소들을 잇는 세심하지만 간략한 연결 고리가 있어야 한다.

┌───┐
│   │
│   예배 순서 – 두 번째 예시   │
│   │
│   1998년 11월 8일 오후 5시   │
│   패스파인더스(11-14세)와 유아 시설이 있는 손님 초청 예배 │
│   │
└───┘

[환영]

찬송가 **나 노래하리라 주님의 그 사랑**(My song is love unknown),
나 같은 죄인도 구원하신 은혜
오 내가 무엇이기에
그 생명 주시나이까?

하늘의 보좌를 버리신 그 사랑
사람들 알지 못하고 거절했네.
진실한 친구 내 주님
날 위해 생명 주셨네.

그날 저 무리들 주님을 버리고
저 강도 바라바에게 자유 주었네.
아 잡히신 내 주님은
우리게 자유 주셨네.

나 노래하리라 거룩한 이야기
사랑의 왕을 위한 눈물의 노래!
내 평생 사는 날 동안
그 사랑 노래하리라.

(S. Crossman ⓒ in this version Jubilate Hymns) CCL Licence 1584[7]

죄의 고백	긍휼이 넘치시며 은혜로우시고 노하기를 더디 하시며 사랑으로 가득하신 유일하신 주 하나님, 지금 우리와 함께하소서. 죄인을 심판하시는 주님, 우리는 완악했으며, 주님께 맞서 반역했습니다. 우리 주 예수 그리스도를 통하여 우리의 사악함과 죄를 용서하시고 우리를 주님의 백성으로 받아들여 주소서. 아멘.

(출처: *Bible Praying*, Michael Perry, Fount, # 69)

사죄의 확신	
연극	"만지지 마시오"

- 제목—전도 행사 주간의 첫 번째 일요일 예배였다. 예배의 형식이 통상의 예배와 근본적으로 다르지는 않았지만 외부자들을 배려하는 데 초점을 맞췄다.

오후 5시에 드리는 저녁 예배는 이 교회의 삶에 잘 맞았다. 하나님의 섭리 덕분에 깨달은 것이기는 했지만, 더 많은 교인에게 저녁에 참석하도록 설득하고 아침 예배에 대한 부담을 덜 필요가 있어서 시간을 그렇게 정했다.

---

7 Admin. by Hope Publishing Company, Carol Stream, IL 60188. 저작권자의 허락을 받아 사용함.

유아 시설은 (교사가 있는 유아실이 아니라) 장난감을 갖춘 방을 뜻했다. 그 방에는 예배와 설교를 중계하는 음향 시설이 있었다. 정기적으로 교회에 출석하는 부모들에게는 충분했지만 어린 아기와 함께 처음 교회에 온 사람들에게 만족스러운 환경은 아니었다.

- **환영** — 관할 사제가 예배 시작부터 사죄의 확신까지 인도했다. 인도를 위한 지침에서는 '모든 것은 외부자 친화적이어야 하며 그들이 이해하기 어려운 용어는 사용하지 말 것'을 강조했다.

- **찬송가** — 손님 초청 예배를 시작하는 노래로 이 찬송가를 선정한 것은 실수였다. 너무 주관적이어서 자신이 믿지 않을 수도 있는 믿음에 관한 노래를 하게 했다. 하지만 외부자에게도 친숙한 고전적인 찬송가였다. 여섯 절 중에서 네 절만 불렀다. 손님 초청 예배의 전반적 목표는 한 시간 안에 마치는 것이었다.

- **죄의 고백과 사죄의 확신** — 이 부분도 같은 문제가 있었는데, 그리스도인이 아닌 사람이 참석한 상황에서 모두가 죄의 고백에 참여해야 했다. 세심하게 순서를 소개함으로써 사람들이 믿음 없이 이 기도를 하지 않게 하고 죄의 고백은 하나님의 백성이 누리는 큰 혜택임을 분명히 밝혀야 했다.

- **연극** — 연극은 마임이었다. 배우가 "만지지 마시오"라는 경고문이 붙은 의자 곁을 지나간다. 그는 돌아와 흥미를 느낀 듯 조심스럽게 의자를 만졌고 결국 의자에 손이 붙어 버리고 말았다. 점점 더 강하게 붙어서 결국 의자에 앉은 채로 움직일 수 없게 되었다. 또 다른 배우가 그의 곤경을 보고 하나님의 말씀을 가리켰고, 그는 해방되었다. 종이에 적힌 것을 읽을 때보다 연극으로 보니 훨씬 더 강력했다! 설교자는 설교에서 이 연극을 언급했다.

광고   [헌금]
(패스파인더스는 교실로 이동)

찬양   우리를 향한 아버지의 사랑이 너무도 깊고(How Deep the
            Father's Love for us),
            측량할 수 없이 크셔서
            독생자를 주시고
            비참한 나를 그분의 보물로 삼으셨네.
            택하신 이를 다치게 한 상처가
            많은 아들을 영광으로 이끌지만
            소중한 아들을 잃는 아픔은 너무 커서
            아버지는 얼굴을 돌리셨네.

            나의 죄를 어깨에 짊어지고
            십자가에 달리신 그분을 보라.
            비웃는 무리 속에서
            조롱하는 내 목소리 들리네.
            다 이루시기까지
            그분을 그곳에 붙잡아 둔 것은 나의 죄였네.
            죽어가는 그분의 마지막 숨이 나를 생명으로 이끌었네.
            다 이루신 것을 하나님은 아셨네.

            부도, 권력도, 지혜도
            나는 아무것도 자랑하지 않고
            예수 그리스도,
            그분의 죽음과 부활만 자랑하리라.
            어찌 내가 그분의 상을 누릴 수 있을까?
            대답할 수 없지만

그분의 상처가 내 몸값을 치렀음을
온 마음으로 아네.

(Stuart Townend ⓒ 1995 Kingsways Thankyou Music) CCL Licence 1584[8]

기도

- **광고**—한 남자 교역자가 이 시점부터 기도까지 인도를 맡았다. 그는 외부자들이 참석한 것을 특별히 염두에 두고 모든 순서를 간략하게 진행하고, 교인이 아닌 사람이 알아들을 수 없는 명칭이나 표현을 사용하지 않으려고 노력했다. 광고 시작 부분에는 헌금 순서가 있었다. (헌금에 꼭 참여해야 하는 것은 아니라는) 공지에도 불구하고 손님 초청 예배에 이 순서를 넣은 것은 실수였을 것이다.

- **찬양**—이 곡은 첫 소절부터 훌륭하고 객관적이며 현대적인 곡조의 노래다. 하지만 끝부분에 이를수록 더 주관적인 가사로 바뀌며, 역시 손님 초청 예배에서는 특이한 선곡이라고 할 수 있다. 2절의 경우 엄밀히 말해 "다 이루시기까지…나의 죄"가 예수를 십자가에 붙잡아 두었다는 구절은 사실이 아니다. "그분을 그곳에 붙잡아 둔 것"은 사실 하나님의 진노와 정의와 자비였으므로, 이 부분 가사를 적절히 수정했다면 좋았을 것이다.

- **기도**—기도는 세 차례 했고, 각각은 짧고 외부자 친화적이었다. 세상의 필요와 교회의 삶 너머에 있는 문제를 위해서도 기도했기에, 외부자들은 각 기도가 밖을 향하고 있음을 알 수 있었고 기도 내용도 쉽게 이해할 수 있었다.

---

8 All rights reserved. 저작권자의 허락을 받아 여기에 실음.

인터뷰 / 간증

찬양　　주 나의 목자 내 삶 다스리시며(The Lord my shepherd rules my life)

내게 필요한 모든 것 주시네.
그분이 나를 쉴 만한 물가로 인도하시고
푸른 초장에서 나를 먹이시네.

주께서 넘어지는 내게 새 힘을 주시고,
나의 기쁨을 온전하게 하시며,
그분의 이름을 위해 나를 옳은 길로 인도하시고
비틀거리는 내 발을 붙드시네.

죽음처럼 어두운 골짜기 안에 있어도
나는 어떤 악도 두렵지 않네.
주님이 그곳에서 나와 함께하시며
목자이신 주님의 지팡이가 내 길을 보호하시네.

내 원수들이 다 보는 앞에서
주님이 왕의 잔치를 베푸시고,
내 잔을 채워 주시고, 내 머리에 기름을 부으시고,
나를 주님의 손님으로 대해 주시네.

주님의 선하심과 주님의 은혜로운 사랑이
평생 나를 따르리니.
오 주님, 주님의 집은 나의 집
주님의 이름은 나의 끝없는 찬양.

성부, 성부, 성령께 찬양하라!
지금부터 영원히

우리가 사모하는 하나님께

예배와 영광, 능력, 사랑을 드리라.

(시편 23편)

(© Christopher Idle/Jubilate Hymns)[9]

성경 봉독	창세기 3:14-24
설교	실낙원
찬송가	천사들도 흠모하는 그분이(I cannot tell why he whom angels worship)

왜 인간의 아들들을 사랑하기로 작정하셨는지,

왜 목자이신 그분이 방황하는 이들을 찾으시는지 나는 알 수 없네.

하지만 그분이 베들레헴의 구유밖에는 거할 곳 없으실 때 마리아에게 나셨고

나사렛에 사시며 일하셨고

그렇게 세상의 구원자가 오셨음을 나는 아네.

그분의 평화로 이 눈물의 땅에 은혜 베푸신

그분이 어떻게 조용히 고통당하셨는지,

서른세 해를 사신 그분이 고통의 관을 쓰실 때

십자가에서 그분의 마음이 어떻게 깨어졌는지 나는 알 수 없네.

하지만 마음 상한 이들을 그분이 고치시고

우리 죄를 가져가시고 우리 안에 숨어 있는 두려움을 잠잠케 하시며

무거운 짐 진 이들의 짐 덜어 주심을 나는 아네.

---

[9] Admin. by Hope Publishing Company, Carol Stream, IL 60188. 저작권자의 허락을 받아 사용함.

세상의 구원자가 여기 계시네.

그분이 어떻게 열방을 얻으시고
지상에 있는 그분의 유산을 차지하시며
동과 서, 죄인과 지혜로운 사람의
필요와 열망을 채워 주실지 나는 알 수 없네.
하지만 세상의 구원자가 선포될 때
모든 육체가 그분의 영광을 보고
그분이 씨 뿌리신 것을 추수하시며
그 기쁜 날 그분의 해가 찬란하게 빛날 것을 나는 아네.

(W. Y. Fullerton) CCL Licence 1584

마침 기도
예배 후 모임
[앉아 계신 곳으로 커피와 차를 가져다드리겠습니다.]

- **인터뷰/간증**—전도 행사 주간에 이루어진 일련의 간증 중 하나였으며, 이 날은 최근 회심한 20대 젊은 여성이 간증을 했다. 간증을 위해 매우 꼼꼼하게 준비했고, 간증하는 사람에게 신학적으로 분명한 초점을 유지할 것과 시간을 꼭 지킬 것을 당부했다.
- **찬양**—이 찬양은 시편 23편을 토대로 만든 현대적인 노래로, 다소 교회 노래처럼 들리는 '크리먼드'(Crimond) 곡조가 아니라 세속적 포크 곡인 '제임스 형제의 선율'(Brother James Air)에 맞추어 불렀다. 손님 초청 예배를 위한 선곡으로는 실수였다. 왜냐하면 포크 곡조가 새로운 찬송가를 익숙해 보이게 할 수는 있지만 익숙한 가사나 곡조가 연상될 때 오히려 당혹스러

움을 느낄 수 있기 때문이다. '크리먼드'에 맞추어 부르는 시편 23편은 교회 밖에도 널리 알려진 몇 안 되는 교회 음악 중 하나다. 예배 순서지에서 이 노래를 발견한 새로 온 사람이나 손님은 '크리먼드' 곡조일 것이라 생각했을 것이고, 가사와 곡조 모두 다른 곡임을 알게 되었을 때 혼란스러웠을 것이다.

- **성경 봉독**―이 본문은 이 교회에서 진행하던 창세기 초반부 연속 설교에 따라 정해졌다. 전도에 초점을 맞추는 손님 초청 예배와 잘 어울렸다. 젊은 여성이 읽었는데, 이로 인해 예배의 성별 균형이 여성 쪽으로 치우쳤다고 할 수 있다.

- **설교**―이 예배를 위해 초대받은 설교자는 연속 설교에 맞는 설교를 준비했지만, 복음에 대한 메시지를 끌어내는 방식으로 본문을 다루었다. 모든 예배 순서지에는 사람들에게 교회에서 곧 시작될 '기독교의 발견' 과정에 참여함으로써 더 많은 것을 알기를 원하는지 아닌지 표시해 달라고 요청하는 설문지가 들어 있었다. 설교자는 사람들에게 그 카드를 작성한 후 나갈 때 예배당 뒤쪽 함에 넣어 달라고 당부했다. 또한 그는 그날 저녁 더 많은 것을 알기 원하는 이들이 있다면 예배가 끝난 후 짧은 모임을 가지니 머물러 달라고 말했다.

- **찬송가**―이 시점부터 예배 마지막까지는 관할 사제가 인도를 맡았다. 이 찬송가는 전통적인 찬송가 형식으로 익숙한 "런던데리 선율"(Londonderry Air, "대니 보이")에 맞춰 부르는 복음에 관한 노래였으며, 좋은 선택이었다. 이 찬송가의 각 절 전반부는 유익한 선에서 불가지론적이지만 각 절 후반부는 복음의 여러 사실을 명확히 객관적으로 드러낸다. 우리는 1, 2, 3절만 불렀다. 손님 초청 예배의 마지막에 네 절을 다 불렀다면 사람들이 너무 길다

고 생각했을 것이다.

- **마침 기도**—아직 마음을 정하지 못한 이들을 염두에 둔 채로 복음의 진리에 초점을 맞춘 기도였다.
- **예배 후 모임**—예배당 한 켠에서 진행되었고, 예배가 끝나자마자 시작되었다. 의자는 건물의 나머지 부분을 등지고 반원으로 배치했다. 설교자는 소모임 정도의 인원에 해당하는 사람들에게 10분 더 이야기했으며, 그때 그곳에서 복음에 어떻게 반응할 수 있는지 설명하고 그들이 따라 할 수 있는 기도를 인도했다.

결론

예배가 특별히 잘 이루어진 것은 아니었다. 너무 서둘러 계획을 세웠고, 손님 초청 예배에서 지켜야 할 원칙을 무시하는 경우가 많았다. 이 점을 미리 파악하기는 언제나 어렵지만, 잘 계획하지 못한 예배를 경험하면 원칙을 진지하게 받아들이고 이를 실행할 때 주의를 기울여야 한다는 것이 더 분명해진다.

> ## 예배 순서 - 세 번째 예시
>
> 1999년 1월 3일 오전 10시 30분
> 어린이 오케스트라가 참여하고 유아 시설이 있는 가족 연합 예배

[환영]

찬송가　　그 옛날 사람들이 기뻐하며(As with gladness men of old)
　　　　　　인도하는 별을 보았듯이
　　　　　　기쁨으로 빛나는 그 빛을 따라
　　　　　　앞으로 나아갔듯이
　　　　　　은혜로우신 주님, 우리도
　　　　　　언제나 주님의 찬란함을 보게 하소서.

　　　　　　그들이 기뻐하며
　　　　　　그 낮은 구유로 달려가
　　　　　　하늘과 땅이 찬양하는 그리스도 앞에
　　　　　　무릎을 꿇었듯이
　　　　　　우리도 속히
　　　　　　주님 은총의 보좌를 구하게 하소서.

　　　　　　거룩하신 예수님, 날마다
　　　　　　우리가 좁은 길을 걷게 하시고,
　　　　　　세상의 것들이 다 지나갔을 때
　　　　　　마침내 핏값으로 사신 우리 영혼을
　　　　　　인도하는 별이 필요 없는 곳으로
　　　　　　주님의 영광을 숨길 구름이 없는 곳으로 이끄소서.

밝은 하늘 도성에서는
창조된 빛이 필요 없으니
주님이 그 빛, 그 기쁨, 그 면류관이시며
주님이 지지 않는 해가 되시니
거기서 영원히 우리
우리의 왕께 할렐루야 노래하게 하소서.

(W. C. Dix ⓒ Jubilate Hymns) CCL Licence 1584[10]

고백의 노래

[다 같이] 내가 잘못한 것들,
내가 오랫동안 기억하는 것들,
주님과 내가 사랑하는 이들을 아프게 한 것,
하나님, 통회합니다.

아버지, 기도하오니 나를 도와주시고
모든 죄와 죄책을 제하여 주시고
내 마음의 비밀을 깨끗하게 하시고
내 삶의 모든 부분을 채워 주소서.

사죄의 확신

---

10 Admin. by Hope Publishing Company, Carol Stream, IL 60188. 저작권자의 허락을 받아 사용함["구주 탄생하실 때"라는 제목으로 『합동 찬송가』(1961년 수정판)에 수록됨―옮긴이].

• **제목**―유아실(영아들을 위한 반과 유아들을 위한 반) 아이들을 제외하고 처음부터 끝까지 모든 연령대가 참석하는 예배였다. 교회의 어린이 부서에서 가르치는 이들이 휴식할 수 있도록 대략 한 달에 한 차례 이런 예배가 필요하다.

목표는 어린이 친화적이지만 유치하지 않고 약 45분 안에 끝나는 예배를 드리는 것이다.

• **환영**―관할 사제가 예배를 시작했다. 또한 그는 교회에 정기적으로 출석하기 시작했지만 교역자들과 인사를 나누지 못한 사람들은 '환영 카드'를 작성해 달라고 부탁했다. **환영**이라는 말은 부담을 줄 수 있기 때문에 예배 순서에는 넣지 않았다. 통상적 소개의 말로 예배를 시작했고, '가족 연합 예배'라는 점을 상기시키고 평소보다 조금 더 시끄러울 수 있지만 전혀 문제가 되지 않는다고 설명했다. 많은 어린이 연주자가 '청소년 오케스트라' 연주에 참여했다. 시작할 때 이들과 방문자, 손님을 소개했다. 유아실이 운영된다는 점을 특별히 강조했다.

• **찬송가**―이 찬송가는 절기와도 맞고 성경 본문과도 어울렸다. 친숙하고 활기찬 곡으로 예배를 시작할 수 있었다. 마태복음 2:1-2을 인용하면서 이 곡을 소개했다.

• **고백의 노래**―교인들 중 한 명이 진지하지만 어린이 친화적인 죄의 고백이 필요하다고 여겨 여러 해 전에 쓴 곡이다. 자리에 앉은 채로 이 곡을 불렀다. 한 번도 곡을 들어 본 적이 없는 사람들도 쉽게 따라 부를 수 있는 곡조였다.

캐럴	**밝은 빛이 아니라 별빛이**(It's not the bright light but it's the starlight)

목자들에게 아기가 누우신 곳을 보여 주었네.
성탄절은 기쁜 날. 선물 때문이 아니라,
주님을 우리에게 주셨기 때문에.
그분이 예수님을 주셨으니 이제 예수님을 위해 삽시다.
그분이 바로 우리가 이 절기에 기뻐하는 이유.
예수님은 바로 우리가 기다려 온 구원자.

우리의 구원자이신 예수님은 길이시니
나는 세상을 구원하신 이를 따르리.
날마다 우리 삶의 분주함과 걱정 속에서도
주님, 우리가 언제나 주님을 가리키는 등불로 빛나고
밝게 타오르게 하소서.
당신의 마음을 예수님께 드리세요.
그분이 바로 우리가 이 절기에 기뻐하는 이유.
예수님은 바로 우리가 예배하고 경배할 분.

애니타 데이브드슨(Anita Davidson)

광고	[헌금]
기도	
캐럴	**동방 박사들 귀한 예물 가지고**(We three kings of Orient are)

산을 넘고 물을 건너 별 따라 왔도다.

(후렴) 오 탄일 밤의 밝은 별 아름답고 빛난 별
　　　아기 예수 계신 곳에 우리 인도하여라!

베들레헴 임금께 나는 황금 드리네.

영원토록 모든 백성 다스려 주소서.
오 탄일 밤의 밝은 별…

거룩하신 구주께 나는 유향 드리네.
만국 백성 찬송 드려 만유 주 섬기세.
오 탄일 밤의 밝은 별…

주의 죽을 몸 위해 나는 몰약 드리네.
세상 모든 죄인 위해 십자가 지셨네.
오 탄일 밤의 밝은 별…

다시 사신 구주 왕의 왕이 되시네.
할렐루야 할렐루야 모두 다 부르세.
오 탄일 밤의 밝은 별…

• 캐럴─한 교인이 쓴 새로운 캐럴이었다. 교인이 만든 곡을 부르는 것은 소중한 기회다. 모든 교인으로 하여금 자신이 어떤 은사를 가지고 있으며 이를 사용해 다른 이들에게 어떻게 유익을 끼칠지 생각하게 하기 때문이다.
• 광고─이 시점에서 한 교역자의 아내가 예배를 인도하기 시작했다. 광고는 그 주에 생일을 맞는 어린이들에게 생일 카드를 전달하는 것으로 시작되었다. (실제로 그 일요일에 생일을 맞는 어린이들이 있으면 그들을 위해 특별한 생일 축하 노래를 불렀을 것이다.)

생일 축하해요(A happy birthday to you).
생일 축하해요.

날마다 예수님을 더욱 알기 바라요.

생일 축하해요.

생일 축하해요.

최고로 행복한 생일 보내세요.

- **기도**—지역 교회의 사무직원이 기도를 인도했다. 기도는 세 차례였고, 짧고 간결했다.
- **캐럴**—이 캐럴 역시 설교 본문과 어울렸다. 일부 가사가 모호하긴 했지만 친숙한 곡이었다. (세 왕을 위한 독창 없이) 온 회중이 전체를 함께 불렀다. 예수님을 찾아온 세 명의 방문자가 모두 왕이었다는 것을 뒷받침할 만한 성경적 근거가 없다는 사실을 설교 중에 지적했지만 중요한 영적 의미가 담겨 있지는 않다.

성경 봉독	마태복음 2:1-12 (*Good News Bible*의 본문이 순서지에 있음)
캐럴	동정녀 마리아 아기를 낳았네(The virgin Mary had a baby boy). 동정녀 마리아 아기를 낳았네. 동정녀 마리아 아기를 낳았네. 그분의 이름이 예수라고 그들 말했네. (후렴) 그분은 영광으로부터 오셨네. 그분은 영광스러운 나라에서 오셨네.

그분은 영광으로부터 오셨네.

그분은 영광스러운 나라에서 오셨네.

그렇습니다, 신자여!

그렇습니다, 신자여!

그분은 영광으로부터 오셨네.

그분은 영광스러운 나라에서 오셨네.

아기가 나셨을 때 천사들이 노래했네.
아기가 나셨을 때 천사들이 노래했네.
아기가 나셨을 때 천사들이 노래했네.
그분의 이름이 예수라고 그들 노래했네.
    그분은 영광으로부터 오셨네…

아기가 나셨을 때 목자들이 찾아왔네.
아기가 나셨을 때 목자들이 찾아왔네.
아기가 나셨을 때 목자들이 찾아왔네.
그분의 이름이 예수라고 그들 말했네.
    그분은 영광으로부터 오셨네…

(West Indian © collected Boosey & Hawkes) CCL Licence 1584

설교	동방의 별
캐럴	저 들 밖에 한밤중에 (The first nowell the angel did say)

양 틈에 자던 목자들
천사들이 전하여 준
주 나신 소식 들었네.

(후렴) 노엘 노엘 노엘 노엘
    이스라엘 왕이 나셨네.

저 동방에 별 하나가
이상한 빛을 비추어
이 땅 위에 큰 영광이
나타날 징조 보였네.
　　노엘 노엘…

그 한 별이 베들레헴
향하여 바로 가더니
아기 예수 누우신 집
그 위에 오자 멈췄네.
　　노엘 노엘…

저 동방의 박사들이
새 아기 보고 절하고
그 보배 합 다 열어서
세 가지 예물 드렸네.
　　노엘 노엘…

(© Word and Music/Jubilate Hymns) CCL Licence 1584[11]

마침 기도
[앉아 계신 곳으로 커피와 차를 가져다드리겠습니다.]

- 성경 봉독―가족 연합 예배였기 때문에 *Good News Bible*의 본문을 사용했고 예배 순서지에 전문을 실었다. 좌석에 비치된 NIV 성경에 대해서는 언

---

11 Admin. by Hope Publishing Company, Carol Stream, IL 60188. 저작권자의 허락을 받아 실음.

급하지 않았다.

- **캐럴**－이 예배에서 쉽게 부를 수 있는 친숙한 캐럴이었다. 박자 역시 더 어린아이들이 앞으로 나와서 오케스트라와 함께 탬버린, 심벌즈, 캐스터네츠, 북, 트라이앵글 등을 연주하기에 적합했다. (예배의 주제에 맞게 한 절－"아기가 나신 곳에 박사들이 찾아왔네"－을 더하거나 바꿀 수도 있었을 것이다.) 그다음 아이들은 설교 시간 동안 앞에 그대로 머물러 있었다.

- **설교**－한 남성 교역자(신학생)가 설교했다. 12분의 설교를 통해 그는 박사들의 이야기를 설명하고, 자신 곁에 모여 있는 어린아이들과 나머지 회중 모두에게 적절한 방식으로 이 이야기를 적용했다. 그는 아이들의 관심을 붙잡아 두기 위해 (예배당 기둥에 걸린 은색 큰 별 등 다른 시각 자료와 더불어) 찍찍이 보드에 붙여 놓은 그림을 활용했다. 이 설교에서는 특히 헤롯왕과 예루살렘에 있는 다른 모든 사람(3절)의 반응과 동방에서 온 방문자들의 반응을 대조했다. 성탄 이후에 일어난 일에 관한 익숙한 본문을 다룬 설교였지만 예상 가능한 해석을 피했다.

- **캐럴**－다시 한번, 일부 가사가 모호하긴 했지만 친숙한 캐럴이었다['노엘'(nowell)의 의미를 아는 교인은 거의 없을 것이다!]. 설교자가 노래를 소개했다.

- **마침 기도**－광고를 맡았던 교역자의 아내가 기도를 인도했다. 어린아이들도 쉽게 이해할 수 있는 단순한 기도였다.

결론

교회의 삶에서 매우 조용한 시간에, 여러 차례 연속해서 가족 연합 예배를 드린 후 진행된 예배였다(어린이 부서가 성탄절 기간 동안 방학을 한 상태였다). 그럼에도 불구하고 잘 진행되었다. 45분 동안 진행된 예배는 익숙함과 참신함이 잘 조화를 이루었으며, 시종일관 빠르고 경쾌한 속도가 유지되었다. 활기가 넘치지만 경박하지 않게 인도한 덕분에 예배가 잘 진행될 수 있었다.

예배 계획을 위한 자료

The Book of Common Prayer.
An English Prayer Book, ed. Church Society (Oxford: Oxford University Press, 1994).
John Mason, *A Service for Today's Church* (Mosman: St. Clement's Anglican Church, 1997).
Michael Perry, *Bible Praying* (London: Harper Collins Religious, 1992). 『성경의 기도』(아침영성지도연구원).
Michael Perry, ed., *Church Family Worship* (London: Hodder and Stoughton, 1986).
A Service of the Word and Affirmations of Faith (London: Church House Publishing, 1994).
Patterns for Worship (London: Church House Publishing, 1995).

3장. 자유 교회 예배: 자유가 주는 어려움

켄트 휴즈

성공회 교인인 마크 애슈턴이나 장로교인인 팀 켈러와 달리, 나는 규정된 교파 전통과 상관없이 개혁주의적 신념과 신학을 받아들였다.

종교에 대한 나의 첫 기억은 1949년으로 거슬러 올라가는데, 남침례교인이셨던 할머니 로즈 휴즈(Rose Hughes)가 빌리 그레이엄(Billy Graham)이라는 젊은 복음 전도자의 설교를 듣기 위해 여섯 살이던 나를 데리고 로스앤젤레스의 워싱턴 스트리트와 힐 스트리트가 만나는 모퉁이에 세워진 거대한 천막으로 가셨던 때다. 잘 차려입은 군중과 조명을 받아 빛나던 젊은 복음 전도자의 파란 눈, "나는 비록 약하나"(Just a Closer Walk With Thee)를 부르던 카우보이 스튜어트 햄블린(Stuart Hamblen)은 나의 기억에 아로새겨져 있다.

그 후로 교외에 살던 우리 가족은 시내에 있는 버몬트 애비뉴 장로교회(Vermont Avenue Presbyterian Church)에 출석하며 예배를 드렸다. 어둡고 스코틀랜드 교회 분위기가 풍기는 그 오래된 교회에서 다른 경건한 예배자들과 함께 어머니 곁에 조용히 앉아 예배를 드리면서, 나는 하나님의 초월성을 느꼈고 그리스도께로 이끌리기 시작했다.

하지만 나는 십 대였던 1950년 중반에 이르러서야 비로소 그리스도께 나아갔다. 19세기 말 웨슬리언(Wesleyan) 부흥 운동을 통해 복음에 대한 헌신을 회복했던, 선교 지향적인 복음적 퀘이커 교도들의 사역을 통해서였다. 돌이켜 보면, 그들의 공동 예배는 감리교회, 나사렛교회, 침례교회 전통의 절충적 혼합이었고, 단연코 자유 교회(Free Church)였다. 30초 침묵의 시간(퀘이커 교도의 침묵 모임의 흔적)을 제외하면 예배는 침례교회나 다른 자유 교회들의 예배와 다를 바가 없었다. 일요일 아침 예배는 복음 성가와 찬양곡, 아니면 찬송가 한 곡, 찬양대의 찬양, 설교로 이루어졌다.

솔직히 말하면, '예배'는 관심의 대상이 아니었다. 중요한 것은 전도였다. 정기적으로 예배에 참석하는 것을 제외하면, 나는 청소년 사역과 '십 대 선교회'(Youth for Christ) 활동에 헌신했고, 고등학교 졸업 후에는 '십 대 선교회'에서 클럽 인도자로 일했다. 그 당시의 기억을 떠올려 보면 공동 예배를 한 번도 진지하게 생각해 본 적이 없었던 것 같다. 설교를 듣는 기회라고 생각했던 것 말고는 주일 모임의 목적에 관해 전혀 생각해 보지 않았다.

젊었을 때 내가 신학적으로 사고하지 않았다는 말이 아니다. 오히려 반대였다. 십 대였을 때 내 영혼은 로마서와 하나님의 주권이라는 진리에 매료되었고 '은총 교리'는 내 신학의 중추가 되었다. 그리고 지금도 그렇다. 새롭게 발견한 칼뱅주의는 하나님과 그분의 말씀에 대한 나의 사랑을 강화시켰고 전도의 열정을 불타오르게 했다. 하지만 공동 예배에 관해서는 어땠을까? 나는 어떻게 연결해야 할지 몰랐다.

내가 신학교를 다닐 때와 중고등부 사역을 했던 시기는 사람들이 홀치기염색을 한 티셔츠와 나팔바지를 입고 기타를 메고 (그리스도인들의 경우는) 성경을 들고 다니던 1960년대와 대체로 겹친다. 내가 가르친 학생들은 털이 뒤덮인 토끼 가죽 표지의 거대한 새 미국 표준 성경(New American Standard Bible)을 들고 다녔다! 긍정적으로 보면, 교회 전체에 새로운 바람이 불고 있었고 모든 것이 질문의 대상이 되었으며 진정성과 적실성이라는 혹독한 시험을 치르던 때였다. 그 효과는 대체로 유익했다. 진부한 오래된 복음 성가를 더 이상 부르지 않게 되었고 꾸밈없는 성경적 가르침이 설교조의 대화를 대체했다. 그리고 일부 진영의 음악과 공동 예배는 더욱더 하나님께 초점을 맞추었다.

반면, 경건하지 않은 태도도 널리 퍼졌다. 회중 기도는 마리화나로 '긴장 풀린' 목소리에 그저 의식의 흐름에 따라 하는 말처럼 들릴 때가 많았다. 주문 같은 음악을 사용해 예배자들에게 최면을 거는 듯했으며, 설교자가 일련의 관련 일화들을 나열한 상투적 문구들을 전하는 '전달자'로 대체되었다.

내가 중고등부 목회자로 일하던 그 무렵, 나의 신학은 이 장의 주제와 관련된 질문을 제기하기 시작했다. 성경은 공동 예배에 관해 무엇을 가르치는가? 전능하고 거룩하신 하나님은 우리의 모이는 예배(gathered worship)에 관해 어떻게 생각하시는가? 이 예배를 통해 (우리의 창조자, 보호자, 구속자이신) 예수 그리스도께서 어떻게 영광을 받으시는가? 이 모임은 말씀 중심적인가? 그렇다면 어떻게 말씀을 읽고 설교하고 노래하는가? 이 노래는 실제로 무엇을 말하는가? 가사는 성경적인가? 음악은 가사를 뒷받침하는가? 이것은 오락인가? 아니면 참된 예배인가?

나의 아내와 내가 교회를 개척하도록 부르심을 받았던 1970년대에는 이런 기초적 물음이 특히 시급했다. 모든 것이 새로웠고, 다양한 우리 교인들이 했던 경험 외에는 어떤 전통도 없었다. 그래서 우리는 실험을 했다! 나의 개혁주의적 신념이 유일한 상수였다.

1980년대와 1990년대에 나의 예배 철학과 실천은 대학 교회(College Church)라는 환경 안에서 계속해서 조금씩 조정되었다. 이를 통해 오늘날 자유 교회 전통 내 공동 예배에 대해서 확고한 신념과 깊은 우려를 갖게 되었다. 하지만 이를 밝히기 전에, 지난 20년 동안 내가 목회했던 교회를 간략하게 소개할 필요가 있겠다. 대학 교회는 노예제 폐지 운동가이자 휘튼 칼리지(Wheaton College)의 초대 총장이었던 조너선 블랜처드(Jonathan Blanchard)에 의해 설립되었다. 그는 뉴잉글랜드의 유명한 비처(Beecher) 가문의 친구이자 제자였으며, 따라서 교회는 회중 교회-그리스도 대학 교회(College Church of Christ)-였다. 자연히 대학 교회는 자유 교회 전통을 자랑스럽게 계승했다. 실제로 교회 로고에는 메이플라워(Mayflower)호가 들어 있으며, 이를 통해 교회가 청교도주의에 뿌리를 두고 있음을 밝힌다. 1930년대에 많은 회중 교회가 유니테리언이 된 후 교회는 교단과 단절했으며, 현재는 미국 복음주의 협회(National Association of Evangelicals) 외에 어떤 조직에도 가입하지 않은 상태다. 그야말로 자유로운 교회다!

대학 교회는 늘 휘튼 칼리지와 분리되어 있었지만 캠퍼스 가까이에 자리 잡고 있었기 때문에 오랫동안 이 학교의 학생과 교수진을 섬겼다. 하지만 현재 많은 교인이 삼십 대이고, 따라서 교회 안에는 아기들이 넘쳐난다. 최근 어느 일요일에는 유아실에 세 살 된 아이들 백 명이 있었다! 교회는 매우 긴 봄을 보냈다. 지난 10년 동안 교회는 약 117명의 선교사를 파송했고, 교회 예산의 절반 가까이를 선교에 사용한다. 지난해에는 열한 팀이 단기 선교를 떠났다. 대학 교회에서는 전도와 선교가 왕성하게 이루어지고 있다.

대학 교회의 일요일 아침 공동 예배는 성경 중심적이며 전통적이다. 이 회중은 찬양으로, 또한 진심을 담아, 사도 신경을 선언하는 것으로 유명하다. 음악, 기도, 성경 읽기, 간증은 회중의 참여도를 높이고 덕을 세우기 위한 것으로, 이 모든 것을 아우르는 아침 강해 설교의 주제 아래 예배가 설계된다. 저녁 공동 예배는 상대적으로 격식을 차리지 않고 덜 구조화되어 있으며, 음악은 예배를 관통하는 성경 주제에 기여하도록 좀더 절충적이다.

이렇게 긍정적인 그림을 제시하는 이유는 내가 말하는 바에 무게를 더하기 위해서다. 나는 자유 교회 전통에 속한 많은 이가 구도자 친화적인 공동 예배 형식을 무비판적으로 받아들이다가 효과적인 목회의 핵심을 잃어버릴 수도 있다고 우려한다.

예배는 일요일에 국한되지 않는다

최근 몇 년간 성경 신학은 구속사와 관련해 성경 계시의 질서를 은근히 강조함으로써 내 생각에 심대한 영향을 미쳤다. 윌리엄 덤브렐(William Dumbrell)과 그레엄 골즈워디(Graeme Goldsworthy)의 글은 이 점에서 특히 유익했다.[1] 또한 나는 신약의 예배가 삶 전체를 아우르며, 예배를

---

1 Graeme Goldsworthy, *Gospel and Kingdom* (Sydney: Lancer, 1992, 『복음과 하나님의 나라』, 성서유니온선교회); 같은 저자, *According to Plan* (InterVarsity, Lancer, 1991, 『복음과 하나님의 계획』, 성서유니온선교회); W. J. Dumbrell, *Covenant and Creation* (Carlisle: Paternoster, 1984, 『언약과 창조』, 크리스챤서적).

교회가 모여서 행하는 공동체적 활동으로만 생각하는 것은 오해를 불러일으킬 수 있다는 돈 카슨의 주장에 동의한다.

성경의 증거는 확정적이다. 예수님이 오심으로써 새 언약에 관한 성경의 약속이 성취되었다(참고. 렘 31:31-34). 또 이 중요한 예언의 전체 본문이 그리스도 안에서 모든 것이 성취되어서 더 이상 **제사와 제사장직과 성전**이 존재하지 않는다고 주장하는 맥락(히 7-11장)인 히브리서 8:7-13에 기록되어 있다는 사실은 대단히 중요하다.

예언에 관한 구약의 언어가 신약에서는 변형되었으며, 그 결과 '예배'는 삶 전체를 포괄하는 더 광범위한 현상을 뜻하게 되었다. 카슨의 말처럼 공간과 시간과 음식의 탈신성화가 이루어졌다. 아니, 신자에게는 모든 것이 재신성화되었다고 말하는 편이 더 나을 것이다. 더 이상 신성한 시간이나 신성한 공간은 존재하지 않는다. 따라서 새 언약의 그리스도인은 언제나, 즉 그들의 개인 삶에서, 가정의 삶에서, 또한 공동 예배를 위해 모였을 때도 예배해야 한다. 그렇다면 공동 예배는 항구적 예배의 삶을 표현하는 특수한 방식인 셈이다.

신약의 '제의'는 우리 삶을 살아 있는 '번제물'로 드리는 방식으로 표현된다. "그러므로 형제들아 내가 하나님의 모든 자비하심으로 너희를 권하노니 너희 몸을 하나님이 기뻐하시는 거룩한 산 제물로 드리라. 이는 너희가 드릴 영적 예배니라"(롬 12:1). 이것이 예배의 본질이다. 날마다 그리스도를 위해 살고, 언제나 무릎과 마음을 굽혀 경건과 봉사에 힘쓰는 삶이다.

새 언약의 예배는 성전이며 제사장이자 제물이신 그리스도를 중심으로 삼는다는 점에서 정교회, 로마 가톨릭, 성공회-가톨릭 전통에 반대하며 개신교와 자유 교회 전통을 옹호한다. 그리스도 그분이 성전이시므로 '성스러운 공간'과 축성된 땅은 망상일 뿐이다. 그리스도는 멜기세덱의 반차를 따르는 대제사장이시기 때문에 제사장직은 대체되고 제거되었다. 마찬가지로, 사제의 제복과 성직자의 의복 역시 더 이상 유효하지 않다. 그리스도는 우리의 죄를 위해 죽임을 당하신 하나님의 어린양이시기 때문에 미사를 행할 근거, 혹은 제대나 제의 예복과 같은 희생제사 관련 도구나 복장을 사용할 근거가 존재하지 않는다. 옛것을 대체하는 새 언약의 실체들은 옛 언약의 제의를 끌어오는 경향이 있는 개혁주의 전통 내 '규정 원리' 헌신자들에게 경고로 기능하기도 한다.

매일의 삶에 관해 기독교 예배가 삶 전체를 아우른다는 사실은 우리가 그것에 관해 이야기하는 방식에도 주의를 기울여야 한다는 뜻이기도 하다. 우리의 공적 모임을 '예배'라고 부를 때 우리가 알지 못하는 사이 시간과 공간을 재신성화하는 태도를 심어줄 수 있다. 따라서 '공동 예배'와 같은 용어를 사용하는 편이 더 낫다. 복잡한 다른 표현―'함께 예배하는 신자들'이나 '예배로 모인 그리스도인들', '모인 신자들의 예배'나 '예배에 모인 회중'―을 사용할 수도 있지만 나는 '공동 예배'나 '모이는 예배'가 가장 적절한 표현이라고 생각한다.

예배는 삶의 방식이기 때문에 한 주 내내 예배하지 않았다면, (회개 없이는!) 주일에 공동체로서 예배할 수 없다. 텔레비전에서는 그런 식으로 묘사하는 경우가 있지만 그리스도인에게는 일요일 '예배 스위치'가 없다. 또한 마치 노래와 찬양이 설교와 대비되는 예배이기라도 한 것처럼 '예배'를 예식의 한 부분에 불과하다고 생각해서도 안 된다. '예배 인도자'라는 말은 어떤가? 이 얼마나 이상한 용어인가! 그의 순서가 끝나면 예배가 끝난다는 말인가?

데이비드 피터슨의 주장처럼 서로 덕을 세우는 것이 공동 예배의 특징이다.[2] 그리고 덕을 세우는 것을 그저 설교를 통해 성경의 진리를 인지적으로 받아들이는 것으로만 이해해서는 안 된다. 물론 설교를 통해서 서로 덕을 세우는 일이 발생하는 것은 사실이다. 하지만 회중이 노래하고, 말씀이 봉독될 때 말씀 아래에 함께 앉아 있고, 하나님 말씀을 노래로 부르며 묵상하고, 말씀 중심적 회중 기도 안에서 하나가 되며, 우리의 신앙을 공동체적으로 고백하고, 책망하고 권면하는 등 이 모든 활동이 신자와 교회를 믿음 안에서 세워 준다.

여기서 우리는 공동 예배의 공동체성이 덕 세우기에 이바지한다는 것을 이해해야 한다. 로버트 레이번은 이를 다음과 같이 설명한다.

수많은 예배자가 함께 있을 때, 그들 중 한 개인이 혼자서 열정을 드러낼 때보다 더 강렬히 예배에 참여하게 된다. 군중은 그들 중 한 개인이 혼자 있을 때보다 더 잔인하다는 것이 상식이다. 마찬가지로 음악 애호가들로 이루어진 엘리트 집단이 함께 교향곡을 들을 때 느끼는 즐거움은 한 사람의 음악 애호가가 혼자 앉아 같은 음악을 들을 때 느끼는 즐거움보다 더 강렬하다. 하나님이 인간을 그렇게 창조하셨기 때문에 예배하는 회중 안에는 개인 경건의 시간보다 더 깊은 기쁨과 더 강렬한 영감이 존재한다.[3]

---

2 David Peterson, *Engaging With God* (Leicester: Apollos, 1994), p. 114. "교회의 덕을 세우는 것은 모든 상황 속 그리스도인의 생각과 행동을 지배하는 원리이지만 바울은 보통 그리스도인 공동체의 활동을 지칭하기 위해 이 개념을 사용했다. 그리스도인들이 함께 모여 사랑 안에서 서로에게 하나님의 진리를 전할 때, 교회는 하나님의 방식으로 드러나고 유지되고 발전된다."

3 Robert G. Rayburn, *O Come, Let Us Worship* (Grand Rapids: Baker, 1984), pp. 29-30.

이처럼 공동 예배의 강렬한 효과는 덕 세우기를 강화한다. 사실 공동 예배 없이는 덕을 풍성히 세울 수 없을 것이다. 공동체적으로 뜻을 모은 회중 속에서 하나님 말씀을 듣는 것은 마음이 진리와 마주하게 하고 그 진리를 받아들이는 태도를 강화하기 때문이다. 마찬가지로 신앙 공동체에 참여할 때 진리를 마음으로 받아들이는 태도가 더 강해진다. 그다음 진리를 실천하는 본보기를 보면서 신자는 하나님 말씀의 급진적 진리를 실천하는 데까지 나아가게 된다. 덕을 세우기 위해서는 공동 예배가 반드시 필요하다.

따라서 나는 삶 전체가 예배지만, 그리스도의 몸과 함께 모이는 예배가 삶의 핵심이라는 것을 깨달았다. 하나님은 공동 예배를 통해 예배의 삶을 알게 하시고 그것을 고양하고자 하신다. 그런 점에서 개인적으로 나는 우리가 어떻게 모이는 예배를 드리는지를 삶과 죽음의 문제로 본다.

자유의 아이러니

자유 교회 전통은 가난하고 사회적으로 추방된, 영국 국교회의 아류 같던 시절이 있었다. 하지만 오늘날은 더 이상 그렇지 않으며, 특히 북미에서는 개신교 대다수 그리고 복음주의자의 압도적인 다수가 자유 교회 전통의 공동 예배를 드리는 교회에 출석하고 있다. 5천만 명 이상의 미국 개신교인이 자유 교회 전통의 변이형 중 하나인 곳에서 공동 예배를 드리고 있다.[4] 기뻐할 일일까? 나는 그렇게 생각하지 않는다.

---

4 James F. White, "The Missing Jewel of the Evangelical Church", *Reformed Journal* 34/6 (June 1986): p. 11.

자유 교회 전통은 17세기 초 잉글랜드에서 『성공회 기도서』를 사용하라는 교권 세력의 명령에 대한 저항으로 시작되었기에, 이 전통이 내세우는 원칙에 관해서는 의심할 여지가 없다. 사실 '자유'라는 용어에는 하나님 말씀에 따라 공동 예배를 드리는 자유를 누리고 싶은 분리주의자들(Separatists)과 청교도들(Puritans)의 바람이 담겨 있다.[5] '청교도'라는 명칭 역시 '순전한(pure) 하나님 말씀'에 따라 『기도서』 예배를 개혁하고자 하는 바람을 떠올리게 한다. 분리주의자들과 청교도들은 국교회에 대한 태도의 두드러진 차이를 제외하면 대체로 의견 일치를 이루었다. 실제로 청교도 예배의 저명한 권위자인 호튼 데이비스(Horton Davies)는 장로교인들과 일부 복음주의적 성공회 교인들, 회중 교회 교인들, 침례교인을 청교도의 범주 안에 포함시킨다.[6] 케임브리지 대학교의 유명한 청교도들은 교파적으로 다양했다. 윌리엄 퍼킨스(William Perkins)와 토머스 카트라이트(Thomas Cartwright)는 장로교인이 되었고, 토머스 굿윈(Thomas Goodwin)과 존 코튼(John Cotton)은 독립파(independents)가 되었으며, 존 프레스턴(John Preston)은 비국교회파 성공회 교인이 되었으며, 리처드 십스(Richard Sibbes)는 국교회파가 되었다.[7]

청교도와 자유 교회 지도자들이 그들의 역사적 맥락 안에서 제시했던 통찰력 넘치는 비판은 중요하고도 건전했다. 앞으로 제시할 일곱 가

---

5 청교도와 분리주의자의 차이는, 청교도들은 국가 교회 안에 남아서 개혁을 이루기를 바랐던 반면 분리주의자들은 국교회와 분리된 즉각적 개혁을 추구했다는 것이다.
6 Horton Davies, *Christian Worship--Its History and Meaning* (New York: Abingdon, 1959), p. 65.
7 J. I. Packer, *A Quest for Godliness* (Wheaton: Crossway, 1990), p. 280. 『청교도 사상』 (기독교문서선교회).

지 항목은 개략적일 수밖에 없으며, 자세하고 섬세한 설명은 다루지 못했다. 그럼에도 불구하고 그 비판의 핵심은 담고 있다.

1. 설교

비판의 핵심은 설교의 본질에 관한 것이다. 『기도서』 설교를 선호하는 성공회에 맞서 청교도들은 성경에 대한 깊이 있는 강해 설교를 주장했다. 청교도나 자유 교회의 전형적인 설교는 성경의 책 한 권이나 한 부분에 대한 연속 강해다.

청교도 신학의 필수 교과서가 된 『신학의 정수』(*Marrow of Divinity*, 가나다출판사)를 쓴 윌리엄 에임즈(William Ames)는 주제 설교를 비판했다. 그는 설교가 성경 본문에서 도출되어야 한다고 주장했다.[8] 평이한 강해 설교를 하는 것이 청교도 설교자의 목표였다. 윌리엄 퍼킨스는 『설교의 기술과 목사의 소명』(*Art of Prophesying and The Calling of the Ministry*, 부흥과개혁사)에서 "평이하면 할수록 더 좋다"라고 말했다. 허세를 부리는 기교를 사용할 때 "우리는 그리스도를 그리는 것이 아니라…우리 자신을 그릴 뿐이다"라고 했다.[9] 말씀 전하는 것을 그토록 중시했기 때문에 청교도들의 설교는 질서가 잡혀 있었고, 기억하기 좋은 분명한 제목과 식별하기 쉬운 뼈대로 구성되었다.[10]

목회자가 염두에 두어야 하는 사람들 유형에 관한 퍼킨스의 분류와 『예배 모범』(*Westminster Directory for Publick Worship*)에 목록화된 적

---

8 Leland Ryken, *Worldly Saints* (Grand Rapids: Zondervan, 1986), p. 98. 『청교도 이 세상의 성자들』(생명의말씀사).
9 같은 책, p. 105에서 재인용.
10 Packer, *A Quest for Godliness*, p. 285.

용 유형들이 실려, 설교의 적용에 새로운 차원이 열렸다.[11] 이런 설교는 화살처럼 듣는 이의 마음을 관통하는 것을 목표로 삼았다. 그리고 이런 설교는 길고 장황하고 열정적이며 모든 내용을 철저히 다루었다. 또한 예언자적 열정과 불로 가득 차 있었다.

청교도와 자유 교회 성직자는 설교를 새로운 차원으로 끌어올렸기 때문에 교육받은 성직자가 필수적이었다. 청교도가 미국에 도착한 후 불과 몇 년도 지나지 않아 하버드 칼리지(Harvard College)를 세운 이유도 "지금의 우리 목회자들이 땅에 묻힌다면 무식한 사람에게 교회의 목회를 맡겨야" 할지도 모른다는 두려움 때문이었다.[12]

성공회에도 존 던(John Donne)이나 랜슬럿 앤드루스(Lancelot Andrewes)와 같은 인물들이 있기는 했지만, 이런 말씀 중심적 태도 덕분에 청교도들은 『기도서』로 예배를 인도하던 전형적인 성공회 성직자들보다 지적·영적으로 훨씬 더 앞섰다.[13]

2. 성경

『성공회 기도서』의 성서 정과를 청교도/자유 교회가 반대한 주된 이유는 이질적인 짧은 본문들을 한데 묶어 놓았다는 데 있었다. 그들은 이것을

---

11 같은 책, p. 287에서 재인용.
12 *New England's First Fruits*, the first history of Harvard College (1640).
13 Ryken, *Worldly Saints*, pp. 95-96. "무지의 시대와 예식의 시대를 연결하는 Samuel Johnson의 주장에 대해 많은 예외가 존재한다는 것은 의심할 나위가 없지만, 설교하는 대신에 『기도서』를 읽으며 예식을 진행하는 성공회의 관행은 성직자들 사이에 놀라울 정도의 무지를 조장했다. John Hooper의 조사에 따르면, (311명 중에서) 171명의 성공회 성직자가 십계명을 암송할 수 없고, 그중에서 33명은 십계명이 어디에 기록되어 있는지도 몰랐다. 30명은 성경에서 주의 기도가 어디에 등장하는지 말할 수 없었고, 27명은 그 저자가 누구인지를 몰랐으며, 10명은 암송하지 못했다."

'서신서와 복음서 조각 읽기'라고 부르며 경멸했다. 이와 대조적으로, 자유 교회 전통에서는 구약과 신약 본문의 각 장 전체를 읽는 것을 강조했다.

3. 기도

국교회에 반대하는 이들은 『기도서』의 본기도를 '지름길'이라 부르며 거부했고, 주고받는 기도를 '공허한 반복' 혹은 '테니스 치기'라고 비판했다. 반대로 즉흥적으로, 혹은 책을 보며 길게 기도하는 것이 자유 교회 전통의 관행이 되었다.[14] 목회자들은 그런 기도를 잘 준비하도록 권면을 받았다.[15]

4. 찬양

자유 교회 전통에서는 성공회 교회의 관행과 같이 전문 찬양대에 찬양을 맡기지 않고 회중이 찬송가로 자신의 찬양을 표현해야 한다고 강조했다. 1737년부터 1960년까지 미국에서 가장 자주 불렀던 열 곡의 찬송가 대부분이 자유 교회 전통에서 만들어진 것이라는 기록이 있다.[16]

---

14 Davies, *Christian Worship—Its History and Meaning*, pp. 67-69.
15 같은 책, p. 68.
16 Edith Blumhofer, Mark Noll, eds., *Singing the Lord's Song in a Strange Land: Hymnody and the History of Denominations and Religious Movements* (Champaign: University of Illinois Press, 2008)에서는 Stephen Marini, "The Evangelical Hymns Database", working paper, Institute for the Study of American Evangelicals, Wheaton College, 2000에 사용된 데이터베이스를 제공한다. 1737년과 1960년 사이에 미국에서 가장 자주 출판된 찬송가 열 곡은 (1) "비바람이 칠 때"(Jesus Lover of My Soul), (2) "주 사랑하는 자 다 찬송할 때에"[Come We (Ye) That Love the Lord/We're Marching to Zion], (3) "주 예수 이름 높이어"(All Hail the Power of Jesus' Name), (4) "주 믿는 자들의 그 굳센 터는"(How Firm a Foundation), (5) "웬 말인가 날 위하여"(Alas and Did My Savior

5. 성례전(sacraments)

자유 교회를 옹호하는 이들은 『기도서』의 '성찬 예전'이 (1) 주님이 말씀하신 제정사(참고. 고전 11:23-25)를 사용하지 않고, (2) 주의 명령에 반하여 개인의 참여를 강조하며, (3) 수찬자에 대한 점검을 요구하지 않음으로써 합당하지 않게 성만찬을 받는 것을 허용한다고 비판했다. 성찬에서 무릎을 꿇는 것은 요소(빵과 포도주—옮긴이)에 대한 숭배와 화체설 교리를 조장하는 것으로 보아 거부했다.[17]

세례에는 아이에게 십자 성호를 긋는 행위, 대세(private baptism, 가톨릭교에서 임종이나 전쟁 등 사제가 없을 때 평신도가 주는 임종 세례—옮긴이), 여성에 의한 세례, 아이에게 질문하기, 대부모의 참여와 같은 성경적이지 않은 첨가물이 더해졌다고 보았다. (물론 영국의 재세례파는 성경이 신자들에게만 침례를 베풀라고 가르친다고 이해했다.) 이것이 순례자 선조들이 미국에 도착했을 때 가지고 있던 신념이었다.

6. 단순성

정해진 예배 형식에 대한 분리주의자들의 급진적인 반대와 그들이 보여 준 예전적 단순성의 본보기는 청교도들과 다른 자유 교회가 공동 예배

Bleed/At the Cross), (6) "나는 예수 따라가는"(Am I a Soldier of the Cross), (7) "복의 근원 강림하사"(Come Thou Fount of Every Blessing), (8) "샘물과 같은 보혈은"(There Is a Fountain Filled with Blood), (9) "만세 반석 열리니"(Rock of Ages Cleft for Me), (10) 다음의 다섯 곡은 순위가 같다. "주 믿는 형제들"(Blest Be the Tie That Binds), "전능하신 주 하나님"(Guide Me O Thou Great Jehovah), "기쁘다 구주 오셨네"(Joy to the World), "큰 죄에 빠진 날 위해"(Just As I Am), "하나님의 크신 사랑"(Love Divine All Loves Excelling)이다. 아홉 번째 곡을 제외하고는 모두 자유 교회 전통에서 나온 곡이다.
17 Horton Davies, *Worship of the English Puritans* (repr., Morgan, Pa.: Soli Deo Gloria Publications), pp. 61, 70, 71.

에서 단순성을 지향하는 태도에 크게 영향을 미쳤다. 이처럼 단순성을 강조했기 때문에 그들은 성공회 전통으로부터도 멀어졌을 뿐 아니라 대륙의 개혁주의 교회들의 실제와도 멀어지게 되었다. 단순성을 지향하는 움직임을 크게 강조한 결과 뉴잉글랜드의 예배당(meetinghouse)처럼 독특한 교회 건축이 나타나기도 했다.

7. 제의 예복

자유 교회 전통에서는 제의 예복은 아론의 후손이었던 제사장들을 위한 것이며, 새 언약의 목회자들에게는 적합하지 않다고 여겨 거부했다.[18]

진정한 자유!

(설교와 성경, 기도, 찬양, 성례전, 단순성, 제의 예복과 관련된) 이러한 자유 교회의 특징이 잉글랜드와 스코틀랜드 출신 선조들에 의해 북미에 전해 졌을 때 공동 예배에 대체로 유익한 영향을 미쳤다. 목회자들은 회중처럼 자유로운 복장을 착용했으며, 설교할 때는 아마도 단순한 검은색 제네바 가운(Geneva gown)을 입었을 것이다. 그들은 성경적 단순성을 띤 주일 모임을 마음껏 계획했다. 마음껏 하나님 말씀을 중심으로 하나님 중심적 예배를 구조화하고, 성경의 긴 본문을 공적으로 읽으며, 본문을 진지하게 다루는 설교를 했다. 성경과 교인들을 아는 신실한 설교자는 정해진 기도로는 할 수 없는 직접적 방식으로 마음에서 우러나오는 즉

---

18 같은 책, pp. 26, 47, 48, 55, 48. 특히 pp. 59, 60에서는 급진적 청교도의 비판을 신랄하게 요약하고 있다.

홍 기도를 마음껏 드렸다. 그들이 배운 대로 마음껏 성경의 신학적 명령에 따라 검소하고 단순한 방식으로 성찬과 세례를 집례했다.

최선의 모습일 때 자유 교회의 공동 예배는 철저히 성경적이었으며, 어느 때보다도 성경 중심적이었고 진정성을 담고 있었다. 물론 일부에서 유감스러운 성상 파괴주의가 존재하기도 했으며, 너무 멀리 나가 자유를 남용하기도 했다. 오늘날 1662년 『성공회 기도서』를 읽어 보면 누가 그 탁월함을 인정하지 않을 수 있겠는가?[19] 성경을 손에 든 사람으로서 누가 급진적 분리주의자들의 극단을 옹호할 수 있겠는가? 하지만 청교도들과 자유 교회는 분명한 일관성을 유지했다. 그들은 하나님의 말씀이 공동 예배를 통제하는 유일한 지침이라는 흔들리지 않는 신념으로부터 원동력을 얻었다. 자유 교회의 예배에서는 성경을, 오직 성경만을 본보기로 삼았다.

자유 낙하로부터 실용주의로

150년 이상 동안 자유 교회 전통은 '오직 성경으로'라는 원칙에 따라 움직였다. 지난 두 세기 동안 변화가 일어났다. 미국에서 자유 교회 전통은 한때 성경에 따라 공동 예배를 드릴 자유를 뜻했으나, 이제는 원

---

19 청교도의 비판에도 불구하고 1662년의 『성공회 기도서』는 성경으로 가득하다. 이 기도서는 종교개혁 신학을 예전적 형식으로 표현하여 사람들이 머리와 마음으로 영적 진리를 받아들일 수 있게 하려는 Thomas Cranmer의 시도였다. 그는 개신 교회를 위한 개신교 예전을 제시하고자 했다. 사실 이 기도서에서 목회자가 빵과 포도주를 나누어 줄 때 말하도록 규정된 말보다 더 '개신교적'인 말이 있을까? "그리스도께서 여러분을 위해 죽으셨음을 기억하며 이 빵을 받아먹으십시오. 그리고 감사함으로 우리의 마음 안에서 믿음으로 그분을 먹으십시오.… 그리스도께서 당신을 위해 피 흘리셨음을 기억하며 이 잔을 드십시오. 그리고 감사하십시오."

하는 대로 혹은 가장 효과적이라고 느끼는 대로 예배드릴 자유를 뜻하게 되었다. 제임스 화이트(James White)의 설명처럼, "자유 교회 예배의 '자유'는 하나님 말씀을 따를 자유가 아니라 효과적이라고 생각하는 것을 할 수 있는 자유가 되었다."[20] 간단히 말해서, 자유 교회의 성경주의는 자유 교회의 실용주의로 변질되고 말았다. 이를 강력히 옹호했던 사람은 19세기의 부흥사였던 찰스 피니(Charles G. Finney)였다. 그는 '새로운 방법'이라는 부흥 체계를 주장했고, 이를 따르면 영혼의 추수를 할 수 있다고 장담했다.

이처럼 공동 예배가 탈성경화한 결과, 많은 교회는 예배를 '준비 운동 후에 부흥회 메시지'를 듣는 것으로 축소시켰다. 공동 예배의 구조는 (1) 준비 단계 (2) 설교 (3) 초청으로 단순해졌다. 세 부분으로 나누어진 이 구조가 대부분의 침례교회, 독립 교회, 감리교회, 일부 장로교회의 예배 순서가 되었다. 찬양과 음악 선택은 내용보다 효과에 따라 결정되었다. (경험을 노래하는) 복음 성가가 하나님께 드리는 찬송가를 대체하는 경우가 많았다. '준비 단계'가 길어지지 않도록 성경 봉독은 축소되었다. 같은 이유로 기도는 짧아지거나 아예 생략되었다. 설교에 관해서는, 청교도들이 그토록 소중히 여겼던 성경 본문과의 세심한 대화가 많은 경우 자유롭고 즉흥적인 연설로 대체되고 말았다. 결국 성경은 공동 예배 전체를 위한 원천이라기보다 설교를 위해 선택적으로 사용할 수 있는 자료가 되고 말았다.[21] 예를 들어, 서부 개척지의 침례교인들은 원

---

20 White, "The Missing Jewel", p. 15.
21 James F. White, "Where the Reformation Went Wrong", *Christian Century* (27 October 1982), p. 1074.

고를 사용하는 설교자를 받아들이지 않으려 했다.²²

성경주의가 실용주의로 변질되는 것과 동시에 인간 중심주의로 전락하고 말았다. 침례교 역사가인 토머스 맥키븐스(T. R. McKibbens)는 이렇게 지적한다.

> 예배의 다른 어떤 매체보다 찬송가는 하나님 중심주의에서 인간 중심주의로의 전환을 잘 보여 준다고 할 수 있다. 1784년과 1807년 사이에 출판된 침례교 찬송가는 두드러지게 하나님 중심적이었으며, 예배와 구원의 드라마에서 하나님께 주인공 역할을 드렸다. 후대의 찬송가들, 특히 19세기에 출판된 찬송가들은 특히 인간 중심적이며, 하나님의 주도권보다 인간의 반응이라는 관점에서 구원의 드라마를 규정하는 경향을 보인다.²³

실용주의와 인간 중심주의라는 쌍생아는 20세기 자유 교회의 공동 예배에 엄청난 영향을 미쳤다. 맥키븐스가 침례교에 관해 설명했던 내용이 자유 교회 전통 전반에 나타났다. 공동 예배는 회중에 의해 행해지는 무언가가 아니라 청중을 위해 행해지는 무언가의 형태를 띠게 되었다. 그리고 '무대', '프로그램', '연주곡'과 같은 터무니없는 용어들이 암시하듯, 많은 곳에서 예배를 오락으로 여기게 되었다.²⁴ 일부 설교자들이 설교를 대중오락의 한 형태로 변질시켰다고 해도 지나친 말이 아니니다.

---

22 T. R. McKibbens Jr., "Our Baptist Heritage in Worship", *Review and Expositor* 80 (1983): p. 64.
23 같은 글, p. 65.
24 같은 글, p. 66.

오늘날 '구도자 친화적' 예배 운동은 최악의 경우 **의식적으로** 인간 중심주의와 실용주의를 조장하기도 했다. 그리고 나의 우려는, 이런 상태가 일정 기간 지속되거나 같은 궤적으로 진행된다면 이는 탈기독교적 복음주의로 이어질 수도 있다는 것이다. 공동 예배를 어떻게 인도해야 하는가의 문제는 대단히 중요하다. 그렇기 때문에 나는 자유 교회 공동 예배와 삶 전체로서의 예배를 규정하는 기준으로, 여섯 가지 특징을 제시하고자 한다.

기독교 예배의 특징

기독교 예배의 여섯 가지 특징은 예측 가능하며 사실상 상호 보완적이다. 어느 한 특징을 온전히 설명하고자 한다면 반드시 다른 특징들에 관해서도 언급해야 한다. 여기서 공동 예배의 본질적 특징들을 차례로 살펴보다 보면, 그 특징들의 어우러짐이 더 명확해질 것이며, 나는 이 점을 주목해야 한다고 생각한다. 그리스도인에게는 삶 전체가 예배여야 하므로, 이 특징들이 삶 전체를 규정해야 마땅하다. 하지만 여기서는 이 특징들이 예배의 삶에서 핵심이 되는 공동 예배를 어떻게 규정해야 하는지에 초점을 맞추고자 한다.

1. 예배는 하나님 중심적이다

어떤 형태로든 기독교 예배를 '인간 중심적'이라고 특징짓는 것은 부정확한 규정일 것이다. 한결같이 그렇다면 (하나님께 초점 맞추기를 기피한다면) 그런 예배는 기독교적일 수 없기 때문이다. 하지만 현대의 교회가 공동 예배의 궤도를 설정하고자 할 때 어디서부터 시작해야 하는지 구분하고자 할 때는 이 용어가 적합하다.

인간 중심적 모형을 옹호하는 사람들은 거리에 있는 평균적인 사람을 상정하는 것으로 시작해, "우리가 공동 예배를 어떻게 설계해야 교회를 다니지 않는 사람에게 가장 덜 불쾌하고 가장 매력적인 예배가 될 수 있을까?"라고 묻는다. 여기서 동기부여는 전도다(그리고 이것은 분명 귀한 마음이다). 또한 인간 중심적 궤도에도 많든 적든 하나님께 초점을 맞추는 태도가 동반된다고 말할 수 있다. 하지만 문제가 되는 것은 바로 '적을 때'다.

인간 중심적 접근 방식에는 몇몇 유감스러운 특징이 나타난다. 예를 들어, 설교는 15분이나 20분으로 축소되는 경우가 많고, 성경 강해는 '너무 무겁다'는 이유로 포기하고 더 가벼운 주제 설교로 대체한다. 메시지 전달자들 중 일부는 믿지 않는 사람들에게 성경이 거부감을 일으킨다는 이유로 성경도 없이 설교한다. 이와 함께 문화적 적실성을 위한 공공연한 노력으로 대중문화와 조화를 이루지 않는 것처럼 보이는 모든 언어, 기도, 혹은 음악은 의식적으로 기피한다. 그 결과, 마르바 던(Marva Dawn)의 용어를 사용하면, 교회는 '무기력해지고' 만다. 즉 성경 지식뿐 아니라 교회의 위대한 글과 음악에 대한 지식이 부족한 사람들을 양산한다. 그런 사람들은 자신이 아무 연고도 없으며 유산이나 뿌리도 없이 '무로부터'(*ex nihilo*) 왔다는 불행한 망상을 지닌 채 살아간다.

인간 중심적 예배에는 본질적으로 하향적 중력이 존재한다. 가장 큰 위험은 실용주의다. 실용주의가 지배하게 될 때 점점 더 하나님이 아니라 인간이 청중이 되기 때문이다. 그리고 먼저 인간에게 초점을 맞출 때, 인간이 원하는 바가 결정적 요인이 될 때, 그것은 예배뿐만 아니라 신학까지 타락시킬 것이다.

하나님 중심적 예배는 경외감을 불러일으키는 하나님의 계시에 초점을 맞추는 것에서 시작한다. 즉 말씀으로 모든 것을 창조하신 **전능하신** 창조주이시며, 모든 것 위에, 모든 것 아래에, 모든 것 안에 계시지만 그 안에 담기지 않는 **편재하시는** 하나님, 그분의 자녀들의 머리카락 개수까지 세시며 그들의 생각이 말이 되기도 전에 그들의 생각을 아시는 **전지하신** 하나님, 우리가 도저히 다가갈 수 없는 영광의 빛 안에 거하시는 초월적이며 **온전히 거룩하신** 성경의 하나님으로부터 시작한다.

예배는 삶 전체를 아우르기 때문에 경외감을 불러일으키는 이 초점을 계속해서 키워 가야 한다. 공동 예배를 위해 모일 때 우리는 의식적으로 이런 물음에서 시작해야 한다. 우리는 하나님을 영화롭게 하기 위해 우리의 삶을 어떻게 살아가야 하고 우리의 모임을 어떻게 만들어 가야 하는가? 이 전망과 이 물음은 우리 세대에 대단히 중요하다. 왜냐하면 (1) 하나님에 대한 성경의 비전에 따라 규정되고 형성된 공동 예배는 우상숭배를 깨뜨리고 진리와 영으로 드리는 예배를 조성해 갈 것이기 때문이다. (2) 하나님에 대한 놀라운 비전은 거룩한 삶을 촉진할 것이기 때문이다. (3) 그러한 수직적 초점이 수평적 일치를 강화할 것이기 때문이다. 토저(Tozer)는 이렇게 설명했다.

같은 소리굽쇠에 맞춰 조율한 백 대의 피아노는 저절로 서로에게도 조율된다는 사실을 생각해 본 적 있는가? 이 피아노들은 서로에게 맞추어 조율되어서가 아니라 각각이 따라야 하는 기준에 맞추어 조율되기 때문에 조화를 이룬다. 마찬가지로 백 명의 예배자가 의식적으로 '일치'를 이루려고 하면서 그들의 눈을 하나님에게서 돌려 더 친밀한 사귐을 추구할 때보다, 함께 모여 각자 그리스도를 바라볼 때 서로에게 훨씬 더 가까워질 것이다.[25]

(4) 이 비전과 조화를 이루는 하나님과 예배에 대한 광대한 비전은 마음의 방황을 막아 줄 것이기 때문이다. 복음주의 교회의 황폐한 예배 속에서 자란 많은 사람은 예배에 대한 간절한 바람을 지니고 있으며, 청년이 되었을 때 더 경건한 형식의 예배를 드리는 전통을 찾아 떠난다.

나는 공동 예배가 철저히 하나님 중심적이어야 한다고 주장하면서 인간이나 길을 잃어버린 세상을 무시하자고 주장하려는 것이 결코 아니다. 오히려 예배에 대한 올바른 접근 방식은 먼저 하나님께 초점을 맞춘 다음 인간에 대해 민감해야 한다는 주장을 하는 것이다. 하나님의 영광과 기쁨이라는 물음에 답한 다음에야 비로소 인간에 관한 물음을 다룰 수 있다. 다시 한번 강조하자면, 나의 우려는 오늘날 많은 곳에서 두 번째 물음이 압도적 힘을 갖게 되었고 파멸적 영향을 미친다는 데 있다. 인간에 대한 고집스러운 강조는 탈기독교적·인간 중심적 복음주의로 이어질 수 있다.

물론 교회는 문화적으로 조율되어야 하고 문화에 민감해야 한다. 설교는 그러해야 한다! 설교자는 한 손에는 성경을, 다른 한 손에는 신문을 들고 있어야 한다. 설교는 시대를 이해해야 한다(참고. 대상 12:32). 교회는 예배의 모든 측면에서 창의적이고 적실해야 한다. 그리고 길을

---

[25] A. W. Tozer, *The Pursuit of God* (Wheaton: Tyndale, n.d.), p. 97. 『하나님을 추구하라』 (복있는사람).

잃어버린 사람들의 마음을 건드릴 수 있어야 한다. 하지만 이 모든 것의 뿌리에 있어서는 철저히 하나님 중심적이어야 한다.

궁극적 물음은 이것이다. 하나님은 우리가 그분을 예배하는 방식을 어떻게 생각하실까?

2. 예배는 그리스도 중심적이다

신약이 구약보다 더 위대하신 하나님을 계시하는 것은 아니지만, 같은 하나님에 대해 더 위대한 계시를 제공한다. 사도 요한이 너무나도 아름답게 말했듯이, "본래 하나님을 본 사람이 없으되 아버지 품속에 있는 독생하신 하나님이 나타내셨느니라"(요 1:18). "나타내셨느니라"라는 말은 헬라어로 '엑세게사토'(exegesato)이며 이 단어에서 해설을 뜻하는 영어 단어 '석의'(exegesis)가 유래했다. 따라서 카슨의 말처럼 "예수님이 하나님에 대한 석의라고 말할 수 있다."[26] 예수님은 우리를 위해 하나님을 설명하셨다(해설하셨다, 이야기하셨다). 말씀이신 그분은 하나님의 궁극적 자기표현이시다.

초기 기독론적 찬가로서, 골로새서 1:15-20에 기록된 성육신에 관한 바울의 위대한 찬가에서는 창조자, 보존자, 목적, 화해자이신 그리스도 안에 드러난 하나님의 놀라운 계시를 보여 준다. 먼저 이 찬송가는 **창조자이신 그리스도**를 노래한다. "만물이 그에게서 창조되되 하늘과 땅에서 보이는 것들과 보이지 않는 것들과 혹은 왕권들이나 주권들이나 통치자들이나 권세들이나 만물이 다 그로 말미암고 그를 위하여 창조되

---

26 D. A. Carson, *The Gospel According to John* (Grand Rapids: Eerdmans, 1991), p. 135. 『요한복음』(부흥과개혁사).

었고"(골 1:16). 예수 그리스도께서 보이지 않는 영적 세계를 창조하셨다. "왕권들…주권들…통치자들…권세들"은 바로 이 세계를 가리킨다. 그분은 광대한 가시적 세계와 우주를 창조하셨다. 불타는 듯한 아르크투루스(*Arcturus*, 목동자리의 가장 큰 별―옮긴이)와 반딧불이를 창조하셨다. 갖가지 색깔―청록색, 강청색, 주황색, 짙은 황색, 주홍색―을 창조하셨다. 모든 질감, 모든 생물, 모든 행성, 모든 항성, 우주의 구석에 있는 모든 먼지까지도 창조하셨다. 그리고 그분은 '무로부터' 이 모든 것을 창조하셨다.

그런 다음 이 노래는 **보존자**이신 그리스도를 찬양한다. "그가 만물보다 먼저 계시고 만물이 그 안에 함께 섰느니라"(골 1:17). 그리스도께서 구름 안에 계시고 인간과 자연의 세계가 그 아래에 있는 모습을 묘사한 중세 그림이 있다. 그리고 그리스도로부터 모든 대상까지 얇은 금색 실이 이어져 있다. 화가는 골로새서에 담긴 바로 이 진리―그리스도께서 모든 피조물의 실존을 떠받치고 계시다는 진리―를 묘사한다. 헬라어에 사용된 시제는 지금도 그분이 계속해서 만물을 지탱하고 계심을 강조한다. 따라서 그분의 지속적인 활동 없이는 모든 것이 해체되고 말 것이다. 놀랍다! 내가 글을 쓰고 있는 펜, 당신이 들고 있는 책, 이 책에 닿는 당신의 숨결까지 모든 것은 그분의 강력하신 말씀으로 유지되고 있다(참고. 히 1:3). 그리고 만약 그분이 1,000분의 1초라도 그분의 능력을 멈추신다면 모든 것이 사라지고 말 것이다.

그분의 창조와 보존하시는 능력에 관한 이 장엄한 진리는 사실상 그리스도께서 피조물의 목적이라는 진리로 이어진다. "만물이…그를 위하여 창조되었고"(골 1:16). 놀라운 진술이다. 성경의 다른 어떤 곳에도 이런 말씀은 없다.[27] 그분은 우주의 출발점이시며 우주의 완성이시다. 만물이 그분의 명령에 따라 생겨났고, 만물이 그분의 명령에 따라 돌아갈 것이다. 그분이 처음과 나중, 알파와 오메가이시다. 창조와 역사, 영적 현실의 모든 것이 그분을 위한 것이다!

성육신에 관한 찬송가는 **화해자이신** 그리스도로 마무리된다. "그는 몸인 교회의 머리시라. 그가 근본이시요 죽은 자들 가운데서 먼저 나신 이시니 이는 친히 만물의 으뜸이 되려 하심이요, 아버지께서는 모든 충만으로 예수 안에 거하게 하시고, 그의 십자가의 피로 화평을 이루사 만물 곧 땅에 있는 것들이나 하늘에 있는 것들이 그로 말미암아 자기와 화목하게 되기를 기뻐하심이라"(골 1:18-20).

당신이 만물의 **창조자**이자 아무도 가 본 적 없는 수십억 광년의 우주 안에 있는 모든 우주의 먼지까지도 만드셨고 눈을 부시게 하는 질감과 모양과 색깔을 만드신 창조자이신 그리스도를 예배한다면, 말씀으로 당신 몸의 원자들과 이 우주를 지탱하시는 모든 피조물의 **보존자**이신 그리스도를 예배한다면, 모든 피조물이 그분을 위해 존재하기에 만물의 **목적**이신 그분을 예배한다면, 당신 영혼의 **화해자**이신 그리스도를 예배한다면, 그렇다면 당신은 성경의 하나님을 예배하는 것이다. 이것에 미치지 못하는 모든 것은 환원론적이며 우상숭배다.

또한 예수님도 친히 자신이 구약성경의 초점이라고 말씀하셨다. 그분이 부활 후에 글로바와 그의 친구에게 설명하셨듯이, "미련하고 선지자들이 말한 모든 것을 마음에 더디 믿는 자들이여! 그리스도가 이런

---

27 Peter T. O'Brien, *Colossians, Philemon*, Word Biblical Commentary 44 (Waco: Word, 1982), p. 47. 『골로새서 · 빌레몬서』(솔로몬).

고난을 받고 자기의 영광에 들어가야 할 것이 아니냐?' 하시고, 이에 모세와 모든 선지자의 글로 시작하여 모든 성경에 쓴 바 자기에 관한 것을 자세히 설명하시니라"(눅 24:25-27, 또한 44-47 참고). "모든 성경에 쓴 바"라는 누가의 표현은 단지 예언이 아니라, 단지 제사 체계가 아니라, 단지 성막이 아니라, 구약 전체가 그리스도에 관해 말하고 있음을 뜻한다.

물론 라합의 붉은 줄을 그리스도의 피로 해석하는 허울만 그럴듯한 경건주의적 예표론을 통해서가 아니라, 이스라엘 역사의 위대한 구원 사건과 인물들과 고전적 예언의 말씀을 통해서 그리스도를 발견할 수 있다. 이스라엘의 역사는 왕국과 오실 왕을 가리킨다. 창세기의 대서사시는 이 주제를 드러낸다. 출애굽기는 그리스도에 의해 이루어진 위대한 구원, 오직 은총에 의한 구원의 전조다. 사사기의 이야기, 즉 에훗, 기드온, 삼손과 같은 인물들의 이야기는 그리스도를 통한 궁극적 은총의 사역을 가리키는 구원 이야기의 축소판이다. 다윗과 모세와 여호수아 같은 위대한 지도자들의 삶은 그리스도의 전조다. 하나님은 어린 다윗을 통해 주권적으로 일하셨듯이 다윗의 자손을 통해 주권적 구원을 이루실 것이다. 다윗은 구원하시는 그리스도의 인격과 사역을 미리 보여 준다. 따라서 시편이든 예언서든 성경의 어느 곳을 펼치든지, 당신은 그리스도께로 간다. 역사 전체에서 그리스도보다 더 웅장하며 더 빛나는 주제가 있을까? 성경을 들여다보다가 계속해서 그리스도를 발견하는 것은 얼마나 기쁜 일인가!(참고. 요 5:39-49)

물론 구약뿐 아니라 신약도 철저히 그리스도 중심적이다. 히브리서 기자는 7-10장에서 신자들에게는 더 이상 제사장과 제물 또는 성전이 필요하지 않다고 주장한다. 왜냐하면 그리스도가 그들의 제사장이자 희생 제물이시며 그들의 성막이시기 때문이다.

그리스도는 하나님의 궁극적 계시이기 때문에, 그분이 신약의 위대한 중심이시기 때문에, 그분이 신약 예배의 핵심이 되어야 한다. 이것은 삶 전체를 아우르는 예배다. 그리스도인은 삶의 모든 순간에 그리스도께 초점을 맞추어야 한다. 그리고 공동 예배를 위해 함께 모일 때 그들은 마음을 모아 이 근원적인 그리스도 중심성에 집중한다. 이와 관련해 시온산 선교 침례교회(Mount Zion Missionary Baptist Church)의 목사인 힐(E. V. Hill)은 모두 나이를 몰라서 '천팔백'이라고 불렀던 어느 나이 든 여자 교인 관련 일화를 전했다. 무방비 상태의 설교자들에게 그녀는 까다로운 사람이었다. 왜냐하면 "그분을 높여요!"라고 말하곤 했기 때문이다(그녀는 그리스도를 가리켜 그렇게 말했다). 몇 분이 지나, 그녀는 그 말을 할 생각이 없다가도, 다시 일어나 "그분을 높여요!"라고 외쳤다. 설교자가 "그분을 높이지" 않는다면 그는 길고도 어려운 하루를 보내게 될 것이다. 나이 많은 '천팔백' 여사가 신학자는 아니었지만 그의 본능은 숭고했다. 참된 예배는 예수를 높인다. 결코 "그분을 높이기"를 실패하지 않는다. 왜냐하면 신구약 모두 그분을 높이기 때문이다.

교회에 있어 그리스도 중심적 예배보다 더 중요하고 더 유익한 것은 없다.

3. 예배는 말씀 중심적이다

종교개혁이 왕성했던 16세기 스코틀랜드 교회에서 시작된, 예배를 열고 닫는 아름다운 의례가 있다. 사람들이 예배를 위해 자리에 앉으면 신도

석을 향하는 문이 열리고 온 회중이 볼 수 있도록 지역 교회 직원이 설교단에 놓일 커다란 성경책을 높이 든 채 들어오고 그 뒤로 사회를 맡은 목회자들이 따라 들어온다. 높이 든 성경책이 지날 때 사람들은 경건하게 자리에서 일어난다. 책을 숭배해서가 아니라 그 책의 저자이신 하나님을 경외하는 의미에서 그렇게 했다.

성경책을 설교단에 조심스럽게 내려놓은 다음, 지역 교회 직원(스코틀랜드의 용어로는 beadle)이 그날의 본문을 펼친다. 이는 설교자가 성경책 뒤에 서서 그 책의 풍성함에 기초해 설교를 할 때만 권위가 있음을 상징했다. 예배가 끝나면 직원은 다시 한번 설교단으로 올라가 성경책을 덮고 그것을 다시 들어 올린다. 그가 이렇게 할 때 사람들은 다시 경건하게 자리에서 일어나며, 하나님의 말씀을 들어서 옮길 때 목회자들은 그 뒤를 따라 행진한다. 이 아름다운 전통은 내 영혼 안에 깊은 울림을 일으킨다. 왜냐하면 그리스도인의 공동 예배, 더 나아가 삶 전체가 처음부터 끝까지 철저히 말씀 중심적이어야 하기 때문이다.

1) 구약. 예배가 반드시 삶 전체를 아우르며 말씀 중심적이어야 한다는 생각은 옛 언약 아래에서 하나님의 말씀을 이해하는 방식에 중요한 근거를 두고 있다. 특히 결정적인 순간은 이스라엘 역사 초기로, 모세의 삶이 끝날 무렵이었다. 그때 모세는 율법을 쓰는 일을 마친 후 레위인들에게 율법을 언약궤 곁에 두라고 명령하고, 이스라엘 백성을 모으고 서사시를 부른 후 다음과 같이 선언했다. "내가 오늘 너희에게 증언한 모든 말을 너희의 마음에 두고 너희의 자녀에게 명령하여 이 율법의 모든 말씀을 지켜 행하게 하라. 이는 너희에게 헛된 일이 아니라. 너희의 생명이니"(신 32:46, 47; 또한 31:9-13; 32:1-45 참고). 하나님의 언약 백성은

날마다 하나님의 말씀에 철저히 몰두하라고 부르심을 받았다.

나중에 시편 기자는 시편 119편에서 176절에 걸쳐 이 같은 부르심을 위엄 있게 표현했다. 이 시편에서 그는 (히브리어 알파벳의 글자 하나에 한 연씩) 스물두 연으로 하나님의 말씀이 'A부터 Z까지 모든 것'을 다 포함할 만큼 충분하다는 것을 거듭 강조했다. 후에 예언자 이사야는 하나님의 선언을 다음과 같이 기록했다. "무릇 마음이 가난하고 심령에 통회하며 내 말을 듣고 떠는 자 그 사람은 내가 돌보려니와"(사 66:2).

이스라엘 역사에서 더 시간이 흐른 후, 느헤미야가 예루살렘 성벽을 재건하고 에스라가 새로 복구한 율법책을 펼쳐서 읽었을 때, 모든 백성이 새벽부터 정오까지—예닐곱 시간 동안—경건하게 서서 귀를 기울였다. 이것은 이스라엘의 실존에 있어 말씀이 중심이 되어야 한다는 명시적인 몸짓이었다. 실로 말씀은 그들의 생명이었다. 말씀이 예배당으로 들어오는 것을 보며 자리에서 일어날 때 스코틀랜드 개혁자들은 분명히 에스라가 낭독하는 말씀에 반응하던 이스라엘을 염두에 두었을 것이다.

2) **신약**. 신약으로 넘어와서도, 말씀 중심적이라는 점에서 구약과 놀라울 정도로 연속성이 존재함을 발견한다. 사탄의 시험에 대한 예수님의 반응은 성경이 "너희의 생명"이라고 하는 모세의 선언과 짝을 이룬다. 예수님은 성경이 영혼을 위한 필수 음식이라고 주장하셨다. "기록되었으되, '사람이 떡으로만 살 것이 아니요, 하나님의 입으로부터 나오는 모든 말씀으로 살 것이라' 하였느니라"(마 4:4; 또한 눅 4:4; 신 8:3 참고). 성경이 모세에게는 **생명**이었고, 예수님께는 **음식**이었다. 사실 같은 것을 의미한다. 성경은 생명을 위해 필수적이며 불가결하다. 실제로 예수님은 말씀으로 살라고 명령하실 때 모세를 인용하셨다!

예수님의 설교는 구약의 말씀과 개념에 대한 자세한 설명이다. 최고의 예로 구약의 핵심 본문을 설명하신 산상수훈을 들 수 있다. 앞서 인용했듯이, 그리스도가 모든 성경에 쓰인 자신에 대해 설교하셨음을 보여 주는 누가복음 24장은 말할 것도 없다. 사도행전에서도 사도들의 설교 역시 마찬가지였음을 반복적으로 입증한다.

우리가 예상할 수 있듯이, 초기 교회의 공동 예배는 하나님 말씀을 중심으로 삼았다. 디모데에게 했던 바울의 명령에 정확히 드러난다. "내가 이를 때까지 읽는 것과 권하는 것['파라클레시스'(*paraklesis*)]과 가르치는 것['디다스칼리아'(*didaskalia*)]에 전념하라"(딤전 4:13). 순교자 유스티누스(Justin Martyr)가 2세기 중엽에 쓴 글을 통해 실제로 이런 예배가 어떤 모습이었는지 엿볼 수 있다. "일요일이라고 부르는 날에 도시나 시골에 사는 모든 사람이 한곳에 모였으며, 시간이 허락하는 한 사도들의 비망록과 예언자들의 글을 읽었고, 그다음 읽기를 마치면 사회를 맡은 사람이 연설을 하고 사람들에게 이 좋은 것들을 모방하라고 가르치며 권면했다."[28]

사도 시대와 속사도 시대 교회에서 공동 예배는 처음부터 끝까지 말씀 중심적이었음을 유념해야 한다. 물론 이는 바울이 디모데에게 성경 중심적 설교를 하라고 가르쳤던 것과도 조화를 이룬다(참고. 딤후 2:15; 3:14-17; 4:1-5). 따라서 우리는 말씀 중심적 예배가 구약에 뿌리를 내리고 있으며 신약에서 꽃을 피웠다고 결론 내릴 수 있다.

---

28 *First Apology*, trans. A. W. F. Blunt, *Cambridge Patristic Texts* (Cambridge: Cambridge University Press, 1911), 1.67을 인용하는 John Stott, *Guard the Truth* (Downers Grove: InterVarsity Press, 1966), p. 121에서 재인용. 『디모데전서 · 디도서 강해』(IVP).

3) **말씀과 성령.** 모든 공동 예배가 말씀 중심적이어야 하는 또 다른 중요한 이유가 있다. 말씀과 성령은 분리될 수 없기 때문이다. 영국 설교자 루커스(Lucas)를 기리는 1995년 기념 논문집에서 오스트레일리아의 구약학자이자 목회자인 존 우드하우스(John Woodhouse)는 하나님의 말씀과 하나님의 성령의 불가분 관계에 근거한 성경 강해에 대해 설득력 있는 논증을 제시했다. 그는 히브리어 '루아흐'(rûah)와 헬라어 '프뉴마'(pneuma)가 '영'을 뜻할 뿐 아니라 '바람'과 '숨'을 뜻하며, 많은 성경 본문에서 '하나님의 영'은 '하나님의 숨'으로 번역될 수 있다고 했다. 따라서 "성경적 사고에서 숨과 말이 연결되어 있듯이, 하나님의 성령은 하나님의 말씀과 밀접하게 연결되어 있다."[29]

우드하우스는 성경의 첫 부분이 말씀과 성령의 밀접한 연결로 시작된다고 입증한다. "태초에 하나님이 천지를 창조하시니라. 땅이 혼돈하고 공허하며 흑암이 깊음 위에 있고 하나님의 **영**('루아흐', 숨)은 수면 위에 운행하시니라. 하나님이 **이르시되**, '빛이 있으라' 하시니 빛이 있었고"(창 1:1-3, 저자 강조). 더욱이 '루아흐'(성령)와 말씀("하나님이 이르시되") 사이의 역동적 관계를 놓치는 경우가 많다. 하지만 시편 기자는 이 둘을 연결한다.

여호와의 **말씀**으로 하늘이 지음이 되었으며

그 만상을 그의 입 **기운**['루아흐']으로 이루었도다.

(시 33:6, 저자 강조)

---

[29] *When God's Voice Is Heard*, ed. David Jackman, Christopher Green (Leicester: IVP, 1995), p. 55.

다시 한번, 성령과 말씀은 숨과 말처럼 밀접하게 연결되어 있다.

예언자 이사야도 비슷한 시적 병행 구조로 이 관계를 확증한다. "너희는 여호와의 책에서 찾아 읽어 보라. 이것들 가운데서 빠진 것이 하나도 없고 제 짝이 없는 것이 없으리니 이는 여호와의 입이 이를 명령하셨고 그의 영['**루아흐**', 숨]이 이것들을 모으셨음이라"(사 34:16, 또한 사 59:21; 61:1 참고). 우드하우스 박사는 다음과 같이 논평한다. "하나님의 말씀이 계신 곳에 하나님의 영(또는 숨)도 계신다는 이치다. 누군가의 말은 그의 숨과 분리될 수 없다."[30]

말씀과 성령 사이의 분리될 수 없는 관계는 신약에서도 그대로 이어진다. "하나님이 보내신 이는 하나님의 **말씀**을 하나니 이는 하나님이 성령을 한량 없이 주심이니라"(요 3:34, 저자 강조). 예수님도 "내가 너희에게 이른 말은 **영**이요 생명이라"라고 말씀하신다(요 6:63, 저자 강조). '성령'과 '말씀'을 사실상 바꾸어 쓸 수 있는 신약 본문이 많다(예를 들어, 약 1:18; 벧전 1:23; 또한 요 3:5 참고).[31]

따라서 우리의 공동 예배 의식에서 성령이 일하시기를 갈망한다면, 예배 의식은 철저히 말씀 중심적이어야 한다는 뜻이다. 참된 예배는 말씀 중심적이다. 그 이유는 다음과 같다.

- 하나님의 말씀은 우리의 생명이다.
- 하나님의 말씀은 우리의 음식이다.

---

30 같은 책, p. 56. 이 둘을 연결하는 신약의 본문으로는 행 1:8; 5:30-32; 살전 1:4-5; 2:13을 보라.
31 같은 책, p. 58.

- 하나님의 말씀은 신약 공동 예배의 핵심이다.
- 말씀과 성령은 분리될 수 없다.

곧 우리의 공동 예배가 처음부터 끝까지 말씀 중심적이어야 한다는 의미다. 우리는 '예배**와** 말씀'을 위해 모이지 않는다. **모든 것이** 말씀의 사역이다. 이는 설교가 전적으로 성경적이어야 한다는 것, 즉 **강해** 설교여야 함을 뜻한다.

그러나 강해 설교를 핵심 순서로 삼는 것으로는 충분하지 않다. 하나님의 말씀이 모든 것에 스며들어 있어야 한다. 말씀을 주의 깊게 읽는 것은 핵심이 되어야 한다. 찬송가와 노래는 말씀으로 흠뻑 젖어 있어야 한다. 기도는 성경으로 규정되어야 하고 성경적 현실을 떠올리게 해야 한다. 즉 성경의 언어와 구조를 반영해야 한다. 그런 예배 예식을 위해서는 원칙에 입각하여, 기도하는 자세로 생각하고, 열심히 준비해야 한다. 시작하고 마칠 때 반드시 성경을 들고 행진하며 하나님의 백성은 경건하게 일어서야 한다는 것은 아니다. 그러나 우리 마음속에서는 그 일이 일어나야 한다. 하나님을 영화롭게 하는 예배를 드리고자 한다면 공동 예배는 말씀 중심적이어야 한다.

공동 예배에서 하나님 말씀을 의식적으로 최소화하는 자유 교회 전통의 많은 사람은 자신들의 예배를 진지하게 돌아보아야 한다.

4. 예배는 성별(聖別)이다

찬송 부르기와 듣기는 우리에게 어떻게 살아가야 하는지 거의 요구하지 않기 때문에 교회에서는 예배가 이루어지지 않으며 거의 이루어질 수 없다고 주장하는 사람들이 있다. 그들은 우리가 월요일부터 토요일까지 적대적인 세상 속에서 순종하며 살아갈 때 참된 예배가 이루어진다고 주장한다. 분명히 그들은 타당한 주장을 하고 있다. 예배는 하나님께 헌신하는 섬김과 분리될 수 없다. 주중에는 그렇게 하지 않다가 일요일에 교회에 와서 무릎을 꿇고 예배할 수 있다는 생각은 망상일 뿐이다. 그런 '예배'는 영적으로 불가능하다. 주중에 하나님을 섬기지 않는다면 '신성한 공간'이라 추정하는 곳에서 행하는 어떠한 예전 활동도 감히 예배라고 주장할 수 없다.

하지만 주일에 하나님의 백성이 공동체로 모이는 목적을 덕을 세우는 것으로 국한하는 것도 불필요하게 제한적이며 환원적이다. 바르게 이해되고 행해졌을 때 공동 예배는 삶 전체에서 참된 예배를 강화할 것이다. 공동 예배는 규칙적으로 자신을 성별하여 섬기는 헌신을 강화시킨다. 마르틴 루터(Martin Luther)는 "집에 있을 때 내 안에는 온기도 활력도 없지만, 많은 이가 함께 모인 교회 안에서는 내 마음에 불이 붙고 그 불은 길을 낸다"라고 말했다.[32]

루터는 성별되지 않은 사람이었을까? 아니다. 그는 주중 내내 하나님을 섬겼을까? 그렇다. 하지만 정기적으로 드리는 공동 예배를 통해 그의 마음 밭은 예배의 삶을 위해 기쁨으로 일구어졌고 불타올랐다. 이것이 그리스도의 몸과 함께 예배해야 하는 주된 이유 중 하나다. 왜냐하면 하나님 말씀의 읽기와 설교를 통해, 찬송가와 영적 노래(대부분의 찬송가는 본질적으로 성별되어 있다)를 부르며 공동체적으로 말씀을 노래함

---

32 Robert G. Rayburn, *O Come, Let Us Worship* (Grand Rapids: Baker, 1984), p. 29에서 재인용.

으로써, 공동체적으로 하나님의 뜻을 위해 기도함으로써, 성찬식에 함께 참여함으로써, 하나님의 백성은 성별된 삶을 살도록 권면 받고 강화될 것이다.

공동 예배 중에 혹은 공동 예배의 결과, 많은 그리스도인이 더 깊은 성별로 나아가는 게 된다는 것—그리하여 날마다 깊은 예배의 삶을 살게 된다는 것—을 우리는 이해해야 한다. 사도 바울은 성별이 참된 예배에 있어서 필수적이라고 분명히 말했다. "그러므로 형제들아, 내가 하나님의 모든 자비하심으로 너희를 권하노니 너희 몸을 하나님이 기뻐하시는 거룩한 산 제물로 드리라. 이는 너희가 드릴 영적 예배니라"(롬 12:1). 공동 예배를 통해, 매일 드리는 예배라는 제사의 불이 늘 타오르게 해야 한다.

예배가 성별임을 이해한다는 것은, 모이는 예배의 모든 것이 아이작 와츠(Isaac Watts)의 결론에 이르러야 한다는 것을 목회자가 알아야 한다는 의미다. "놀라운 사랑 받은 나, 몸으로 제물 삼겠네."

5. 예배는 온 마음으로 드려야 한다

포괄성. 조너선 에드워즈(Jonathan Edwards)의 『신앙 감정론』(*The Religious Affections*, 부흥과개혁사)은 베드로전서 1:8에 대한 탁월한 해설이자 적용이다. "예수를 너희가 보지 못하였으나 사랑하는도다. 이제도 보지 못하나 믿고 말할 수 없는 영광스러운 즐거움으로 기뻐하니." 에드워즈는 이 본문을 렌즈로 삼아 참된 기독교를 평가하고 확증했다. 그는 참으로 거듭난 영혼은 이러한 사랑, 믿음, 기쁨으로 특징지어진다고 주장했다.

우리와 달리 조너선 에드워즈는 '감정'(affections)이라는 단어를 느낌이나 정서 또는 부드러운 애착이라는 의미로 사용하지 않았다. 에드워즈는 사람의 마음, 성향, 의지라는 뜻으로 '감정'이라는 말을 사용했다.[33] 그는 "참된 종교에서 많은 부분이 영혼의 성향과 의지가 왕성하고도 활기차게 움직여서, 또는 마음의 열렬한 활동으로 이루어진다는 것을 누가 부인하겠는가?"라고 썼다.[34] 그런 다음 에드워즈는 참된 기독교는 감정에 큰 영향을 미쳐서 사람의 두려움, 소망, 사랑, 미움, 욕망, 기쁨, 슬픔, 감사, 긍휼, 열심을 규정한다고 많은 성경 본문을 예로 들며 논증했다.[35] 그리고 다음과 같이 결론 내린다.

참된 종교에는 감정 외에 다른 무언가도 반드시 존재해야 하지만, 감정은 참된 종교의 중요한 부분을 차지하기 때문에 감정 없이는 참된 종교도 존재할 수 없다. 종교적 감정이 없는 사람은 영적으로 죽은 상태에 있으며, 그의 마음에 강력하고 생명을 불어넣으며 구원하시는 하나님의 성령의 영향력이 전적으로 결여되어 있다. 감정 밖에 없는 곳에는 참된 종교가 존재하지 않는 것처럼, 종교적 감정이 전혀 없는 곳에도 참된 종교가 존재하지 않는다.[36]

종교의 위대한 진리를 바르게 이해한다면 그것은 마음에 영향을 미칠 것이

---

33 Jonathan Edwards, *The Religious Affections* (Edinburgh: Banner of Truth, repr. 1994), p. 24: "이 기능은 다양한 이름으로 불린다. 때로는 **성향**이라고 불리며, 그것에 의해 결정되며 지배되는 행동과 관련해서는 **의지**라고 불리기도 한다. 그리고 이 기능의 행사와 관련해서 **정신**은 **마음**이라고 불리기도 한다."
34 같은 책, p. 27.
35 같은 책, pp. 31-35.
36 같은 책, p. 49.

다. 사람들이 하나님의 말씀을 자주 듣고 읽어도 이토록 무궁히 위대하고 중요하며 영광스럽고 놀라운 것들에 영향을 받지 않는 이유는 의심할 나위 없이 그들의 눈이 멀었기 때문이다. 그들의 눈이 멀지 않았다면, 그런 것들에 의해 그들 마음이 깊은 인상을 받고 큰 감동을 받지 않는다는 것이 불가능하며 이는 인간 본성과도 전적으로 모순되는 것이다.[37]

따라서 참된 예배는 겉으로 드러난다. 그런 예배는 당신의 마음을 쏟게 하고, 당신의 마음 안에 하나님을 기쁘시게 하고자 하는 성향을 주입하며, 그분을 섬기도록 당신의 의지를 움직인다. 참된 예배는 온화한 감정이나 정서의 결과물이 아니다. 당신의 존재 전체를 자극한다. 한마디로, 모든 것을 아우른다. 이는 깔끔하게 질서가 잡혀 있고 편리하게 내적 예배를 드리는—스콜라 철학적 라틴어 범주의 언어로 하나님을 지칭하며 다른 사람들이 하나님의 사랑에 관해 열정적 태도를 보이면 당혹스러워하는—칼뱅주의자에게도 그렇다.

예배는 존재 전체를 아우른다.

열정. 참된 예배가 냉담할 리 없다는 것을 우리 모두는 알고 있다. 하지만 예배가 열정적이어야 한다는 주장을 불편해하는 사람들도 있다. 그럼에도 불구하고 이것은 전적으로 옳다. 열정이 우리의 독특한 문화적 배경과 하나님이 주신 개성을 통해 표현된다는 것을 우리가 이해한다는 조건하에 그렇다. 어떤 이들의 개성은 자연스레 바로크적이며, 또 어떤 이들은 더 '보스턴적'이다. 하지만 예배 때는 감정을 잘 표출하는

---

37 같은 책, p. 50.

사람들과 그렇지 않은 사람들 모두 열정적으로 참여해야 한다.

또한 종교적 감정이 고무되어 특별한 방식으로 열정적인 예배를 드릴 때도 있음을 인정해야 한다. 베다니의 마리아가 예수님께 기름을 부은 것은 일회적인 예배 사건이었다. 실제로 그로부터 얼마 지나지 않아 예수님이 죽으셨기 때문에 이런 예배는 반복되지 못했다. 예수님은 마리아의 예배에 관해 "그는 힘을 다하여 내 몸에 향유를 부어 내 장례를 미리 준비하였느니라"라고 말씀하셨다(막 14:8).

마리아는 성경의 어디에서도 볼 수 없을 만큼의 열정을 다해 자신의 헌신을 강렬하게 표현했다. 옥합을 깨뜨려 값비싼 향유를 부었다! 그리고 머리를 풀어 겸손히 예배하는 마음으로 자신을 구원해 주신 분의 발을 닦았다(참고. 요 12:3). 그렇게 자발적으로 아낌없이 자신의 사랑을 쏟아부었다. 예수님의 제자들 눈에는 낭비로 보였지만 말이다(4, 5절). 하지만 예수님은 그의 열정을 인정하셨다. "가만두라. 너희가 어찌하여 그를 괴롭게 하느냐? 그가 내게 좋은 일을 하였느니라.…내가 진실로 너희에게 이르노니 온 천하에 어디서든지 복음이 전파되는 곳에는 이 여자가 행한 일도 말하여 그를 기억하리라"(막 14:6, 9).

하나님이 우리에게 그럴 마음을 주신다면 그처럼 겸손하게 아낌없이 드릴 수 있는 여지를 우리 삶에 남겨 두어야 한다. 구원 역사의 또 다른 결정적 사건에서 다윗왕은 "내가 여호와 앞에서 뛰놀리라. 내가 이보다 더 낮아져서 스스로 천하게 보일지라도"라고 말했다(삼하 6:21 하, 22). 예배는 우리의 모든 감정을 요구한다. 열정적 헌신을 요구한다.

하늘은 정교하게 계산된 지식을 거부하나니.[38]

참여. 초연하고 태평스러운 예배나 냉정한 지적 형식성을 위한 자리는 없다는 것이 핵심이다. 우리는 참여해야 한다.

교회의 찬송가와 찬양곡은 철저한 참여를 요구한다. 230여 년 전에 존 웨슬리가 『찬송가 선집』(Select Hymns)에 부치는 서문으로 썼던 "찬송 부르기에 관한 지침"(Directions for Singing)을 기준으로 삼을 수 있다.

무엇보다도 영으로 부르라. 가사 하나하나 부를 때마다 당신의 눈을 하나님께로 돌리라. 당신 자신이나 다른 어떤 피조물이 아니라 그분을 기쁘시게 하는 것을 목표로 삼으라. 이를 위해 당신이 부르는 가사의 의미에 집중하고, 당신의 마음이 소리에 휩쓸리지 않게 하며, 계속해서 당신의 마음을 하나님께 바치라. 그렇게 할 때 주님은 지금 여기서도 당신의 찬양을 칭찬하실 것이고, 하늘의 구름 속에 오실 때에도 당신에게 상을 주실 것이다.[39]

마찬가지로, 성경을 읽을 때도 주의를 집중해야 한다. 에스라가 율법책을 읽을 때 예루살렘 백성 전체가 새벽부터 정오까지 서 있었던 것은 그들이 성경 읽기에 온전히 집중했기 때문이다(느 8장).

회중 기도는 내적·외적 '아멘'과 조화를 이루어야 하며, 기도 내용은 우리 마음과 하나가 되어야 한다. 공동 기도에 참되게 참여할 때 우리 영혼은 다른 사람의 기도를 타고 우리가 갈 수 없었던 곳으로 가고, 우리의 평범한 능력을 넘어서는 생각을 표현하는 등의 유익을 누린다.

---

38 William Wordsworth, *Ecclesiastical Sonnets*, Part 3, p. 43.
39 John Wesley, *Select Hymns with Tunes Annext: Designed chiefly for the Use of the People Called Methodists* (Bristol: William Pine, 1761, ed. 1770).

설교는 어떤가? 설교가 말씀에 충실하다면, 그것을 하나님의 말씀으로 여기고 귀를 기울여야 한다.[40]

6. 예배는 경건해야 한다

여기서 우리는 히브리서 12장의 대비되는 두 산(시내와 시온)을 생각해 보아야 한다. 왜냐하면 이 둘은 모든 신약 예배를 규정하는 비전을 제공하기 때문이다. 간단히 말해, 히브리서 12:18-29에서 저자가 주장하는 바는 다음과 같다. 우리가 이른 곳은 시내산과 소멸하는 하나님의 불이 **아니라**(18-21절), 시온산과 하나님의 은총이다(22-24절). 은총으로 이 지위를 얻었기에 우리는 두 가지, 즉 **순종**(25-27절)과 **예배**를 해야 한다. "그러므로 우리가 흔들리지 않는 나라를 받았은즉 은혜를 받자. 이로 말미암아 경건함과 두려움으로 하나님을 기쁘시게 섬길지니 우리 하나님은 소멸하는 불이심이라"(28, 29절).

여기에는 역설이 존재한다. 우리는 불타는 시내산이 아니라 은총이 넘치는 시온산 기슭에 서 있다. 그러나 삶 전체로 예배하는 우리의 경건은 하나님이 소멸하시는 불이시라고 하는 시내산의 계시에 의해 형성되고 규정된다. 어떻게 그럴 수 있을까? 두 산 모두 하나님을 계시하기 때문이다. 시온의 하나님은 시내의 하나님과 동일한 분이시다. 비록 우리는 그분의 무한한 은총 덕분에 그분께 나아갈 수 있지만 그분은 여전히 소멸하는 거룩한 불이시다. 시제를 눈여겨보라. "우리 하나님은 소멸하는 ('불이셨다'가 아니라!) 불이[시다]"(29절, 또한 신 4:24 참고). 이것이

---

40 Second Helvetic Confession (1566): "하나님의 말씀에 대한 설교는 하나님의 말씀이다"(*praedicatio verbi Dei est verbum Dei*).

새 언약의 영속적 실체다.

시내산. 18-21절에 인상적으로 묘사된 시내산은 예배의 삶에 유익한 배경을 제공한다. 깊은 어둠에 잠긴 산꼭대기에 "불이 붙어 불길이 충천하[다]"(신 4:11). 구름 속에서는 번쩍거리며 번개가 쳤고, 나팔 소리가 퍼지는 중에 천둥이 치고 땅이 흔들릴 때 하나님이 십계명을 말씀하신다. 거룩하신 하나님이 죄에 대한 진노와 심판을 발하신다. 아무도 그분께 나아갈 수 없다.

시온산. 물론 다른 산, 즉 신약의 시온산이 그림을 완성한다. 일곱 겹의 유익이 있는 이 산은 놀라울 정도로 쉽게 접근할 수 있다. 그들은 (1) **하나님의 도성**, 시온산, "살아 계신 하나님의 도성인 하늘의 예루살렘" (2) **천사들**, "천만 천사" (3) **공동 상속자들**, "하늘에 기록된 장자들의 모임과 교회" (4) **하나님**, "만민의 심판자이신 하나님" (5) **승리한 교회**, "온전하게 된 의인의 영들" (6) **예수님**, "새 언약의 중보자" (7) **죄 사함**, "아벨의 피보다 더 나은 것을 말하는 뿌린 피"에 이르렀다 (22-24절).

우리는 골고다에서 얼마나 놀라운 비전을 유산으로 받았는가! 마치 그분께 오는 모든 사람을 안아 주시려는 듯 못 박힌 채 팔을 넓게 벌리신 하나님의 아들이 여기 계시며, 그분이 흘리신 피는 정죄하는 아벨의 피보다 더 나은 말을 한다. 이것이 소멸하는 하나님의 은총이다. 골고다를 왕관처럼 쓴 시온산은 우리에게 하나님과 그분의 은총을 보여 준다.

두 산, 즉 시내와 시온은 모두 우리가 예배하는 하나님을 계시한다. 이 둘은 서로 분리될 수 없다. 하나님은 어느 한 산의 하나님이 아니라 두 산 모두의 하나님이시다. 우리 마음 안에서는 이러한 두 비전이 복된 긴장을 유지하고 있어야 한다. 이 두 산의 장엄한 이중적 계시가 어떻게 우리가 매일 예배하는 삶을 살아야 하는지 규정해야 한다. 우리는 우리의 기질이 아니라 그분의 계시에 따라 하나님을 예배해야 한다. 경건과 경외의 마음으로 하나님을 예배해야 한다. 왜냐하면 우리 "하나님은 소멸하는 불이시기" 때문이다. 개인으로서, 가정으로서, 공동체로서 우리는 그렇게 하나님을 예배해야 한다.

적지 않은 교회 지도자들이 이 점을 제대로 이해하지 못하고 있다. 지금 내가 제시하는 예는 매일의 삶에서 제대로 예배를 드리지 못하고 있음을 보여 주는 한 공동체의 웃지 못할 일화다. 나의 동료 교역자 중 한 사람이 휴가 중에 어느 교회를 방문했는데, 놀랍게도 예배 전주가 폴 뉴먼(Paul Newman)과 로버트 레드퍼드(Robert Redford)가 출연한 영화 〈스팅〉(The Sting)의 주제곡, (의미심장하게도) "엔터테이너"(The Entertainer)라는 재즈풍의 음악이었다고 한다. 회중은 1920년 의상을 입은 폴 뉴먼과 로버트 레드퍼드의 영화 속 이미지를 떠올리면서 하나님께 드리는 예배를 준비하고 있었다! '절정'은 광고 시간이었다. (틀림없이 경쾌한 전주에 영감을 받은 것으로 보이는) 목회자는 광고를 맡은 불쌍한 사람 뒤에 서서 몰래 손가락으로 그의 머리에 뿔을 만들고 회중에게 우스꽝스러운 표정을 지었다. 겉으로는 성경에 계시된 거룩하신 삼위일체 하나님을 예배하며 '성경을 믿는 교회'를 자처하는 곳에서 이런 어처구니없는 일이 일어났다.

하지만 목회자와 사람들의 마음속에 무엇이 있었을까? 하나님에 관해 실제로 무슨 생각을 했을까? 하나님이 어떤 분이신지 이해하고 있는 사람이라면 이런 일을 할 수 있었을까? 그들은 신구약에 무지하여 마음대로 하나님을 재단함으로써 예배를 인간 중심적 극장 쇼로 만들어 버린 복음주의적 마르키온파들이었다.

물론 이는 극단적인 사례다. 이처럼 어처구니없는 경우는 드물다. 하지만 동시에 많은 일요일 예배 예식에서 보이는, 한없이 수평적이기만 한 방향성, 읽기와 설교 모두에서 하나님의 말씀에 집중하지 않는 태도, 신중하게 준비하지 않고 의식의 흐름에 따라서 그저 드리는 기도는 공동 예배를 시시한 것으로 만들고 말았다.

물론 그리스도인들은 서로 연결되어야 하며, 이 세상에서 가장 좋은 유머 감각을 지니고 있어야 한다. 그리스도인들은 삶을 가장 충만하게 누려야 한다. 하지만 동시에 하나님은 여전히 "소멸하는 불"이시며, 삶 전체에 특히 공동 예배 안에 참된 경건과 경외가 존재하는 곳에서 합당한 예배가 이루어져야 한다는 것을 알고 이해해야 한다.

요약

예배의 이 여섯 가지 특징이 우리가 대학 교회에서 드리는 공동 예배 예식을 규제하는 원리다. 이것은 이론이 아니라 실천이다.

여섯 가지 특징을 마음속으로 받아들일 때, 각각은 모이는 예배에 심오한 영향을 미친다. 그리고 분명한 목적을 가지고 이 특징들을 조화롭게 묶어 낼 때, 즉 예배가 하나님 중심적인 동시에 그리스도 중심적이고 말씀 중심적이며 성별되고 전심을 다하며 경건할 때, 그 결과는 모든 것을 지배한다. 실제로 우리는 이 여섯 본질들이 마치 좋은 향수처럼 풍성한 향기, 곧 하나님께 드리는 예배의 달콤한 향기가 되어 서로 시너지 효과를 내는 경험을 한다.

이런 특징은 수평적 차원에서도 대단히 중요하다. 왜냐하면 공동 예배는 가장 효과적으로 덕을 세울 수 있는 장이기 때문이다. 모인 교회가 효과적으로 하나님을 예배한다면 흩어진 교회는 삶 전체에서 하나님을 더 잘 예배할 것이다.

그리스도인의 공동 예배: 음악

공동 예배를 '어떤 형식'으로 드릴 것인지 이야기하기 전에, 모이는 예배의 매체인 음악에 대해 올바른 관점을 가져야 한다. 기독교 예배 안에서 음악은 처음부터 끝까지 말씀의 예식에 참여하고 기여할 때만 유효하다. 그렇기 때문에 끊임없이 음악을 점검해야 하며, 예배에 사용되는 음악이 말씀 중심적일 수 있도록 계속해서 개혁이 이루어져야 한다. 찬송가를 지어 사람들을 믿음으로 이끌고 성경을 가르쳤던 암브로시우스(Ambrose)와 루터 같은 역사적 본보기는 오늘날 교회사의 어느 때보다 중요해졌다.[41]

1. 음악은 설교를 도와야 한다

우리 교회에서는 음악이 설교에 종속되어야 한다고 이해한다. 예배 전

---

41 J. McKinnon, *Music in Early Christian Literature* (Cambridge: Cambridge University Press, 1986), p. 132에서 인용하는 *Sermo contra Auxentium de basilicis tradentis* xxxiv, PL xvi, pp. 1017-1018에서는 암브로시우스의 찬송가를 부르는 회중의 모습을 언급한다. "또 그들은 사람들이 내 찬송가의 매력 때문에 길을 잃는다고 말한다. 나는 부인하지 않는다. 이것은 강력한 매력, 다른 어떤 것보다 더 강력한 매력이다. 모든 사람이 입으로 날마다 선포하는 삼위일체 고백보다 더 효과적인 것이 어디 있겠는가?" 이는 루터에 대한 비꼬는 듯한 칭찬도 떠올리게 한다. "그는 설교보다 찬송가로 더 많은 사람을 지옥에 떨어뜨렸다."

체가 설교를 중심으로 구성되어야 하기 때문에 모든 노래와 찬송가는 본문의 특정 요소와 관계가 있거나 그 요소를 설명해야 한다. 본문에 계시된 하나님의 속성을 노래하는 것이 될 수도 있고, 가르치는 원리나 적용을 강조할 수도 있고, 본문이 강조하는 헌신을 부각할 수도 있다. 때로는 노래의 가사가 그에 상응하는 성경 본문과 연결될 수도 있고, 본문을 풀어 쓴 것일 수도 있다. 따라서 회중이 부르는 음악과 다른 사람이 부르는 음악을 듣는 것 모두 그날의 핵심 성경 본문으로부터 나온다고 할 수 있다.[42]

마찬가지로 연주 음악도 관련 찬송가 곡조나 잘 알려진 본문과의 연관성에 근거를 둔 경우가 많다. 가사 없는 음악의 많은 경우, 설교 본문의 특징이 그 음악의 음악적 특징—평화로운, 전투적인, 기쁜 음악 등—을 규정할 것이다.

우리는 음악이 일차적으로 본문을 섬겨야 한다고 믿는다. (복음주의 교회 음악의 '주임 사제' 격인) 돈 허스타드(Don Hustad)에 따르면, 예배를 위한 음악은 필히 '기능적'이어야 한다.[43] 예배를 위해 모인 하나님 백성의 말과 행동은 음악에 대한 필요를 만들어 내고 음악이 만들어지는 환경을 제공하며 그 음악이 얼마나 성공적으로 그리스도와 그분의 말씀을 높이는지 판단하는 역할을 해야 한다.

---

42 우리는 교회력에 따라 대강절을 지킨다. 대강절 일요일에 우리의 음악은 설교가 아니라 '날'과 연결될 수도 있다. 하지만 그런 경우에도 대강절 관련 성경 본문과 관련된 음악을 고른다.
43 Donald Hustad, *Jubilate II* (Carol Stream: Hope, 1993), 2장: "Church Music: A Functional Art."

2. 음악은 성숙을 촉진한다

하나님 말씀을 노래하거나 하나님에 관한 성경적 진리를 노래하는 행위 자체가 본질적으로 덕을 세우는 일에 유익하다. 왜냐하면 음악은 매우 쉽게 기억되기 때문이다. 다섯 권 분량의 시편의 방대한 범위는 덕을 세우는 데 유익한 음악의 힘을 증명한다. 음악은 본질상 정서적이기 때문에 성경에 충실하려면 크게 주의를 기울여야 한다. 오늘날 교회에서는 말씀의 규율에 크게 주의를 기울이지 않고 정서적 반응만 부추기는 경우가 너무 많다.

음악은 하나님 말씀에 순종할 때 가장 훌륭한 역할을 한다고 할 수 있다. 음악을 만드는 이들(작곡가, 지휘자, 노래하거나 악기를 연주하는 모든 사람)과 그들이 섬기는 회중이 하나님의 영광을 위해 무릎 꿇고 하나님 말씀에 순종하여 음악을 만들 때 예배는 고양된다.

3. 음악은 모든 사람의 책임이다

구약에서 음악은 제사장적 기능을 했으며, 신약에서도 여전히 제사장의 일로 남아 있다. 우리의 대제사장이신 예수님은 "내가 주의 이름을 내 형제들에게 선포하고 내가 주를 교회 중에서 찬송하리라"라고 말씀하신다(히 2:12, 시 22:22의 인용). 그리고 물론 제사장들의 나라로서, 하나님의 백성은 노래하라는 명령을 받는다. 사도 바울은 고린도 교회에 은사의 공적 활용에 관해 가르치면서 음악에 대한 이러한 책임에 관해서도 언급했다. 그는 "내가 영으로 찬송하고 또 마음으로 찬송하리라"라고 하면서, 그들에게 음악의 가사에 전적으로 생각을 집중하라고 권면했다(고전 14:15). 그리고 몇 줄 아래에서 "너희가 모일 때에 각각 찬송시도 있으며 가르치는 말씀도 있으며 계시도 있으며 방언도 있으며 통역함도 있나니 모든 것을 덕을 세우기 위하여 하라"라고도 명했다(26절). 하나님의 백성으로서 그들은 교회를 세우기 위해 목소리를 사용해야 했다. 그리고 이것은 이제 모든 사람의 책임으로 남아 있다.

에베소 교회에 보낸 편지에서 바울은 읽는 이들에게 성령 충만에 관해 "시와 찬송과 신령한 노래들로 서로 화답하며 너희의 마음으로 주께 노래하며 찬송하며 범사에 우리 주 예수 그리스도의 이름으로 항상 아버지 하나님께 감사"하라고 권면했다(엡 5:19-20). 비슷하게, 골로새 교회를 향한 권면에서 사도는 가르치고 개혁하는 음악의 역할에 관해 다음과 같이 말한다. "그리스도의 말씀이 너희 속에 풍성히 거하여 모든 지혜로 피차 가르치며 권면하고 시와 찬송과 신령한 노래를 부르며 감사하는 마음으로 하나님을 찬양하[라]"(골 3:16).

바울은 (말과 숨의 관계처럼) 말씀과 성령이 서로 나뉠 수 없다고 이해했으며, 하나님의 백성이 노래할 때 이루어지는 말씀과 성령의 상호적 사역에 공동체적으로 참여하라고 명령했다. 이는 그리스도의 몸이 모일 때마다 이행해야 할 책임이다.

4. 음악 선택은 중요하다

적합한 예배 음악을 택하는 문제는 단순히 전통적 기독교 음악과 현대적 기독교 음악 중 무엇을 택할 것인지에 그치지 않는다. 결정은 원칙에 입각하여 이루어져야 한다. 음악의 장르가 무엇이든 세 가지 기준, 즉 내용, 곡조, 적합성이라는 기준을 충족해야 한다.

내용. 가장 먼저 음악의 내용이나 가사에 대한 평가를 해야 한다. 누구든지 음악을 고르는 사람이라면, 내용 기반의 모든 음악이 설교 본문의 주제와 통일성을 갖추도록 이에 필요한 성경 연구를 해야 한다. 음악 리더는 한 손에는 찬송가, 다른 한 손에는 성경책을 들고 있어야 한다.

가사가 성경적인가? 성경에 대한 암시가 있다고 해서, 또 아무리 그런 암시가 많아도 그 곡이 저절로 성경적인 곡이 되는 것은 아니다. 어떤 가사는 이질적인 본문의 암시를 뒤섞어 혼란스러운 몽타주를 만들어 낸다. "약할 때 강함 되시네"(You Are My All in All)라는 유명한 곡이 그 예에 해당한다. 이 곡에서는 이런 가사가 등장한다.

약할 때 강함 되시네
나의 보배가 되신 주…

주 안에 있는 보물을
나는 포기할 수 없네…

성경에 기초하지만 문맥에 따른 성경의 의미를 반영하지 않는 가사도 있다. 다음 곡이 그런 예다.

이날은(This is the day)
이날은
주의 지으신 주의 날일세.
기뻐하고
기뻐하며

즐거워하세.

즐거워하세.[44]

　이 노래의 발랄한 곡조는 어느 화창한 날 기뻐하는 신자들의 모습을 떠올리게 하며 아침 예배를 시작할 때 자주 사용된다. 하지만 이 가사는 종말론적 심판의 맥락에 있는 시편 118:24을 인용하고 있다. 바로 앞 문장만 읽어 보아도 그 의미를 분명히 알 수 있다. "건축자가 버린 돌이 집 모퉁이의 머릿돌이 되었나니, 이는 여호와께서 행하신 것이요 우리 눈에 기이한 바로다. 이날은 여호와께서 정하신 것이라. 이날에 우리가 즐거워하고 기뻐하리로다"(시 118:22-24).

　실제로, 예수님도 성전 담화에서 심판을 비유하시면서 22절을 인용하셨다. "그들을 보시며 이르시되, 그러면 기록된 바, 건축자들의 버린 돌이 모퉁이의 머릿돌이 되었느니라 함이 어찜이냐? 무릇 이 돌 위에 떨어지는 자는 깨어지겠고 이 돌이 사람 위에 떨어지면 그를 가루로 만들어 흩으리라 하시니라"(눅 20:17, 18).

　그렇다! 이날은 주님이 지으신 날이다. 그렇다. 그날에 우리는 기뻐하고 즐거워할 것이다. 하지만 이 유명한 노래가 암시하는 **때**나 이 노래가 암시하는 **방식**으로는 아닐 것이다.

　인기 있는 많은 신곡이 성경의 개별 본문과 맥락에 따른 의미를 분리시키는 해석학적 환경에서 나온 것임을 경계해야 한다. 마찬가지로, 이

44　©1967 Scripture in Song (a division of Integrity Music, Inc.)/ASCAP. All rights reserved. International copyright secured. Used by permission. C/o Integrity Music, Inc., 1000 Cody Road, Mobile, AL 36695.

른바 '성경 노래'(즉 성경 구절을 그대로 가사로 만든 노래)조차도 반복적인 후렴구로 불러 성경의 의도와 거리가 먼 의미를 전달할 경우는 비성경적일 수 있다. 시편 46:10 상반절인 "너희는 가만히 있어 주가 하나님 됨 알지어다"(Be still and know that I am God, 세 번 반복)라는 구절을 부드럽고 목가적인 멜로디로 부르는 이 곡은 한가로운 전원시처럼 들린다. 하지만 이 곡은 전쟁에 관한 노래인 이 시편의 맥락(시 46:8-11)과 조화를 이루지 못한다. 찬송가나 노래가 본문의 의미를 잘못 전달한다면 그것을 사용하지 않는 편이 낫다.

곡조. 다음으로 곡조가 가사의 의미를 뒷받침해야 한다. 권면하는 가사에 감상적 멜로디가 결합될 경우 가사의 힘이 약해지는 것은 불가피하다. 따라서 반드시 이런 질문을 통해 곡조를 평가해 보아야 한다. 곡의 성격이 가사와 어울리는가? 단독으로도 사용할 만한 멜로디인가? 이것은 '전문가들'만 답할 수 있는 난해한 질문이 아니다. 어느 정도 음악을 이해하고 어느 정도 상식이 있으며 음악에 관해 생각해 보려는 마음이 있다면, 누구든 좋은 판단을 내릴 수 있다.

여기서 박자도 내용과 어울려야 한다는 점을 지적해 둘 필요가 있다. 예를 들어, 왈츠나 스케이팅 박자인 3/4 박자는 특정 신학적 진리를 전달하기에 적합하지 않다. "예수님 다시 오시네"(Jesus Is Coming Again)라는 복음 성가는 형식상 1940년대 유행했던 빅 밴드 왈츠 멜로디를 가지고 있다. 재림은 틀림없이 그리스도인의 '복된 소망'(Blessed Hope)이지만, 왈츠나 '올 스케이트'(All Skate, 무도회 등에서 모두가 무대에 올라 춤추는 것을 가리킴—옮긴이)와 함께는 아니다.

적합성. 마지막으로 찬송가는 회중을 아는 맥락 속에서 선택해야 한다. 이 문제에 있어 문화적 적합성을 신중하게 고려해야 한다. 찬송가나 노래의 가사가 건전하고 곡조와 조화를 이루어도, 특정 환경의 특정 회중에게는 지나치게 격식을 차린 것이거나 지나치게 격식을 차리지 않은 것일 수 있다. 예배를 인도하는 이들은 말씀에 대해, 또 자신들이 섬기는 사람들에 대해 예민하게 조율되어 있어야 한다.

5. 음악 연주자들은 준비되어 있어야 한다

음악을 선택한 후에는 영적 준비가 필요하다. 연주자들은 자신이 말씀 사역자와 동역자인 것을 인식하고, 이해와 열정을 갖추어 음악을 이끌어야 한다. 예배를 섬기는 이들은 자신의 죄를 고백하고 하나님의 은총에 의해 자신이 인도하는 음악과 일치하는 삶을 사는 건전한 그리스도인이어야 한다. 회중은 시간이 지남에 따라 인도자를 닮는 경향이 있음을 명심해야 한다.

또한 연주자들은 최선의 것을 하나님께 드리도록 부르심을 받았다. 질적 기준은 고전적으로(통일성, 명료성, 비율), 성경적으로(창의성, 아름다움, 기교) 나타낼 수 있다. 음악이 하나님 말씀을 따르는 종의 역할을 하는 그리스도인의 예배에서 음악의 기준은 명확한 전달을 위한 필수 조건이다. 교회 음악은 보편적 음악성 기준에 따라서도 판단받아야 한다. 음조와 박자의 정확성, 표현력, 음정에 주의를 기울여 잘 연주되는 좋은 음악이어야 한다. 경건하고 유능한 연주자들이 이끄는 회중은 행복하다!

6. 회중이 가장 중요한 악기다

음악의 사역을 위해서는 회중도 준비되어 있어야 한다. 왜냐하면 회중은 찬양을 위한 가장 중요한 악기이며 없어서는 안 되는 찬양대이기 때문이다! 회중이 노래하지 않는다면, 연주자들과 찬양대의 기능에도 ('쇼인가?' 하는) 의문이 생긴다. 대학 교회의 찬양대는 회중이 찬양하도록 인도하는 것이 그들 사역에서 가장 중요한 책임이라고 이해하고 있다. 가장 중요한 것은 마음이며, 다음으로는 열정적인 본보기가 되는 것이다. 우리는 새로운 음악을 소개할 때마다 찬양대가 먼저 곡을 익히게 한다. 그렇게 할 때 회중은 새로운 찬송가나 노래를 덜 어려워한다. 훌륭한 찬양은 하나님 말씀 안에서 그분의 백성을 세워 주며, 믿음의 실체와 본질을 생각하도록 믿지 않는 이들을 이끌어 준다.

우리는 새로운 노래를 (시기, 배치, 목회적 고려와 관련해) 신중하게 소개하고 의도적으로 훈련시킴으로써, 회중의 찬양 능력을 길러 줄 수 있다는 것을 깨달았다. 우리 교회에서는 먼저 유치원생에서 2학년 나이의 어린이들을 '예배의 경이'(Wonders of Worship, W.O.W.)라는 프로그램에 참여하게 하여 예배의 필수 요소를 가르친다. 이 프로그램은 1년 동안 진행하며 누구를, 어디서, 언제, 왜, 어떻게 예배하는지에 초점을 맞춘다. (부록 2를 보라.)

음악 사역은 다른 별개의 사역이 아니다. 처음에도, 마지막에도, 그리고 언제나, 하나님 말씀과 함께하는 사역이다.

부록 1: 대학 교회 예배(다섯 가지 예배 사례)

일요일 아침

계획—여러 해 동안 나는 목요일마다 우리 교회의 행정 목사와 파트타임 음악 목사, 영적이고 미적인 감각을 지닌 교인 한 사람과 만나 공동 예배를 계획했다. 기도 후 모임 초반부에서는 지난 일요일 예배를 평가했다. 그 후, 다음 예배들을 계획하고, 다가오는 일요일을 위해 미비 사항을 점검했다. 이런 실제적 접근 방식은 그 자체로 나에게 교육이 되었다.

이제 우리 교회는 전임 음악 목사를 두어, 이 부분에 유능한 사역자가 전적으로 그 일을 맡는다. 그는 다가오는 예배의 본문을 스스로 공부하고(필요할 때만 나와 의논한다) 본문의 주제 혹은 '멜로디 라인'을 발견한 다음, 성경 본문을 중심으로 공동 예배 순서를 만든다. 매주 교역자 회의에서 예배에 대한 평가를 먼저 하고, 그다음 우리 두 사람이 짧게 만나 다시 한번 평가한다.

예배의 여섯 가지 특징에 관심을 기울이는 것과 더불어, 처음부터 마지막까지 성경 본문을 중심으로 통합된 예배를 계획하는 데 특별히 집중한다. 예배는 창의적 탁월함과 기쁨 넘치는 따뜻함이 특징이다. 일반적으로, 예배 중에 회중이 통일성의 깊이를 의식하는 경우는 드물다. 그러나 우리는 그런 방식을 선호한다. 의식적인 '통일성'은 답답하게 느껴지고 주의를 분산시킬 수도 있다.

우리 교회의 공동 예배 순서는 그때그때 달라진다. 비교를 위해 두 사례를 다음과 같이 나란히 소개한다.

전주	전주
환영	찬양대가 부르는 예배로의 부름
침묵	환영
입례송	침묵
사도 신경	기원
찬송가	송영
회중 기도/주의 기도	사도 신경
찬양	찬송가
일하시는 하나님	찬양
성경 봉독	십일조와 헌금
설교	성경 봉독
찬송가	영광송
축도	설교
후주	찬송가
	축도
	후주

이제 두 예배의 핵심 요소에 관해 설명하고자 한다.

예배 전—목회자와 예배 참여자 전체가 첫 번째 예배 30분 전에 만나 공동 예배 순서지를 살펴보고 기도한다. 예배에서 맡은 역할이 있든 없든 상관없이 모든 사역자가 이 모임에 참여한다. 세부 사항에 대한 점검을 마친 후, 예배를 인도할 때 참되게 예배에 참여해야 함을 강조한다. 예를 들어, 우리는 다음에 해야 할 일을 떠올리기보다 생각과 마음을 집중해 찬송가를 불러야 한다. 찬양대의 찬양, 기도, 성경 봉독, 심지어 광고를 들을 때까지 모든 순서에 그렇게 참여해야 한다. 대학 교회에서 자주 하는 말이 있다. "우리는 교인들의 축소판이며 교인들은 우리의 확대판이 될 것이다." 우리 교인들이 똑같은 자세를 취하기를 바란다면 우리가 개인적·공동체적으로 진심을 다해 예배에 참여하는 자세를 지녀야 한다.

예배 전 모임을 기도하며 마칠 때 우리는 스스로 고무되고 격려받는다는 것을 자주 느낀다. 기도 후에 전주가 흐르는 동안 우리는 흩어져서 교인들과 인사를 나눈다. 우리는 이 시간이 예배 후 인사만큼이나 유익하다는 것을 깨달았다. 이 시간을 통해 대체로 수직적인 공동 예배가 시작되기 전에 회중이 서로 연결되어 있다는 것과 따뜻함을 더 강하게 느낄 수 있기 때문이다. 축도 후에 많은 사람은 서둘러 소그룹으로 흩어지거나 자녀를 데리러 나가지만 공동 예배를 드리기 위해 모이는 때는 훨씬 더 여유롭다. 또한 다양한 이유로 우리를 피해 예배당을 빠져나가는 사람들에게 인사할 수도 있다.

환영과 침묵―환영 시간에는 광고를 한다. 모든 목회자가 알고 있듯이 광고 순서는 시간을 잡아먹기로 악명이 높다. 광고는 미리 글로 써서 정해진 시간 내에 마치도록 하는 것이 가장 효과적이다. 물론 읽기만 해서는 안 되며, 미리 써 놓은 내용을 여유 있고 간결하게 광고해야 한다. 우리는 분 단위가 아니라 초 단위로 광고를 계획한다. 대체로 모든 광고는 2분 내로 마칠 수 있다.

환영 이후에는 회중에게 고개를 숙이고 침묵으로 공동 예배를 준비해 달라고 부탁한다. 10초 정도의 짧은 시간이지만 우리가 (퀘이커 교도들의 말처럼) '집중할' 수 있도록 도와준다. 내 경험에 따르면, 자유 교회 전통에 속한 많은 사람이 침묵을 두려워한다. (지금은 세상을 떠난) 교인 중 은퇴 목사님 한 분은 "목사님, 침묵의 시간 동안 오르간이라도 연주하면 안 될까요?"라고 말하곤 했다. 그분은 심지어 내가 기도할 때도 오르간을 연주해 달라고 부탁하셨다! 아니다. 우리에게는 침묵의 시간, 즉 듣고 생각할 시간이 필요하다. 우리는 신중하게 기도 전과 후에 침묵의 시간을 포함시켰다. 또한 성찬 때는 몇 분 동안 침묵 속에서 분병과 분잔을 한다.

사도 신경—우리 교회는 매주 사도 신경을 공적으로 고백한다. 많은 경우에 먼저 "그리스도인이여, 당신은 무엇을 믿습니까?"라는 묻고 회중은 그에 대한 대답으로 "나는 전능하신 아버지 하나님…"이라고 말한다. 우리는 세 가지 이유로 사도 신경을 사용한다. (1) 핵심 교리를 매주 고백하기 위해, (2) (어떤 교단에도 가입해 있지 않기 때문에) 우리가 역사적 정통의 흐름 속에 있음을 강조하기 위해, (3) 우리가 복음을 전하기 바라는, 가톨릭과 주류 교회 출신 방문자들에게 익숙한 접촉점을 제공하기 위해서다. 회중의 대답은 형식적이지 않으며 우렁차다.

회중 기도—나는 자유 기도에 관한 호튼 데이비스의 평가에 동의한다. "성경과 교인들을 아는 경건한 설교자가 인도하는 자유 기도는 정해진 기도를 통해서는 거의 누릴 수 없는 감동적인 직접성과 연관성을 누릴 수 있게 한다."[1] 하지만 동시에 준비되지 않은 기도는 정신을 마비시키고 마음을

---

1 Horton Davies, *Christian Worship* (New York: Abingdon, 1957), p. 68.

얼어붙게 하는 상투적이고 반복되는 표현으로 점철될 수도 있다.

따라서 나는 준비한다. 전문을 다 적지는 않지만 기도의 개요를 준비하고 간구할 내용의 목록을 꼼꼼히 적어 둔다. 청교도들이 싫어했던 『성공회 기도서』는 아이디어를 얻기 위한 훌륭한 자료이며 장로교의 『공동 예배서』(Book of Common Worship)나 다른 교단의 자료도 마찬가지다. 휴즈 올리펀트 올드(Hughes Oliphant Old)의 『기도 인도』(Leading in Prayer: A Workbook for Ministers)도 탁월한 자료다.[2] 그는 『디다케』(Didache), 『사도헌장』(Apostolic Constitutions), 『제네바 시편』(Geneva Psalter), 루터와 칼뱅, 매튜 헨리(Matthew Henry), 아이작 와츠, 리처드 백스터(Richard Baxter)와 같은 다양한 개혁주의자와 청교도들을 원용하여 없어서는 안 될 자료를 제공한다. 성경에 기초한 그의 기도는 어떻게 기도하는지에 관한 본보기를 제공한다.

나는 설교 다음으로 기도 준비에 많은 시간을 할애한다. 신문에 "보스턴 청중이 들은 가장 유창한 기도"라고 보도된 보스턴의 한 설교자처럼 아름다운 기도를 하길 바라는 것은 아니다. 나의 목표는 말씀과 교인들의 필요를 가득 채운 기도를 드려서 우리 모두가 하나님을 향하게 되는 것이다.

내가 이끄는 회중 기도에는 늘 침묵으로 죄를 고백하는 시간이 포함되어 있으며, 한목소리로 주의 기도를 하는 것으로 끝난다. 회중 기도는 하나님을 예배하도록 공동체를 이끌 뿐 아니라 사람들에게 기도하는 법을 가르치기 때문에 덕을 세우는 데 필요한 역동적 잠재력이 있다.

일하시는 하나님—우리의 공동 예배를 이루는 일부로서, 다양한 요소로

---

2 Hughes Oliphant Old, *Leading in Prayer: A Workbook for Ministers* (Grand Rapids: Eerdmans, 1995).

구성된다. "가정 안에서 일하시는 하나님"(God at Work in Families)은 유아 세례나 헌아식을 행하는 순서다. "선교지에서 일하시는 하나님"(God at Work in Missions)에서는 3분 동안 선교 사역을 집중적으로 소개한다. "우리 삶 속에서 일하시는 하나님"(God at Work in Our Lives)에서는 4분 동안 간증이 이루어진다. 그 밖에도 다양한 요소가 포함될 수 있다.

성경 봉독—성경을 봉독하는 사람에게도 마찬가지로 준비를 잘하라고 당부한다. "결국 설교가 좋든 나쁘든 우리는 이것이 하나님의 말씀이라고 확신한다"라고 말한다. 이 목적을 위해 나와 교회의 목회자들, 목회자 수련생들은 인근 휘튼 칼리지에서 연설을 가르치는 전문가를 모셔서 지도와 비평을 받으며 한두 시간 동안 성경의 공적 읽기를 주기적으로 훈련한다. 동료들은 이 시간—특히 담임 목사가 교정을 받을 때!—을 즐긴다. 여기서 잠깐 토머스 맥코미스키(Thomas McComiskey)의 『공적인 성경 읽기』(Reading Scripture in Public)를 언급하고자 한다.[3] 존경받는 구약학자인 그는 신학적 통찰력과 목회적 감수성을 활용해 이 주제를 철저히 다룬다. 유익하게도 각 장의 마지막 부분에는 실제로 연습해 볼 수 있는 내용이 포함되어 있다.

우리는 성경 봉독의 중요성을 일깨우기 위해 회중에게 하나님의 말씀을 읽는 동안 자리에서 일어나라고 요청한다. 봉독자는 읽기를 마친 후에 "이는 하나님의 말씀입니다"라고 말하며, 사람들은 "아멘!"이라고 대답한 다음 "영광송"(Gloria Patri)를 부른다. 이렇게 성경 봉독의 중요성을 강조하고 주의를 기울여 이 순서를 행함으로써 사람들이 하나님 말씀에 더욱 초점을 맞출 수 있게 한다. (단순히 하나님 말씀을 읽는 것만으로도 심오한 영향을 미칠 수

---

3   Thomas Edward McComiskey, *Reading Scripture in Public* (Grand Rapids: Baker, 1991).

있다는 설명에 대해서는 부록 3을 보라.)

음악—감사하게도 대학 교회에는 여러 해 동안 음악 사역자들의 의도적인 노력으로 계발된 풍부한 음악 자원이 있다. 현재 여섯 개의 찬양대, 즉 성가대, 그룹(Cherub) 찬양대(1-2학년), 소년 소녀 찬양대(3-6학년), 중고등부 찬양대, "노래하는 하나님의 자녀"(4-5세를 위한 음악과 예배 교과 과정)가 있다. 또한 금관 악기, 핸드벨, 현악기 합주단, 목관 악기 연주자들 등 악기를 연주하는 네 개의 그룹이 있다. 우리 교회의 예배와 음악 담당 목사는 계속해서 연주자들에게 그들의 성경적 책임을 일깨워 주면서 그들이 하나님의 영광을 위해 음악을 이끌 수 있도록 독려한다. (부록 4를 보라.)

아침 공동 예배

사례 1: 1999년 4월 11일 아침 예배

이날 아침의 설교 본문은 디모데후서 2:8-13이었다. 여기서 바울은 자신이 전하는 복음의 핵심은 부활이라고 주장한다. "내가 전한 복음대로 다윗의 씨로 죽은 자 가운데서 다시 살아나신 예수 그리스도를 기억하라"(8절). 목회 서신에 관한 연속 설교를 하던 중 부활절 바로 다음 주가 이 본문을 다룰 차례였고, 이 본문 전체를 강해하는 동시에 자연스럽고 기쁘게 부활절 축하를 이어갈 기회가 되었다.

송영을 위해 선택된 곡은 "LASST UNS ERFREUEN"(찬송가 "온 천하 만물 우러러"에 사용된 곡조—옮긴이)이며 후렴에서 반복되는 '할렐루야'가 부활의 기쁨을 잘 표현하고 있다. 우리는 부활절부터 성령 강림절까지 이 곡을 사용한다. 계속 귀에 맴도는 찬양 "그리스도께서 부활하셨네"(Christ Is Now Arisen)와 핸드벨 합창단의 "싸움은 모두 끝나고"(Alleluia! The Strife Is O'er)는 성경의 주제에 강하게 초점 맞춰져 있었다. 찬송가 세 곡 "부활하신 날에"(The Day of Resurrection), "기뻐하며 찬송하라"[(Good Christian Men Rejoice), 다른 절기에 이 본문에 관한 설교를 했다면 이 곡이 어울리지 않는 것처럼 보였을지도 모른다], "예수님이 사시니 나도 살리라"(Jesus Lives and So Shall I)는 점점 더 통일성이 강화되는 식으로 배치했다. 마지막 찬송가는 선포된 말씀에 대한 회중의 우렁찬 화답이 되었다.

예배 순서

1999년 4월 11일 아침 예배

[자리에 앉으실 때 다른 분들이 함께 예배를 드릴 수 있도록 장의자 가운데 쪽으로 이동해 주시기 바랍니다.]

전주 아침 에드바르 그리그(Edvard Grieg)

할렐루야 할렐루야(O Sons and Daughters Let Us Sing)

편곡 그라만(F. Gramann)

할렐루야 할렐루야

다 함께 찬송 부르자

큰 영광의 왕 우리 주

이날에 다시 사셨네

할렐루야 할렐루야

주빌레이션 링어스(Jubilation Ringers) 찬양단,

지휘 브라이언 파크(Bryan Park)

찬양대가 부르는 예배로의 부름

온 땅이여 여호와께 즐거운 찬송을 부를지어다.

기쁨으로 여호와를 섬기며

노래하면서 그의 앞에 나아갈지어다. (시 100:1-2)

환영 † 마르크 마이예퍼(Marc Maillefer) 목사

침묵

기원   9:00―데이비드 화이트(David White) 목사
                              10:40―닐 닐슨(Niel Nielson) 목사

송영*   LASST UNS ERFREUEN
          주 은혜 받은 만민아(Praise God from whom all blessings
            flow)
          다 끓어 경배하여라
          할렐루야! 할렐루야!
          성삼위일체 주님께
          존귀와 영광 돌려라 주를 찬양
          할렐루야! 할렐루야! 할렐루야! 할렐루야!

사도 신경*
          나는 전능하신 아버지 하나님, 천지의 창조주를 믿습니다.
          나는 그의 유일하신 아들, 우리 주 예수 그리스도를 믿습니다.
          그는 성령으로 잉태되어 동정녀 마리아에게서 나시고,
          본디오 빌라도에게 고난을 받아 십자가에 못 박혀 죽으시고,
          장사된 지 사흘만에 죽은 자 가운데서 다시 살아나셨으며,
          하늘에 오르시어 전능하신 아버지 하나님 우편에 앉아 계시다가,
          거기로부터 살아 있는 자와 죽은 자를 심판하러 오십니다.
          나는 성령을 믿으며, 거룩한 공교회와 성도의 교제와
          죄를 용서받는 것과 몸의 부활과 영생을 믿습니다. 아멘.

찬송가 168장*†   부활하신 날에
회중 기도/주의 기도   켄트 휴즈 목사
       (찬송가 뒤표지 안쪽을 보시기 바랍니다)

찬송가 170장 †　　　　기뻐하며 찬송하라

찬양　　　그리스도께서 부활하셨네　　　　　　　리 스캇(Lee Scott)

성가대　　　　　　　　　지휘 그렉 휘틀리(Greg Wheatley)

싸움이 끝나고 승리를 얻었으니 이제 노래가 시작되었네.
이제 원수는 흩어졌고 죽음의 어두운 감옥은 무너졌네.
기쁨, 기쁨, 기쁨의 노래, 기쁨, 기쁨, 기쁨의 노래.
오늘 노래하라. 그리스도께서 부활하셨네!
고통 속에 따르던 이들
이제 다스리며 따르며 면류관을 얻으리.
공격받아 아파하던 이들 높임을 받으리.
생명, 생명, 생명의 노래, 생명, 생명, 생명의 노래.
땅과 하늘 노래하라. 그리스도께서 부활하셨네!
싸움이 끝나니 원수가 다시는 가까이 오지 못하리.
하늘의 기쁨이 있네. 영원한 평화가 있네.

기쁨, 기쁨, 기쁨의 노래, 기쁨, 기쁨, 기쁨의 노래.
땅과 하늘 노래하라. 그리스도께서 부활하셨네!
멸시당하던 너희는 담대하라. 진실하라.
면류관이 너희의 것이니.
너희보다 먼저 가신 그리스도께서
너희 위에 그분의 방패를 펴시리.
힘, 힘, 힘의 노래, 힘, 힘, 힘의 노래.
보라. 승리를 얻었고, 원수는 흩어졌고,
죽음의 어두운 감옥은 무너졌네.
할렐루야! 땅과 하늘 노래하라. 그리스도께서 부활하셨네!

할렐루야! 오늘 와서 노래하라. 그리스도께서 부활하셨네!

십일조와 헌금**

봉헌송 † 편곡 그라만

주빌레이션 링어스 찬양단

사망의 나라 권세를 주께서 깨뜨리셨네.
승전가 높이 외치세. 할렐루야!
슬프던 사흘 지나고 주께서 살아나셨네.
영광을 주께 돌리세. 할렐루야!

성경 봉독* 디모데후서 2:8-13 9:00 — 다이앤 조던(Diane Jordan)

(1178쪽) 10:40 — 빌 래드(Bill Ladd)

영광송* GREATOREX

찬송가 575장

성부 성자와 성령 영원히 영광 받으옵소서.
태초로 지금까지 또 길이 영원무궁 성삼위께 영광. 아멘.

설교 꼭 기억해야 하는 것 켄트 휴즈 목사

찬송가 159장* 예수님이 사시니 나도 살리라

축도* 켄트 휴즈 목사

[잠시 자리에 앉아 묵상하시기 바랍니다]

후주 모두 기뻐하며 찬송하라 윌런(H. Willan)

(Good Christians All, 오르간 — Ed Childs
Rejoice and Sing)

---

* 자리에서 일어나 주시기 바랍니다.
† 안내 위원이 자리에 앉는 것을 도와줄 것입니다.
** 10시 40분 예배; 어린이들은 '예배의 경이' 프로그램을 위해 이동합니다. 유치부는 001호, 1-2학년은 205호.

사례 2: 1999년 6월 20일 아침 예배

이 여름날 아침의 설교 본문은 디모데후서 3:14-17로, "모든 성경은 하나님의 감동으로 된 것으로 교훈과 책망과 바르게 함과 의로 교육하기에 유익하니"(16절)라는 성경의 영감에 관한 근본적 진리를 담고 있다. 힘들게 주제를 찾을 필요가 없었다!

첫 찬송가가 이 주제를 다루지 않고 있다는 것을 발견할 것이다. 완벽히 주제를 반영하면서도 시작 부분에 잘 어울리는 찬송가를 찾을 수 없었기 때문이다. 아이러니하게도, 주제에 지나치게 매여 있으면서 곡조와 박자가 적절하지 않으면 부조화가 만들어진다. 따라서 우리 마음이 하나님께 향하도록 위풍당당한 삼위일체 찬송가 "거룩하신 하나님, 우리가 주님의 이름을 찬양합니다"(Holy God, We Praise Thy Name)를 선택했다. 회중 기도에서는 설교의 주제를 강조했다. 그런 다음 시편 119편에 관한 특별 찬송가 "우리를 지혜롭게 하는 주의 말씀"(Powerful in Making Us Wise, 순서지 안에 별지를 넣어 가사를 제공함)으로 말씀이라는 주제를 다시 한번 강조했다.

성가대는 기도에 가락을 붙여 일본 찬송가를 번안한 "주의 말씀 내리소서"(Send Your Word)라는 찬양으로 주제를 확장했다.

주의 말씀 내리소서 떨어지는 빗물처럼…
주의 말씀 내리소서 불어오는 바람처럼…
주의 말씀 내리소서 부드러운 이슬처럼…

설교 후에는 말씀 중심적 삶이 철저히 그리스도 중심적 삶이라는 것을 강조하기 위해 회중은 "참 사람 되신 말씀"(O Word of God Incarnate)을 불렀다.

예배 순서

1999년 6월 20일 아침 예배

전주는 우리의 바쁜 삶과 이 예배 시간을 잇는 다리 역할을 하는, 하나님의 백성에게 주어지는 선물입니다.

전주　　오보에 협주곡 1번, 아다지오와 알레그로　　　헨델(G. F. Handel)
　　　　　오보에—네이트 엘웰(Nate Elwell),
　　　　　피아노—엘런 엘웰(Ellen Elwell)

찬양대가 부르는 예배로의 부름
　　　　　온 땅이여 여호와께 즐거운 찬송을 부를지어다.
　　　　　기쁨으로 여호와를 섬기며 노래하면서 그의 앞에 나아갈지어다.
　　　　　(시 100:1-2)

환영 †　　　　　　　9:00—짐 존스턴(Jim Johnston)
　　　　　　　　　　　10:40—애덤 라스무쎈(Adam Rasmussen) 목사

침묵

기원　　　　　　　　9:00—제이 토머스(Jay Thomas)
　　　　　　　　　　　10:40—닐 닐슨 목사

송영*　　　　　　　　　　　　　　　　　　　　찬송가 572장
사도 신경*　　　　　　[찬송가 뒤표지 안쪽을 보시기 바랍니다]
찬송가 9장 †　　거룩하신 하나님, 우리가 주님의 이름을 찬양합니다
인도에서 일하시는 하나님　　　　　　　　　　9:00—STAMP/인도

찬송가(흰색 별지) †

회중 기도/주의 기도

주의 기도 [찬송가 뒤표지 안쪽을 보시기 바랍니다]

찬양 주의 말씀 내리소서 키세커 (T. Keesecker)

  성가대

주의 말씀 내리소서 떨어지는 빗물처럼 오 주여,
한없는 주 은혜, 주리고 목마름에 애타게 구하네.
주의 참 빛 없이는 어둠 속 헤매리.

주의 말씀 내리소서 불어오는 바람처럼 오 주여,
놀라운 주 능력, 모든 죄 물리치는 완전한 그 능력
승리하게 하소서 자유케 하소서.

주의 말씀 내리소서 부드러운 이슬처럼 오 주여,
한없는 주 사랑, 고통과 상처받은 영혼들 위하여
주 사랑의 능력을 베풀어 주소서.

주의 새로운 세계, 우리 고대하네.

작사 야수시게 이마코마(Yasushige Imakoma), 번역 노부키 하나오카(Nobuaki Hanaoka)[4]

십일조와 헌금

봉헌송 † 오보에 협주곡 1번, 라르고 헨델
성경 봉독* 디모데후서 3:14-17(1179쪽) 다이앤 조던(Diane Jordan)
영광송* 찬송가 575장

---

[4] © 1983 The United Methodist Publishing House (admin. by The Copyright Company, LLC, Nashville). All rights reserved. International copyright secured. 저작권자의 허락을 받아 사용함. 『찬송과 예배: 미국 장로교 한영 찬송가』(Presbyterian Publishing Corporation).

설교	말씀 안에 거하라	켄트 휴즈 목사
찬송가 219장	참 사람 되신 말씀	
축도		켄트 휴즈 목사

[잠시 자리에 앉아 묵상하시기 바랍니다]

후주　　　　　　　　　　오르간—싱글리 3세(H. E. Singley III)

[예배 직후 '파이어사이드 실'에서 방문자 환영회가 있습니다]

교회 지도자들과 함께 기도하거나 기도 제목을 나누기 원하시면 예배 후 본당 앞에서 만나실 수 있습니다.

* 자리에서 일어나 주시기 바랍니다.
† 안내 위원이 자리에 앉는 것을 도와줄 것입니다.

사례 3: 1999년 11월 7일 아침 예배

우리는 약 5주마다 한 번 성찬을 하지만, 연속 강해 설교를 중단하고 성찬 특별 메시지를 전하지는 않는다. 예정된 본문이 완벽히 어울리는 경우도 있지만 설교에서 성만찬으로 전환하기 어려운 경우는 거의 없다. 이날은 다니엘 4:1-37을 본문으로 느부갓네살왕을 겸손하게 만드시는 하나님의 주권을 다루었고, 성만찬과도 잘 맞았다.

우리 교회에는 아침 예배 예식이 여러 번 있기 때문에, 공동 예배의 정기적인 순서 중 일부는 제외하거나 단축해야 한다. 환영은 최대 60초로 제한하고, 회중 기도는 짧게 하거나 빵에 대한 감사 기도 안에 포함시킨다. 가능하면 더 짧은 찬송가를 부르기도 한다.

하나님의 주권을 강조하는 시작하는 찬송가인 "온 천하 만물 우러러"(All

Creatures of Our God and King)를 불렀고, "주 은혜 받은 만민아 다 꿇어 경배하여라"로 시작하는 마지막 절에서는 겸손해진 왕의 선언을 기대하게 했다. 성가대와 관현악단은 느부갓네살의 선언과 비슷한 내용의 종말론적 찬양인 "할렐루야! 지극히 거룩하신 주를 찬양하라"(Alleluia! O Praise the Lord Most Holy)를 불렀다. 바흐(J. S. Bach)가 만든 이 곡의 가사는 요한계시록 5:12에 기초해 있다.

설교 후 회중은 자리에서 일어나 2절로 된 조지 허버트(George Herbert)의 찬송가 "만민들아 주 찬양하여라"(Let All the World in Every Corner Sing: My God and King!)를 부르며 본문에 대해 짧지만 힘찬 화답을 했다. 설교는 바빌로니아의 왕이 그랬듯이 전능하신 하나님 앞에 우리 자신을 겸손히 하라는 촉구로 마무리되었다. 왜냐하면 그것이 언제나 구원의 은총을 받은 사람의 모습이며, 성찬식에 나아가는 사람의 자세이기 때문이다.

분병 전에는 고린도전서 11:23, 24, 분잔 전에는 11:25의 제정사로 성찬을 소개했다.

보통 우리 교회에서는 분병과 분잔 전 찬송가를 정할 때, 설교 주제와 일치하는 곡을 고르려고 노력하지는 않는다. 다양한 곡을 부르며, 그중 하나는 보통 반주 없이 아카펠라로 부른다. 빵과 포도주를 먹기 전후에는 침묵 시간을 갖는다.

마지막 찬송가 "주 우리 하나님"(The God of Abraham Praise)에서는 다시 설교 주제로 돌아간다. 장엄한 회당 멜로디와 함께 삼위일체에 초점을 맞추는 이 찬송가는 예배를 마치기에 적합한 곡이었다. 느부갓네살이 다니엘의 하나님을 찬양했듯이 우리는 아브라함과 이스라엘의 하나님을 찬양했다.

예배 순서

1999년 11월 7일 아침 예배

첫 음악을 조용한 예배의 부름으로 삼으시기 바랍니다.

전주 내 신실한 마음은(My Heart Ever Faithful) 바흐
대학 교회 관현악단

환영 † 9:00 — 마르크 마이예퍼 목사
10:45 — 짐 존스턴 목사

침묵

찬양대가 부르는 예배로의 부름 맛보아 알지어다(Taste and See) 휘틀리
너희는 여호와의 선하심을 맛보아 알지어다.
그에게 피하는 자는 복이 있도다. (시 34:8)

기원 9:00 — 데이비드 화이트 목사
10:45 — 짐 존스턴 목사

송영* 찬송가 572장
사도 신경* [찬송가 뒤표지 안쪽을 보시기 바랍니다]
찬송가 59장* 온 천하 만물 우러러
십일조와 헌금**
봉헌송 † 할렐루야! 지극히 거룩하신 주를 찬양하라 바흐
성가대와 관현악단

할렐루야! 지극히 거룩하신 주를 찬양하라!
할렐루야! 지극히 높으신 하나님.

그분은 이제와 영원히 능력과 부, 영광,

지혜, 권능, 경배, 복을 받으시기에 합당하시도다.

그분은 온 하늘과 땅에 참되고 의로우신 주님이시며

우리 만왕의 왕, 만주의 주이신 주님 보좌 앞에서 예배합니다.[5]

성경 봉독* 다니엘 4:1-37 9:00 – 랜디 그륀다익(Randy Gruendyke) 목사
(877쪽)   10:45 – 닐 닐슨 목사

영광송*	찬송가 575장	
설교	주님은 왕이시다	켄트 휴즈 목사
찬송가 24장*	만민들아 주 찬양하여라	
침묵		
성찬식		
빵에 대한 묵상	지금 침묵(Now the Silence)	칼 쇼크(Carl Schalk)

지금 침묵, 지금 평화, 지금 높이 든 빈손,

지금 무릎 꿇음, 지금 간구,

지금 우리를 맞이하시는 아버지의 두 팔

지금 들음, 지금 능력, 지금 가득 찬 그릇

지금 몸, 지금 피, 지금 기쁜 잔치

지금 결혼식, 지금 노래, 지금 용서받고 기뻐 뛰는 마음

지금 성령의 오심, 지금 성자의 나타나심,

지금 성부께서 주시는 복

지금

작사 야로슬라브 바이다(Jaroslav Vajda)[6]

---

5   Copyright © 1971 Concordia Publishing House. 저작권자의 허락을 받아 여기에 실음.
6   © 1969 Hope Publishing Company, Carol Stream, IL 60188. 저작권자의 허락을 받아 여기에 실음.

분병 전 찬송	십자가 그늘 아래(Beneath the Cross of Jesus)	찬송가 151장 2절

내 눈을 밝히 떠서 저 십자가 볼 때
날 위해 고난당하신 주 예수 보인다
그 형상 볼 때 내 맘에 큰 찔림 받아서
그 사랑 감당 못하여 눈물만 흘리네

잔에 대한 묵상	시모어의 묵상	찬송가 238장 참고
분잔 전 찬송	할렐루야! 예수님께 노래해 (Alleluia! Sing to Jesus)	찬송가174장 3절

할렐루야! 하늘의 빵 이 땅에 오셔서 우리의 음식 되셨네.
할렐루야! 여기서 날마다 죄인이 주님께 피합니다.
죄 없는 모든 성도의 노래가 수정 같은 바다에 울려 퍼질 때
중보자, 죄인의 친구, 이 땅의 구원자이신 주님
나를 위해 간구하소서.

돌봄과 나눔의 찬송	주 우리 하나님	찬송가 36장
축도*		켄트 휴즈 목사
축복의 찬양	로마서 14:19	톰슨(E. Thompson)

그러므로 우리가 화평의 일과 서로 덕을 세우는 일을 힘쓰나니. 아멘.

후주	레오니에 의한 토카타 (Toccata on leoni)	편곡 영(G. Young) 오르간―싱글리 3세

예배 직후 '파이어사이드 실'에서 방문자 환영회가 있습니다.
교회 지도자들과 함께 기도하거나 기도 제목을 나누기 원하시면, 예배 후 본당 앞에서 만나실 수 있습니다.

* 자리에서 일어나 주시기 바랍니다.
† 안내 위원이 자리에 앉는 것을 도와줄 것입니다.
** 오전 10:45 예배: 어린이들은 '예배의 경이' 프로그램을 위해 이동합니다. 유치부는 001호, 1-2학년은 205호.

저녁 공동 예배

우리 교회 저녁 예배의 주된 목표는 두 가지다. 강해 설교를 하는 것과 사람들이 회중 찬양에 참여하게 하는 것이다. 일반적으로 예배의 구조는 단순하게 두 부분으로 나뉜다. 찬양 후에 설교가 이어진다. 찬양은 설교 주제에 기초하여 주제별로 선곡하기도 하고, 성경의 또 다른 주제에 기초해 주제별로 선곡하거나 특정 찬송가 작가의 대표곡을 선곡하기도 하고, 사례 4의 경우처럼 예수 그리스도에 대한 찬양과 헌신을 표현하는 노래를 고르기도 한다.

저녁 예배의 음악은 더 다양해서, 때로 거의 모든 형식의 음악을 사용하기도 한다. 그러나 '혼합된' 이상을 추구하는 것이 아니다. 오히려 우리가 부르는 찬양과 음악적 표현이 적당한 비율로 균형 잡히거나 혼합된 것이 아니라, '우리'의 것이기를 원한다. 저녁 예배에서는 당연히 상호 격려와 간증, 회중의 기도 참여 기회가 더 많이 마련된다. 절기 예배, 선교 대회, 특별 전도 집회, 기도의 밤이 정기적으로 드리는 저녁 예배를 대체하기도 한다.

사례 4: 1999년 5월 9일 저녁 예배

"성경의 줄거리"를 연속 설교로 진행하던 중이었고, 이번 주 설교에서는 구약의 예언서를 성경 전체의 맥락 속에서 다루었다. 연주 음악으로는 피아노

전주로 [20세기 프랑스 작곡가 다리우스 미요(Darius Milhaud)의 작품인] "스카라무슈"(Scaramouche)와 애팔래치아 덜시머(Appalachian dulcimer, 양금과 비슷한 현악기—옮긴이)로 연주하는 미국 포크풍 찬송가가 포함되었다.

예배 초반 길게 이어진 찬양 시간에는 찬송가와 익숙한 찬양들을 함께 불렀으며, 예식의 흐름도 두 대의 피아노로 하는 전문적인 연주에서 익숙한 덜시머 연주로 전환되었다. 회중은 믿음의 확증과 정서, 행동을 균형 잡힌 방식으로 간증하는 가사와 멜로디를 따라 불렀다. 다양한 분위기의 노래를 선택했고, 익숙한 곡이었으며, 일부 찬송가는 절에 따라 남성 혹은 여성만 부르게 했기 때문에 회중도 긴 시간 이어진 노래들을 잘 따라 불렀다.

이 예배에서 우리는 설교 주제를 의도적으로 강조하려고 노력하지 않았다. 우리의 목적은 초월적인 동시에 내재적이신 하나님에 대한 비전을 얻는 것이었다. 따라서 설교 후 우리는 하나님이 다양한 시대에 다양한 방식으로 말씀하셨던 분이지만, 마지막 때에는 그분의 아들을 통해 말씀하셨으며 오늘도 그분의 기록된 말씀으로 계속해서 말씀하신다고 강조했다.

성경의 줄거리: 예언서

1999년 5월 9일 저녁 예배

전주   피아노—데비 홀링어(Debbie Hollinger), 멜로디 퓨(Melody Pugh)

환영과 기도   짐 존스턴 목사

| 회중 찬양 | 척 킹(Chuck King) 목사 |

* 찬송가 62장—주 예수 이름 높이어
* 3쪽—주님 이름 찬양합니다(Glorify Thy Name)
* 4쪽—주 이름 어찌 그리 아름다운지요(How Majestic Is Your Name)
* 5쪽—위대하신 주(Great Is the Lord)
* 찬송가 67장—만유의 주재(Fairest Lord Jesus)
* 찬송가 87장—주 사랑합니다(I Love Thee, I Love Thee)

광고와 헌금	켄트 휴즈 목사
봉헌송	덜시머—캐럴 어먼(Carole Ehrman)
설교	데이비드 화이트 목사
응답 찬송 223장	예언자를 통해 말씀하신 하나님
	(God Hath Spoken by His Prophets)
축도	데이비드 화이트 목사
후주	싱글리 3세

* 이 곡들의 가사와 악보는 저녁 예배 순서지 안에 있습니다.

사례 5: 1999년 10월 3일 저녁 예배

아침 공동 예배와 마찬가지로 주일 저녁 예배도 처음부터 끝까지 성경 중심 주의, 통일성, 창의적 균형을 유지하려고 노력한다. 앞서 언급했듯이 저녁 예배는 상대적으로 틀에 박혀 있지 않고 더 편안하고 즉흥적이다. 음악은 더 다양하다.

이날 저녁 예배의 설교 본문은 사도행전 4:23-31이었으며 제목은 "누가 다스리시는가?"였다. 악기로 전주를 연주한 후 회중은 자연스럽게 반주 없이 "온 세상 다스리시네"(He's Got the Whole World in His Hands)를 기쁘게 불렀다. 이 친숙한 영가를 비롯해 찬송가, 영가, 찬양곡 등 격식에 얽매이지 않는 다양한 음악이 사용되었다.

"전능하신 창조의 하나님"(God of Creation, All Powerful)은 친숙한 아일랜드 곡이며, "하늘 아버지의 자녀들"(Children of the Heavenly Father)은 스웨덴 곡이다. 회중은 포크풍의 노래를 부르고 휘튼 칼리지의 남성 아카펠라 그룹인 '원 보이스'(One Voice)도 비슷한 분위기의 "소박한 선물"(Simple Gifts, 셰이커 교도들 사이에서 시작된 곡)을 불렀다. 뉴저지주 프린스턴 출신의 대학 교회 목회자 수련생이 이끄는 '원 보이스'는 프린스턴 대학교(Princeton University) 사례와 같은 캠퍼스 내 아카펠라 운동을 일으키는 촉매제 역할을 했다. '원 보이스'가 부른 "평생 주 찬양"(Ain't Got Time to Die, 흑인 영가)은 이날 저녁 포크풍 노래의 흥겨운 분위기를 이어 가면서 만물을 다스리시는 하나님에 대한 기쁜 헌신을 강조했다. 경배와 찬양을 담은 곡들로 저녁 예배는 무르익었고, 포크풍의 "능력 위에 능력으로"(He Is Able)와 마지막 곡으로 부른 힘찬 "유다서 송영"(Jude Doxology)은 큰 감동을 주었다.

| 1999년 10월 3일 저녁 예배 |

전주 싱글리 3세
회중 찬양 온 세상 다스리시네
　　　　　노래책 2쪽　　　　　　전능하신 창조의 하나님
소박한 선물　　재러드 앨칸타라와 친구들(Jared Alcantara & Friends)
　　　　　노래책 3쪽　　　　　　능력 위에 능력으로
찬송가 41장　하늘 아버지의 자녀들
광고와 헌금
봉헌송　　평생 주 찬양　　재러드 앨칸타라와 친구들
누가 다스리시는가?　사도행전 1:23-31　　닐 닐슨 목사
　　　　　노래책 4쪽　　　　　　유다서 24, 25절
축도 닐 닐슨 목사
후주 싱글리 3세

오늘 저녁에는 케빈 케이시(Kevin Casey)가 기타와 밴조 연주로 회중 찬양을 돕습니다.

부록 2: 예배의 경이

'예배의 경이'는 유치원생부터 초등 2학년 나이의 어린이들을 대상으로, 예배에 관해 배우고 예배를 실천할 수 있는 기회를 제공한다. 1년 동안 우리가 '누구를', '어디서', '언제', '왜', '어떻게' 예배하는지에 초점을 맞추어 프로그램을 진행한다.

첫 달에는 '예배란 무엇인가?'에 초점을 맞추며 예배란 다음과 같은 것이라고 가르친다.

1. 하나님 중심적: 하나님께 드리는 선물이자, 거룩하신 왕께 우리가 보일 수 있는 유일한 반응이다.
2. 성경 중심적: 성경은 전적으로 참되다. 성경 전체에서 예배에 관해 이야기한다. 성경은 두 부분으로 나뉘는데, 구약(구원자가 오신다)과 신약(구원자가 오셨다)이다.
3. 한 주 동안 우리의 삶에서 절정에 해당하는 시간: 우리는 언제든, 어디서든, 예배할 수 있지만 공동 예배가 우리가 하는 모든 예배의 절정이다.
4. 적극적인 행동: 우리의 머리, 우리의 손, 우리의 마음을 사용한다.

그다음 우리는 하나님 중심적 예배의 근거, 즉 "우리는 누구를 예배하며, 왜 그분을 예배하는가?"에 초점을 맞춘다. 우리가 공부하는 성경 본문은 거룩하신 이가 그분의 보좌에 앉아 계시며, 그분의 옷자락이 성전을 가득 채우고, 연기가 자욱하며, 문지방의 터가 흔들리고, 날개가 여섯 달린 스랍들이 날아다니며 서로를 부르는 이사야의 환상을 묘사한 이사야 6장이다. 아이들은 이사야 6:3 말씀, "거룩하다. 거룩하다. 거룩하다. 만군의 여호와여, 그의 영광이 온 땅에 충만하도다"를 암송한다. 또한 찬송가 "거룩 거룩 거룩"(Holy, Holy, Holy)의 세 절을 암송한다. 아이들은 거의 매주 이 찬송가를 부르고 싶다고 말하며 이사야의 환상과 그의 반응을 떠올리면서 기쁘고 진지하고 경건하게 이 노래를 부른다. 아이들이 "모든 성도 면류관을 벗어 드리네. 천군 천사 모두 주께 굴복하니"라는 가사를 배울 때 우리는 요한계시록 4장을 공부한다. 다시 한번 아이들은 주님께서 우리의 찬양을 받기에 합당하시며 우리는 영원히 예배로 응답하도록 부르심 받았음을 생각하면서 큰 감동을 받은 듯한 침묵과 경외감으로 반응하곤 한다.

대강절이 되면 우리는 요한복음 12:41을 통해 이사야의 환상이 바로 예수님에 관한 환상이었음을 배운다. 우리는 "그리스도를 추구함"(Pursing Christ)부터 교리 문답을 공부한다. "누가 만물의 왕이신가? 주 예수 그리스도께서 만물의 왕이시다."[7] 아이들이 이사야 6장과 요한계시록 4장의 영원하신 왕께서 우리를 위하여 구유에 누워 계시는 모습을 생각하면서 진지하게 예배하는 마음으로 "참 반가운 신도여"(O come let us adore him)를 부르는 것을 보는 것은 매우 감동적이다.

---

[7] "Pursuing Christ: A Biblical Profile of Christian Maturity", 1996년에 휘튼의 대학 교회가 작성한 출판되지 않은 선언문.

부록 3: 성경 읽기

영국의 전도자이며 성경 교사인 존 블랜처드(John Blanchard)는 하나님의 말씀을 공적으로 읽는 순서를 어떻게 준비하며 어떤 강력한 효과를 일으키는지 다음과 같이 설명한다.

성경을 읽을 때 광고 순서보다 준비를 덜 한 것 같고 성경 읽기에 대한 이해도도 낮다고 느껴질 때가 있다. 나 역시 그곳 소속이었기 때문에 다음의 일화를 소개하기 망설여지지만 나 자신에게도 이 문제의 중요성을 다시 한번 일깨우기 위해 소개하고자 한다. 회심 후 한두 해가 지났을 때 나는 영국 국교회의 평신도 독경자(Lay Reader)로 건지(Guernsey)의 성삼위일체 교회(Holy Trinity Church)에 파송되었다. 선임인 두 사람의 평신도 지도자가 있었으므로 대부분의 일요일에는 세 사람이 맡는 일을 골고루 나눌 수 있었다. 관할 사제는 거의 언제나, 매주 미리 본문이 정해진 성서 정과에 따라 말씀을 읽으라고 나에게 부탁했다. 당시 아내와 나는 작은 아파트에서 살고 있었는데 일요일 아침 일과를 지금도 생생히 기억하고 있다. 아침을 먹은 직후 나는 침실로 가서 문을 잠그고 그날의 성경 봉독을 준비하기 시작한다. 기도한 후 나는 성서 정과에서 그날의 말씀을 찾아 우리 교회에서 사용하던 흠정역(Authorized Version) 성경으로 그 본문을 주의 깊게 읽는다. 그다음 본문의 흐름과 의미에 철저히 익숙해지기 위해 내가 가진 모든 다른 번역본으로 그 말씀을 읽는다. 그다음 주석을 살펴본다. 당시 주석이 몇 권 없기는 했지만 내가 가지고 있는 것들은 다 사용했다. 단어의 의미와 교리적 함의에 특히 주의를 기울였다. 본문을 자세히 공부한 다음에는 교회의 독서대와 높이가 거의 비슷한 벽난로 위 선반 쪽으로 가서 내게 있는 가장 큰 흠정역 성경책을 그 위에 올려놓는다. 그런 다음 방의 반대쪽 끝에서 벽난로를 향해 천천히 걸어가 큰 소리로 다음과 같이 말한다. "사도 요한에 따른 복음서의 열 번째 장, 첫 번째 절(혹은 무엇이든 그날 본문에 해당하는 말씀)부터 읽겠습니다." 그다음 정해진 본문을 큰 소리로 읽기 시작한다. 말하다가 한 번이라도 실수를 하거나 발음을 조금이라도 잘못하면, 멈추고 다시 방을 가로질러 걸어가 다시 시작한다. 본문 전체를 완벽히 읽을 때까지, 때로는 완벽히 두세 번 읽을 때까지 그렇게 했다. 아내는 내가 교회에서 할 성경 봉독을 준비하느라 깨끗한 흰 셔츠가 땀으로 범벅이 되어 침실에서 나올 때도 있었다고 증언해 줄 것이다. 너무 지나치다고 생각하는가? 그렇다면 나는 이 말을 덧붙이고 싶다. 성경 복독 이후 사람들은 거기서 예배를 중단하고 조용히 집으로 가 하나님이 그분의 말씀을 통해 말씀하신 바의 의미를 곰곰이 생각해 보고 싶은 마음이 들기도 했다고 한다.[8]

---

8   John Blanchard, *Truth for Life* (West Sussex: H. E. Walter Ltd., 1982), pp. 87-88.

부록 4: 음악이 곧 예배가 될 때

대학 교회의 예배와 음악 담당 목사인 찰스 킹(Charles King)은 매주 성가대를 위해 칼럼을 쓴다. 다음은 성가대원들에게 주는 그의 가르침이다.

우리는 하나님의 백성이 모인 곳에서 그분을 찬양하고 그분의 말씀을 노래하는…귀하고 영광스러운 특권을 누린다. 하지만 이것이 예배일까? 그렇기도 하고 아니기도 하다.

음악을 만드는 것, 심지어 영광스러운 하나님의 성경적 계시에 철저히 초점 맞춘 음악을 만드는 것조차, 그 자체는 '예배'가 아니다. 혹은 적어도 그 자체는 '참된 예배'가 아니다. 그것은 우상숭배적이거나 자기중심적이거나 문화적으로 적실하거나 심지어 대단히 감정적일 수도 있다. 그런데 음악을 만드는 것이 예배가 되는 때는 언제일까?

준비하고 '인도'하는 이들이 그 일에서 가장 큰 혜택을 얻는다는 것은 알려진 바다. 이 책무에 관해 예배의 세 요소가 존재한다.

노력: 우리의 예배는 하나님께 영광을 돌리기 위해 행하는 일이다. 대단히 성경적인 의미에서 목요일 성가대 연습은 '예배 시간'이다! 예배는 우리의 몸과 시간과 열정을 바쳐 하나님께 그분이 마땅히 받으셔야 하는 것을 드리는 행위다.

준비: 우리의 예배는 우리의 마음과 손으로 행하는 일이다. "여호와의 산에

오를 자가 누구며 그의 거룩한 곳에 설 자가 누구인가? 곧 손이 깨끗하며 마음이 청결하며…이는 여호와를 찾는 족속이요"(시 24편). 따라서 우리에게 예배는 단순한 음악 작업이 아니라, 우리의 마음과 삶을 우리가 노래하는 바와 연결하는 행위다.

인도: 공동 예배에서 음악을 만드는 것은 절대로 우리 자신을 위한 일이 아니며, 언제나 다른 이들을 이끌어 우리가 배우고 노래하는 바를 기쁘게 이해하도록 돕기 위한 것이다. 음악을 통한 인도는 "그 이름을 증언하는 입술의 열매"일 때 예배가 된다(히 13장).

우리에게는 특별한 기쁨과 의무가 있다. 우리가 "하나님이 기뻐하시는 거룩한 산 제물"이 되기를!

계속해서 노래하기를!

4장. 대도시에서 드리는 개혁주의 예배

팀 켈러

문제: 예배 전쟁

오늘날 미국 교회의 삶에서 보이는 기본적인 특징 중 하나는 공동 예배와 음악의 형식이 다양해졌다는 것이다. 그 결과, 개별 회중과 전체 교단들 안에 여러 심각한 갈등이 생겨났다. 최근 경향에 관한 책과 논문들은 대체로 두 가지 광범위한 범주 중 하나로 분류해 볼 수 있다.[1] '현대적 예배'를 옹호하는 이들은 "파이프 오르간과 찬양대는 오늘날 사람들에게 결코 공감을 일으키지 못할 것이다"라는 식으로 지나치게 일방적인 진술을 한다. 마찬가지로 '역사적 예배'를 옹호하는 이들은 대중음악과 문화가 교정 불가능할 정도로 부패했으며 이를 활용하는 현대적 예배는 전적으로 받아들일 수 없다고 한다.[2]

---

[1] 한 예로 Michael S. Horton, "The Triumph of the Praise Songs", *Christianity Today* 43/8 (1999): p. 28를 보라. Horton은 전통을 중시하며 공통된 예전 형식을 통해 교회들 사이의 더 큰 일치를 추구하는 "개혁자들"과 현대적 음악을 장려하고 예배 형식의 다양성을 촉진하는 "혁명가들"에 관해 이야기한다.

[2] 예배에서 역사적 연속성과 전통, 고급문화, 예배, 신학적 해설을 강조하는 대표적 인물은 Marva Dawn, *Reaching Out without Dumbing Down* (Grand Rapids: Eerdmans, 1995)과 David Wells, "A Tale of Two Spiritualities", *Losing Our Virtue* (Grand Rapids: Eerdmans, 1998, "복음주의 교회에 공존하고 있는 두 가지 영성", 『윤리 실종』, 부흥과개혁사)이다. 또

1. 현대적 예배: 접속되어야 한다?

현대적 예배를 옹호하는 사람은 예배가 세 가지 능력의 원천, "즉 음향 시스템, 성령, 현대 문화"에 접속되어야 한다고 주장한다.[3] 하지만 철저히 현대적 예배를 추구할 때 몇 가지 문제가 뒤따른다.

첫째, 일부 대중음악을 공동 예배를 위해 사용할 때 심각한 제약이 발생한다. 대중문화를 비판하는 이들은 많은 부분에서 대중문화는 대량 생산에 의한 상업적 이익을 얻기 위해 만든 상품이라고 주장한다. 그렇기 때문에 대중문화는 전통적 민속 예술과 달리 감상주의(sentimentality), 예술성 부족, 단조로움, 개인주의로 특징지어지는 경우가 많다.

둘째, 역사적 전통을 무시할 때, 우리는 과거의 그리스도인들과 단절되고 만다. 그리스도인으로서 우리의 정체성이 지니는 풍성한 유익은 우리가 구원을 받아 역사적 백성의 일원이 되었다는 것이다. 전통의 지혜를 구하려고 하지 않는 태도는 그리스도인의 겸손과도, 그리스도인의 공동체성과도 어울리지 않는다. 포스트모던의 뿌리 없음으로 인해 많은 사람이 고대의 방식과 사람 들 간 연결을 추구해 왔는데, 이에 대한 신중한 반응도 아니다.

마지막으로, 철저히 현대적인 공동 예배는 매우 빠른 속도로 시대에

한 "교차로에서 선 교회 음악"을 위한 웹 페이지 http://www.xlgroup.net/cmac를 보라. "시각적 의사소통, 음악, 감각, 느낌"을 강조하는 현대적 예배로 전환하기를 촉구하는 이들의 예로는 Lyle Schaller, "Worshiping with New Generations", *21 Bridges to the 21st Century* (Nashville: Abingdon, 1994)와 C. Peter Wagner, *The New Apostolic Churches* (Grand Rapids: Regal, 1998, 『신사도 교회들을 배우라』, 서로사랑)를 보라.

3 C. Peter Wagner, "Another New Wineskin—the New Apostolic Reformation", *Next* (Leadership Network: Jan-Mar 1999), p. 3. 이 글에서는 전통을 기피하는 현대적 예배를 적절하게 설명한다.

뒤처진 것이 되고 만다. 또한 시장의 매우 협소한 틈새만을 겨냥할 수밖에 없다. 피터 와그너(Peter Wagner)가 현대 문화에 '접속되어야' 한다고 말할 때 어떤 현대 문화를 지칭하는가? 백인, 흑인, 라틴계, 도시, 교외, '베이비 붐 세대', 'X 세대' 중 누구의 현대 문화를 말하는가? 10년 전만 해도 윌로우 크릭(Willow Creek)의 현대적 예배를 '최첨단'이라고 생각했다. 그러나 이미 대부분의 젊은 세대는 이런 예배를 구식이고 '감상적'이라 생각하며,[4] 윌로우 크릭은 십 대와 이십 대를 끌어안기 위해 전혀 다른 종류의 '버스터' 세대를 위한 예배를 시작해야 했다.

현대적 예배를 열성적으로 지지하는 이들의 주장에는 문화가 기본적으로 중립적이며, 따라서 모이는 예배를 위해 그것이 무엇이든 특정 문화 형식을 전적으로 채택하지 못할 이유가 없다는 전제가 숨어 있다(하지만 그다지 잘 숨어 있지는 않다!). 하지만 특정 역사적 전통에 뿌리를 내리고 있지 않은 예배에서는 특정 주변 문화의 과잉과 왜곡된 죄악의 요소들을 평가하고 피하기 위한 비판적 거리 두기가 자주 결여된다. 예를 들어, 우리는 어떻게 현대 서양 문화의 접근 용이성과 솔직함을 활용하면서도 그 문화의 개인주의와 도덕적 해이에 대한 심리학적 분석은 피할 수 있을까?

---

4   Sally Morganthaler, "Out of the Box: Authentic Worship in a Postmodern Culture", *Worship Leader* (May-June 1998): p. 24 이하에서 윌로우 크릭을 "시대에 뒤처진 베이비 부머 세대"의 모형으로 비판한다. 이 글과 *Prism* (Nov-Dec 1997)에 실린 음악가 Fernando Ortega와의 인터뷰를 통해, 어떤 종류의 예배가 세속의 젊은이들에게 다가갈 수 있는지에 관한 복음주의권 전제의 기초에 중요한 균열이 생기고 있음을 알 수 있다. 하지만 가령, 교회가 '베이비 부머'의 현대 음악을 포기하고 더 대안적인 록 음악을 채택한다면 다시 10년, 15년이 지난 후에는 그 역시 지금 윌로우 크릭이 처한 것과 똑같은 상황에 처하게 되지 않겠는가? 내구성에 관해서는 더 역사적인 예배 형식이 우월하다고 할 수 있다.

2. 역사적 예배: 물러나야 한다?

반면, 역사적 예배를 옹호하는 이들은 엄격히 '고급문화'를 옹호하는 사람들이다. 그들은 엘리트주의라는 비판에 대해 자신을 방어하면서 현대 대중음악이 전통적 민속 예술보다 열등하다고 주장한다.[5] 하지만 엄격히 전통적이며 역사적인 예배를 주장할 때도 문제가 뒤따른다.

첫째, 역사적 예배를 옹호하는 이들은 문화적 엘리트주의라는 비판을 피할 수 없다. 실제로, (상업적으로 제작되는 대중음악의 중심지들이 아닌) 라틴 아메리카, 아프리카, 아시아의 보통 사람들의 민중 문화에서 기원한 기독교 음악을 살펴보면, 현대적 경배와 찬양 음악이 보이는 특징들—단순하고 쉬운 곡조, 역동적인 박자, 반복되는 가사, 경험에 대한 강조—이 보인다.[6] 많은 경우 고급문화를 이해하기 위해서는 많은 교육을 받아야 하므로, 특히 미국에서 그런 음악과 미술을 강하게 강조한다면 대학 교육을 받은 엘리트들만 매력적으로 여길 것이다.

둘째, '역사적' 공동 예배를 옹호하는 이들은 "누구의 역사인가?"라는 물음에 답해야 한다. '전통적' 예배라고 불리는 것은 대부분 북부 유럽식 문화에 뿌리를 두고 있다. 엄격히 현대적 예배를 옹호하는 이들은 예배를 어느 한 현대 문화와 지나치게 결부시키는 반면, 엄격히 역사적 예배를 옹호하는 이들은 예배를 어느 한 과거 문화와 지나치게 결부시키는 경향이 있다. 우리는 정말로 (종교개혁 전통을 통해 체현된) 정서적 표현과 음악에 대한 16세기 북부 유럽식 접근 방식이 전적으로 성경에 의

---

5 Marva Dawn은 "Throwing the Baby Out with the Bath Water", *Reaching Out Without Dumbing Down*, p. 183 이하에서 대중음악에 관한 Ken Myers의 우려를 탁월하게 요약해 소개한다.

6 Horton, "The Triumph of the Praise Songs", p. 28.

해 형성되었고 또 지금도 보존되어야 한다고 생각하는가?

역사적 예배를 옹호하는 이들의 주장 이면에는, 특정 역사적 형식이 더 순수하고 성경적이며 인간의 문화적 첨가물에 의해 오염되지 않았다는 전제가 숨어 있다(하지만 그다지 잘 숨어 있지는 않다!). 문화적 상대주의를 반박하는 이들은 죄와 타락이 **모든** 전통과 사회를 오염시킨다는 것도 기억해야 한다. 전통을 경멸하는 것이 겸손의 결여인 것과 마찬가지로, 특정 전통이나 문화의 예배 방식을 치켜세우는 것 역시 겸손의 결여(그리고 죄의 '인지적' 영향력에 대한 무지)다. 새로운 현실에 맞추어 전통에 수정을 가하기를 거부하는 태도는 예수님이 정죄하셨던 것처럼 우리가 선호하는 인간의 문화를 우상화하고 성경과 동등한 것으로 규범화하는 잘못에 해당한다(막 7:8-9).[7] 현대적 예배의 옹호자들은 모든 문화 안에 죄가 있음을 인식하지 못하는 것 같고, 역사적 예배의 옹호자들은 모든 문화 안에 일정 정도의 (일반) 은총이 있음을 인식하지 못하는 것 같다.

3. 성경, 전통, 문화

이 시점에서 독자는 내가 이 두 극단 사이에 있는 어떤 야심 찬 '제3의 길'을 제시하리라 기대할 것이다. 실제로 많은 이가 "절충적 예

---

[7] '고급문화'나 '대중문화' 예배 음악의 주창자들은 자신들의 신념이 사실은 취향이나 문화적 선호의 문제임에도 신학적 원리의 문제로 만들려고 하는 경우가 너무 많다. 예를 들어, 역사적 예배를 옹호하는 이들은 재즈가 상업적 대중문화의 상품이 아니며 진정한 민중의 뿌리로부터 자라난 고급문화 매체로 간주될 수 있을 뿐만 아니라, 훌륭한 기술과 기교가 필요하고 록이나 팝 음악보다 더 폭넓은 인간 경험을 표현할 수 있다는 입장이다. 예를 들어, "포크 음악과 재즈"(Folk Music and Jazz)를 다루는 Calvin M. Johansson, *Music and Ministry: A Biblical Counterpoint* (Peabody: Hendrickson, 1984), pp. 59-62를 보라.『음악과 사역: 성서적 대위법』(J&A MUSIC).

배"(blended worship)라는 제3의 접근 방식을 주장한다.[8] 하지만 이것은 그렇게 단순한 문제가 아니다. 내가 주로 비판하고자 하는 바는 양쪽 모두 똑같이 문제를 지나치게 단순화시킨다는 점이다.

현대적 예배 옹호자들은 성경과 현대 문화에 귀를 기울이는 반면, 역사적 예배 옹호자들은 성경과 역사적 전통에 귀를 기울인다. 하지만 이 글에서 나는 세 가지 모두, 즉 성경과 공동체의 문화적 맥락,[9] 그리고 교회의 역사적 전통에 귀를 기울일 때 우리의 공동 예배를 가장 잘 구축할 수 있다고 주장하고자 한다.[10] 이렇게 더 복잡한 과정을 거칠 때 그

---

8 불행히도 많은 이에게 "절충적" 예배는 현대적 노래와 전통적 찬송가를 단순하고 경직되게 절반씩 나누는 것을 의미한다. 다른 종류의 두 예전적 전통을 단순히 꿰매어 결합하는 것은 귀에 거슬리며 유익하지도 않은 경우가 많다. 그런 예배는 당신이 속한 공동체의 문화와 교회의 전통을 성찰한 결과이기보다는 정치적 타협일 가능성이 크다. '제3의 길'의 더 나은 본보기는 Robert E. Webber, *Blended Worship: Achieving Substance and Relevance in Worship* (Peabody: Hendrickson, 1996)이다. 많은 점에서 나는 Webber의 기본적인 주장에 동의하지만, 그조차도 고대적 요소와 현대적 요소를 신학적 통일성 속에서 교직(交織)하기보다 인위적으로 결합하려는 경향이 있다. 나는 "절충적 예배"라는 용어를 범주로 사용하지 않으려고 한다. 왜냐하면 이 말은 흔히 앞에서 언급했듯 정치적 타협을 뜻하기 때문이다. 음악을 반반으로 구분하는 문제에 관해서는 이 글 마지막 부분에 있는 "공동 예배를 위한 음악"을 보라.

9 Andrew F. Walls가 쓴 *The Missionary Movement in Christian History: Studies in the Transmission of the Faith* (Edinburgh: T & T Clark, 1996)에 실린 두 장 "문화의 포로이자 해방자로서의 복음"(The Gospel as Prisoner and Liberator of Culture)과 "기독교 역사에서의 번역 원리"(The Translation Principle in Christian History)는 성경의 권위에 관한 복음주의적 관점 안에서 문화에 귀를 기울이는 균형 잡힌 관점을 보여 주는 좋은 사례다. 『세계 기독교와 선교 운동』(IVP).

10 성경의 권위에 대한 복음주의적 관점 안에서 전통에 귀를 기울이는 균형 잡힌 관점을 보여 주는 좋은 사례는 Richard Lints, *The Fabric of Theology: A Prolegomenon for Evangelical Theology* (Grand Rapids: Eerdmans, 1993), pp. 83-101다. 그는 기독교적 겸손이 성경에 관한 우리의 편견과 선입관을 깨닫게 해 준다고 말한다. 이는 우리 자신의 전통과 다른 전통을 참고해 우리 자신의 성경적 발견을 확인하지 않고도 성경적 '방식'을 발견할 수 있다고 생각하는 것은 (우리의 죄론에 따르면) 성경적이지 않다는 뜻이다. 또한 John Leith, *Introduction to the Reformed Tradition* (Atlanta: John Knox, 1981), 1장 "신앙의 전승"(Traditioning the Faith)을 보라. 『개혁교회와 신학』(한국장로교출판사).

결론은 그저 단순한 제3의 '중도'가 아닐 것이다. 개신교 안에만 해도 최소 아홉 개의 예배 전통이 존재한다.[11] 그렇기 때문에 당신이 지금 읽고 있는 이 책에서는 문화적 적실성을 갖추면서도 역사적 전통을 깊이 이해하고 그 전통을 반영하는 공동 예배의 예시들을 제시할 것이다.

이처럼 더 복합적인 접근 방식을 따르는 것은 대단히 중요하다. 성경은 예배를 위해 모일 때 예배 전체를 어떻게 구성해야 하는지 충분한 세부 사항을 우리에게 알려 주지 않는다. 성경은 우리에게 노래로 하나님을 찬양하라고 말하지만 곡조나 박자를 제시하지는 않는다. 가사를 얼마나 반복해야 하는지, 노래는 얼마나 정서적으로 강렬해야 하는지 말해 주지 않는다. 공동 기도를 하라고 명령할 때 그 기도를 미리 적어서 해야 하는지, 회중이 한목소리로 함께해야 하는지, 즉흥적으로 해야 하는지 말해 주지 않는다.[12] 모이는 예배에 구체적인 형식을 부여하

---

11 James F. White, *A Brief History of Christian Worship* (Nashville: Abingdon, 1993), p. 107에서는 개신교의 예배 전통을 이렇게 구별한다. 16세기: 재세례파, (대륙의) 개혁주의, 성공회, 루터교; 17세기: 퀘이커, 청교도/개혁주의; 18세기: 감리교; 19세기: 개척지; 20세기: 오순절. 『예배의 역사』(쿰란출판사).

12 John M. Frame, *Worship in Spirit and Truth* (Phillipsburg: Presbyterian and Reformed, 1996)에서는 성경이 말하는 예배의 기본적 요소가 매우 다양한 형식을 띨 수 있다고 설명한다. 어떤 이들은 '규정 원리'를 근거로, 즉 성경에 규정되어 있지 않다는 이유로 찬양대와 독창에 대해 반대한다. 하지만 Frame은 만약, 나머지 회중이 묵상하는 동안 몇몇이 크게 기도하는 것을 허용한다면, 나머지 회중이 묵상하는 동안 몇몇이 크게 노래하거나 연주하도록 허용하지 못할 이유가 무엇인지 묻는다(p. 129). 왜 노래는 기도나 설교와 다른 방식으로 규제되어야 하는가? 어떤 이들은 '규정 원리'를 근거로 찬송가와 성경을 그대로 가사로 만들지 않은 노래를 사용하는 것에 반대한다. 하지만 Frame은 (성경에 기초해) 우리 자신의 말을 사용하여 기도하거나 설교하도록 허용한다면, (성경에 기초해) 우리 자신의 말을 사용하여 노래하도록 허용하지 못할 이유가 무엇인지 묻는다(p. 127). 왜 노래는 기도나 설교와 다른 방식으로 규제되어야 하는가? 어떤 이들은 예배에서 춤을 사용하는 것에 대해 반대하지만, 시편에서 분명히 예배 때 춤추는 것에 관해 수없이 언급하는 것을 제외하더라도 Frame은 성경에서 우리에게 손을 들고(느 2:8; 시 28:2; 딤전 2:8), 손뼉을 치고(시 47:1) 엎드리라(고전 14:25)고 권면한다면 우리가 이런 행동을 하면서 말을 같이 하는 것은 예상할 수 있는 일이며 당연한 일이 아닌지 묻는다(p. 131). 우리가 우리의 생각과 말을 표현하기 위해 몸을 사용

기 위해서 우리는 성경이 남겨 둔 '여백을 채워야' 한다. 이를 위해서는 전통, 우리 공동체 사람들의 필요와 능력과 문화적 감수성, 우리 자신의 개인적 선호를 끌어와야 한다. 우리 자신의 선호를 끌어오는 것을 피할 수는 없지만 이것이 가장 중요한 요인이 되어서는 안 된다(참고. 롬 15:1-3). 따라서 전통과 문화 모두에 귀를 기울이는 어려운 작업을 하지 않는다면 우리는 그저—의식적으로든 무의식적으로든—자신을 즐겁게 하는 음악을 고르게 될 뿐이다.

요약하면, '예배 전쟁'이라는 문제의 해결책은 역사적 전통을 거부하거나 그것을 신성시하는 것이 아니라, 성경 신학이라는 틀 안에서 우리의 역사와 동시대적 현실 모두를 진지하게 받아들이는 새로운 형식의 공동 예배를 구축하는 것이라고 나는 믿는다. 나는 내가 속한 개혁주의 전통 안에서 어떻게 그런 예배 형식을 구축할 수 있는지 보여 주고자 한다. 이를 위해 먼저 개혁주의 예배 신학의 근본 원리를 살펴보고, 그 다음 이 원리를 동시대적 상황에 적용할 것이다.

개혁주의 예배 전통

나는 개혁주의 예배의 역사적 전통, 특히 대륙에서 갈라진 예전은 매우 현대적인 상황에서도 모이는 예배를 규정하고 형성할 수 있다고 믿는다.

하지 않은 채 설교할 수 없다면, 어떻게 춤을 배제하기 위해 임의적으로 '선을 그을' 수 있겠는가? Frame은 (춤과 같은) 이런 문제에 관해 결정을 내리는 참된 방법은 지혜와 사랑이라고 지적한다. 즉 그것이 믿음을 세우는 데에 유익하겠는가? 다시 말해, 만약 몸에 꼭 끼는 원피스를 입은 무용가가 너무 회중의 주의를 분산시키거나 성적으로 도발적이라고 생각한다면 그냥 그렇다고 말하라. 성경이 그것을 금지한다는 식으로 증명하려 하지 말라. 단지 지혜롭지 못한 것에 '금지된 것'이라는 딱지를 붙이려고 하는 것은 마음의 나쁜 습관이다.

1. 개혁주의 공동 예배의 다양성

한 저자는 "400여 년 만에 처음으로 장로교 예배가 무엇인지 합의점을 어디서도 찾아볼 수 없게 되었다"라고 말했다.[13] 하지만 이는 지나친 단순화다. 16세기 두 명의 스위스 개혁자들은 성경에 따라 모이는 예배를 갱신하고자 노력했다. 울리히 츠빙글리(Ulrich Zwingli)는 거의 전적으로 설교자의 가르침과 기도에 초점을 맞춘 예배를 만들어 냈다. 예전, 음악, 또는 회중의 참여는 거의 아니 전혀 없었다. 하지만 장 칼뱅은 고정된 예전 형식, 음악, 회중의 참여가 더 많이 포함된 예배를 설계했다. 또한 잘 알려져 있듯, 칼뱅은 예배 때마다 성만찬과 말씀의 선포를 결합하기를 바랐다.

이런 접근 방식의 확연한 차이 때문에 예전의 역사를 연구하는 학자인 제임스 화이트는 이 두 방식을 개혁주의 공동체 내의 다른 두 예배 '전통들'로 설명했다.[14] 츠빙글리의 접근 방식은 청교도 예배의 모판이 된 웨스트민스터 신앙 고백(Westminster Confession)과 표준 문서(Standards)를 통해, 또 후대의 '자유 교회' 예배를 통해 표현되었다.[15] 칼

---

13 Terry L. Johnson, *Leading in Worship* (Oak Ridge: Covenant Foundation, 1996), p. 1.
14 James F. White, *A Brief History*, p. 107.
15 이는 Peter Lewis, "'Free Church' Worship in Britain", *Worship: Adoration and Action*, ed. D. A. Carson (Grand Rapids: Baker, 1993)에 제시된 관점이다. Lewis는 즉흥적인 기도, 예술적 다양성과 탁월성을 강조하지 않는 태도, 설교를 예배의 절정으로 보는 관점이 청교도로부터 자유 교회로 전수되었다고 지적한다. Lewis는 청교도 전통에 대해 Guillermo W. Mendez보다 더 긍정적인 태도를 보인다. Mendez는 이 전통 안에 유럽의 문화적 전제가 많이 숨어 있다고 본다. 예를 들어, "하나님의 위엄에 대해 인간은 경외감, 경배, 조용한 묵상으로 반응할 수 있을 뿐이다. 이는 조용하지 않은 인간의 반응은 모두 영적이지 않으며…하나님이 찬양보다 성경에 대한 인지적 이해를 더 기뻐하신다는 뜻이다.… 지식이 경험을 집어삼키고 말았다는 인상을 남긴다." "Worship in the Independent/Free Church/Congregational Tradition: A View from the Two-Thirds World", *Worship: Adoration and Action*, p. 172를 보라.

뱅을 따르는 대륙의 개혁주의 예배는 초기 기독교 전통에 더 깊이 뿌리를 내리고 있다고 인정받는다.[16]

"처음부터 종교개혁의 개혁주의 진영 안에는 예전에 대해 두 개의 다른 관념이 존재했음"을 기억하는 것이 대단히 중요하다.[17] 그런 이유로 개혁주의 복음주의 교회들이 나머지 미국 교회와 마찬가지로 '예배 전쟁'에 의해 분열되어 있다고 말할 수도 있다.[18] 완벽한 합의는 한 번도 존재하지 않았다. 개혁주의 안에서 역사적 예배를 옹호하는 이들은 '규정 원리'—모이는 예배 형식에 관한 엄격히 성경적 기준—가 '전쟁'을 해소하고 우리에게 단일하고 단순한 예배 예식을 회복시켜 줄 것처럼 말하곤 한다. 그러나 츠빙글리와 칼뱅[19] 모두 성경의 권위에 철저히 복종했지만, 두 개의 구별되는 공동 예배 전통을 만들어 내는 전혀 다른 결론에 도달했다.[20] 반면, 개혁주의 안에서 현대적 예배를 옹호하는 이들은 개혁주의 전통이 오늘날 모이는 예배에 영향을 줄 수 있으며 주어야 한다는 점에 충분히 주목하지 않는 경우가 많다.

---

16 Hughes Oliphant Old, *The Patristic Roots of Reformed Worship* (Zurich: Theologischer Verlag, 1976).
17 Klass Runia, "Reformed Liturgy in the Dutch Tradition", *Worship: Adoration and Action*, p. 100.
18 예배에 관해 반대하는 두 개혁주의 '진영들'의 입장을 보여 주는 예로는 (역사적 예배 옹호자) Terry L. Johnson, *Leading in Worship*과 (현대적 예배 옹호자) John M. Frame, *Contemporary Worship Music: A Biblical Defense* (Phillipsburg: Presbyterianand Reformed, 1997)를 들 수 있다.
19 Edmund P. Clowney, "Presbyterian Worship", *Worship: Adoration and Action*, p. 115를 보라. Clowney는 칼뱅이 예배의 '규정 원리'를 고수했지만, 비본질적 '환경'이라는 그의 관념은 이 원리를 옹호하는 다른 많은 이의 관념보다 더 광범위했다는 설득력 있는 주장을 전개한다.
20 '규정 원리'가 단일하고 단순한 예배 형식을 만들어 낼 수 없다는 점에 관해선 앞의 주 12를 보라.

개혁주의 전통 안에 있는 두 예배 전통에 관해 이야기했으니, 이제 나는 츠빙글리보다 칼뱅으로부터 배울 수 있는 것에 초점을 맞추고자 한다. 왜? 첫째, 나는 칼뱅이 모이는 공동체를 위한 예배를 만드는 데 사용한 절차에서 가르침을 얻을 수 있다고 믿기 때문이다. 앞서 언급했듯이 현재 '예배 전쟁'이 벌어지는 원인은 많은 부분에서 우리가 성경, 문화, 그리고 전통에 함께 귀를 기울이려고 하지 않기 때문이다. 나는 칼뱅이 다른 어떤 개혁자들보다 이 일을 훨씬 더 효과적으로 해냈다고 생각한다. 그러므로 그가 공동 예배를 만들어 가는 과정은 우리에게 시사하는 바가 크다. 둘째, 나는 칼뱅의 산물, 즉 그가 우리에게 준 실제 예배의 전통에는 동시대의 '포스트모던' 세대들이 크게 공감할 수 있는 특징이 있다고 믿는다.[21]

칼뱅의 공동 예배 전통은 포스트모던 세대들의 여러 관심사와 맞닿는다. 그들은 고대의 뿌리와 공통의 역사에 대한 갈망을 지니고 있는데, 칼뱅은 전통적 자유 교회 예배나 현대적 경배와 찬양과는 다른 방식으로 예전을 통해 이를 강조한다. 포스트모던 세대들은 초월과 경험에 대한 갈망을 지니고 있는데, 칼뱅은 츠빙글리-청교도 전통 내 인지적 측면에 경도된 자유 교회 예배보다도, 격식 없고 쾌활한 '구도자 예배'보다도, 예배에서의 경외와 경이를 훨씬 잘 전달한다. 포스트모던 세대들

---

[21] 후기 근대성(postmodernity)에 관한 책은 끝없이 만들어지고 있다! 하지만 (나에게) 읽기 쉽고 유익한 세 권의 책은 Gene Veith, *Post-Modern Times* (Wheaton: Crossway, 1994, 『현대 사상과 문화의 이해』, 예영커뮤니케이션); Stanley Grenz, *A Primer on Postmodernism* (Grand Rapids: Eerdmans, 1996, 『포스트모더니즘의 이해』, WPA); Richard Lints, "The Theological Present", *The Fabric of Theology* (Grand Rapids: Eerdmans, 1993)이다. Veith는 더 부정적인 태도를, Grenz는 더 긍정적인 태도를, Lints는 더 학문적인 태도를 취한다. 이 세 사람의 글을 통해 너무 많은 시간을 들이지 않고 훌륭한 개관을 얻을 수 있다.

은 선배들보다 기독교의 기본 진리에 대해 훨씬 더 무지하고 그것을 배울 곳이 필요하지만, 나이 든 세대보다 '정서적 과잉'과 감상성에 대해서는 더 불신하는 태도를 보인다. 세속의 사람들은 현대적 경배와 찬양이 제공하는 것처럼 보이는 초월은 갈망하지만 은사주의 예배는 두려워하는데, 칼뱅의 예배 전통은 정서적 조작을 피한다.

포스트모더니즘에 너무 많이 적응해서는 안 되지만, 그것이 추구하는 많은 부분은 근대성의 우상들(예를 들어, 개인주의, 인간 본성에 대한 감상적 견해, 합리주의)에 대한 타당한 포스트모던적 비판에 근거하고 있으며, 따라서 우리가 모이는 공동체로서 예배를 계획할 때 이를 고려하는 것이 마땅하다. 칼뱅은 그렇게 하기 위해 필요한 많은 자료를 우리에게 제공할 것이다.

2. 칼뱅의 공동 예배의 원천

앞에서 우리는 현대적 예배와 역사적 예배 옹호자들이 자신들의 공동 예배 형식에 도달하기 위해 지나친 단순화 과정을 거쳤다고 했다. 그렇다면 칼뱅은 어떻게 자신의 예배 형식에 도달했을까?

아무도 칼뱅이 성경을 하나님을 경배하는 예배를 위한 최고의 권위와 원천으로 받아들였다는 것에 이의를 제기하지 않는다. 하지만 칼뱅은 레위기가 기독교 이전의 예배를 위한 규범이었던 것과 달리, 성경이 우리에게 신약의 '예배 모범'(Directory of Worship)을 제공하지 않았다는 점도 이해했다.[22] 성경이 공동 예배의 기본 요소를 제시할 수도 있지

---

22 John Calvin, *Institutes*, IV.x.30. Clowney, "Presbyterian Worship", p. 117에서 재인용.

만, (전통적으로 예배의 구체적 '환경'이라고 부르는) 양식과 형식 그리고 이런 요소들의 순서에 관해서는 우리에게 자유를 부여한다. 따라서 개혁자 칼뱅은 '백지상태'에서 순수한 성경적 공동 예배를 만들어 낼 수 있다고 주장하지 않았다. 오히려 그는 먼저 고대의 전통을 참고한 후 교부 시대의 예배에 기초해 단순화된 '말씀과 성만찬'(Word and Eucharist) 예전을 만들어 냈다. 칼뱅이 교회의 전통에 의존했다는 사실은 휴즈 올리펀트 올드가 잘 입증한 바 있으므로 더 이상 그 주장을 펼칠 필요는 없을 것이다.[23]

칼뱅은 고대의 기독교 전통과 연계할 뿐만 아니라 회중의 능력도 의식적으로 고려했다. 중세 미사에서 쓰던 라틴어는 '고급문화'에서 교육을 받은 '학식 있는' 계급만 이해할 수 있었다. 하지만 칼뱅은 고급문화 대신 보통 사람의 이해 가능성을 선택했다.[24] 설교와 찬양은 배우지 못한 사람들도 이해할 수 있는 방식으로 이루어져야 한다.[25] 칼뱅은 자신이 교회에 제시하는 예전이 "전적으로 덕을 세우는 것을 지향한다"고 주장할 정도였다.[26] 이처럼 칼뱅이 초월성과 이해 용이성 사이에서 하나를 선택하길 거부한 것은 놀랍다.[27] 칼뱅은 (우리가 서서 기도해야 하는지

---

23 Hughes Oliphant Old, *The Patristic Roots of Reformed Worship*.
24 복음주의 예배의 초월성 상실과 감상성을 두려워하는 이들은 이 점을 명심해야 한다. 그들은 대중문화의 위험을 강조하지만, 고급문화에 대한 강조와 선호는 공식적 교육을 덜 받은 사람이 예배를 쉽게 이해할 수 있어야 한다는 칼뱅의 관심과 접촉점을 잃어버릴지도 모른다.
25 Calvin, *Commentary on 1 Corinthians*, p. 449.
26 Calvin, *Opera Selecta*, 2:15, Leith, *Introduction*, p. 176에서 재인용.
27 기쁘게도, 나는 이 점에 있어서 칼뱅의 생각이 David Peterson, "Worship in the New Testament", *Worship: Adoration and Action*의 통찰이나 이 책 1장에 담긴 Don Carson의 통찰과 관련이 많다는 것을 발견했다. 그들은 매주 행하는 교회의 예배를 '덕을 세우기' 위한 것이라고 설명하는 경우가 신약에 많다고 지적한다.

아니면 무릎을 꿇고 기도해야 하는지, 한목소리로 기도해야 하는지 아니면 개인적으로 기도해야 하는지에 관한 문제처럼) 예배의 구체적 '환경'을 결정하는 문제에 부딪혔을 때 우리가 전적으로 덕을 세우는 것, 즉 참여한 사람들에 대한 사랑에 초점을 맞춰서 결정해야 한다고 말했다. "사랑을 우리의 지침으로 삼는다면 우리는 안전하다."[28]

칼뱅이 모이는 예배를 구성했던 과정은 분명히 지금 시대에도 시사하는 바가 많다. '구도자 예배'를 비판하는 이들은 모이는 예배는 참석한 사람들을 위한 것이 아니라 엄격히 "하나님을 위한" 것이며 모이는 예배에서는 "하나님만 중요하다"고 주장한다.[29] 하지만 칼뱅은 '하나님의 영광'과 참여자의 '덕 세우기'를 대립시키길 거부했다. 모이는 예배의 기본 요소들은 하나님에 의해 그분의 말씀을 통해 제시되었지만, 우리가 그것들을 배열하고 활용하는 것은 예배에 오는 이들을 돕고 감동시키는 것에 의해 강하게 통제된다.[30]

---

28 Calvin, *Institutes*, IV.x.30. Clowney, "Presbyterian Worship", p. 116에서 재인용.
29 인용된 첫 번째 문장의 출처는 John H. Armstrong, "The Mad Rush to Seeker-Sensitive Worship", *Modern Reformation* 4/1 (Jan/Feb 1995), p. 25이다. 두 번째 문장의 출처는 Dawn, *Reaching Out*, p. 80에 재인용된 C. W. Gaddy, *The Gift of Worship* (Nashville: Broadman, 1992)이다.
30 엄격한 윌로우 크릭 모형에서는 한 교회가 한 예배 안에서 전도와 예배를 행할 수 없다고 가정한다. 그렇기 때문에 이 모형에서는 주말에는 '구도자 예배'(seeker services)를, 주중에는 교인들을 위한 '주중 예배'(services for worship)를 제공한다. 아이러니하게도 '구도자 친화적' 예배를 가장 혹독하게 비판하는 이들도 (Armstrong, "The Mad Rush"에서 볼 수 있듯이) 동일한 전제를 공유한다. 그 전제란, 수직적인 것과 수평적인 것을 결합할 수 없다는 것-한 예배 안에서 초월적인 경배와 효과적인 덕 세우기와 전도가 동시에 이루어질 수 없다는 것-이다. 나는 칼뱅의 주장이 이런 전제를 무너뜨린다고 생각한다.

3. 칼뱅의 공동 예배가 유지하는 균형

예배란 무엇인가? 예배는 **일차적으로** 일요일에 우리가 노래하고 기도하고 헌금하고 고백하는 등의 구체적인 행위를 할 때 일어나는 일일까? 아니면 예배란 **일차적으로** 우리가 주님의 영광을 위해 삶 전체를 살아가는 방식이며, 따라서 일요일 집회는 주중의 다른 시간과 다름없는 '예배'인 것일까? 개신교 안에서 이것은 오래된 논쟁이다. '저교회'(low church)를 옹호하는 이들은 전통적으로 두 번째 견해로 기울며 일요일 예식은 '삶 전체'의 예배와 구별되지 않는다고 주장하는 반면, '고교회'(high church)를 옹호하는 이들은 '참된' 예배가 실제로 이루어지는 것은 궁극적으로 모여서 드리는 공동 예배의 예식을 통해서라는 견해를 고수해 왔다.

오늘날 교회에서 이 논쟁은 새로운 양상을 띠게 되었다. 현대적 예배와 은사주의 교회들은 새로운 형태의 옛 관점을 견지한다. 즉 예배는 실제로 주중에 세상 안에서 이루어지기보다는 공동체적 찬양의 예식 안에서 이루어진다고 보는 것이다. 최근 오스트레일리아와 영국의 저교회 복음주의 성공회 교인들은 이 관점에 대한 대안을 매우 분명하게 제시한다.[31] 즉 그리스도가 예배의 모든 '제의적' 요소—성전, 제사장직, 제사, 안식일, 유월절—를 완전히 성취하셨으며, 따라서 이제 예배의 언어는 모든 그리스도인이 삶 전체를 살아가는 방식에 적용된다는 것이다 (벧전 2:5; 롬 12:1; 히 13:16, 17). 따라서 이들의 관점에서는 우리가 모여서 행하는 집회는 결코 독특한 방식의 '예배'가 아니다. 이제 그리스도

---

[31] 예를 들어, David Peterson, *Engaging with God* (Leicester: Apollos, 1992)과 "Worship in the New Testament", *Worship: Adoration and Action*을 보라.

인들이 모이는 주된 이유는 덕을 세우기 위함이다.

여기는 내가 이 두 관점에 관해 자세한 주장을 할 자리가 아니다. 돈 카슨이 이 책의 1장에서 이 작업을 했고 '중도적' 입장에 도달했으며, 나도 본질적으로 그 입장에 동의한다.[32]

한편, 우리가 일요일에 모이는 것은 오직 덕을 세우기 위함이라고 말하는 것은 실수다. 카슨의 말처럼, 예배할 때 우리는 "하나님께 모든 영광과 가치를 돌리며, 하나님이 그렇게 하기에 합당한 분이시기 때문에 기쁨에 넘쳐 예배한다."[33] 그러므로 우리는 하나님의 영광에 의해 '정서적으로' 감화된 우리의 마음을 비롯해 존재 전체로 하나님을 섬길 때만 참으로 예배한다고 말할 수 있다. 따라서 가장 온전한 방식으로 정의하자면, 예배는 '그분 자체가 아름다움이신 하나님으로 감동을 받아 행하는 순종의 행위'라고 말할 수 있다. 이것이 예배라면 그것은 '정서적으로' 감동을 받은 것 이상이어야 하며, 그 이하일 수 없다. 예를 들어, 우리는 공동체로 모여서 듣고 기도하고 찬양할 때 복음을 '기억하기' 위해 노력한다(참고. 고전 11:25). '기억하기'는 단순히 인지적인 활동일 수가 없다. 진리를 '마음으로' 받아들여서 우리 삶이 우리가 믿는 바와 더 일치될 수 있게 하는 행동이다. 함께 기도하고 함께 노래하고 함께 헌금하고 하나님의 말씀을 듣는 모든 행동이 독특한 예배의 기능을 지닌다.[34]

---

32 Herman Ridderbos, *Paul: An Outline of His Theology* (Grand Rapids: Eerdmans, 1975), p. 481 이하에서는 이 주제에 관해 매우 균형이 잘 잡혀 있으며 신중한 해석적 관점을 제시한다.『바울 신학』(솔로몬).
33 이 책의 1장 "말씀 아래서 드리는 예배"의 "정의와 해설" 부분을 보라.
34 John Frame은 개혁주의 관점에서 쓴 *Worship in Spirit and Truth*의 3장에서 예배에 관한 중도적이고 '균형 잡힌' 이 견해를 탁월하게 제시한다. 그는 Peterson의 주석을 전적으로 수용하면서 그리스도의 오심으로 예식과 의례가 성취되었으며, 그 결과 "본질적으로 남은 것은 넓은 의미의 예배, 즉 하나님의 말씀에 순종하는 삶, 우리 자신을 그분의 목적을 위해 제

다른 한편으로, 성경이 예배에 관해 이야기하는 모든 것을 일요일 예식에 적용하는 것도 큰 실수다. 나는 예배가 '오직 덕을 세우기' 위한 것이라는 관점은 초월에 대한 기대가 전혀 없는 예배에 대한 학문적 접근 방식, 예배당을 교실로 보는 접근 방식으로 귀결될 수 있다고 우려하지만, 이 반대 관점 역시 우리가 공동 예배 예식에 임할 때 감정적 과잉으로 흐르게 하거나 예배를 공연으로 생각하는 정서를 갖게 할 위험이 있다. 예배가 '큰 행사'로만 '치러진다면', 우리는 사람들에게 엄청난 감정적·심미적 경험을 제공하는 데 지나치게 몰두하게 될 것이다.

공동 예배를 '삶 전체'의 예배와 지나치게 구별하려고 할 때 발생하는 또 다른 위험이 있다. 예배 예식에서 일어나는 일에 너무 경직된 태도를 취하게 될 수 있다. 예를 들어, 내가 속한 교단의 많은 전통주의자가 여성이 교회 학교 반이나 소모임에서 가르치는 것은 가능하지만 공동 예배 중 강단에서 설교하는 것은 허용할 수 없다고 생각한다. 이는 그들이 일요일 '예배'는 전혀 다른 무언가이며 주중의 나머지 동안 우

물로 드리는 것이다. 삶 전체가 우리의 제사장적 섬김이며 우리의 언약 주의 위대하심에 대해 우리가 경의를 표하는 행위다"(p. 30)라고 말한다. 하지만 Frame은 그렇기 때문에 그리스도인이 더 이상 구별된 공동 예배를 위해 만나지 않는다는 데 동의하지 않는다. 물론 그는 일요일 예식을 '예배'라고 부르는 것이 위험할 수 있음을 인정한다(p. 32). 그는 헌금과 찬양(히 13:15-16), 기도(계 5:8; 8:3-4), 말씀 읽기와 듣기(히 4:12)처럼 우리가 공동 집회에서 행하는 많은 것을 지칭할 때 신약의 저자들이 예배나 '제의적' 용어를 사용하고 있음을 지적한다. 또한 우리는 여전히 하나님께 "나아가라"는 권면을 받는다(히 10:19-22; 또한 12:28-29 참고). 이는 하나님께 순종하는 일상적 활동과 구별된 의미에서 예배가 아닐까? 더 나아가 Frame은 공동 예배와 '삶 전체'의 예배 간 차이를 설명하는 예를 들기도 한다. 당신이 궁에서 왕을 섬긴다면 당신은 언제나 그 일을 할 것이다. 하지만 왕이 친히 당신이 일하고 있는 방으로 들어와 당신과 대화를 할 때, "당신의 섬김은 다른 성격을 띠며…다소 예식적인 것이 된다. 당신은 고개를 숙이며 최선을 다해 경의를 표하는 언어를 기억해 낸다.… 우리와 하나님의 관계에서도 이와 비슷한 일이 일어난다. 삶 전체가 예배다.… 하지만 우리가 그분을 만날 때 특별한 일이 발생한다"(p. 33). 따라서 Frame은 삶 전체가 예배이지만 공동 찬양과 예배는 독특한 무언가를 지니고 있다고 결론 내린다.

리가 살아가는 삶과 구별된다고 생각하기 때문이다. 형식을 갖춘 예배 예식을 진짜 예배로 보기 때문에 삶의 나머지 부분보다 훨씬 더 엄격한 규제가 이루어져야 한다고 보는 것이다. 그러나 여기서 우리가 제시하는 '중도적'이고 균형 잡힌 관점에서는, '형식을 갖춘', '공식적인' 예배 예식과 교회의 다른 모임 사이에 어떤 성경적 구별도 없다고 본다.[35]

내가 아는 한 칼뱅은 이 문제에 있어서 '중도'를 걸었다.[36] 예를 들어, 칼뱅은 그리스도가 안식일을 성취하셨기 때문에 안식일 준수에 관한 구약의 규례가 오늘날 예배자들에게 전혀 구속력이 없다고 믿었다. (물론 청교도들과 웨스트민스터 신앙 고백은 그의 생각을 첨예하게 반대했다.) 반면, 츠빙글리는 일요일 모임을 교실과 구별되지 않는 가르침과 덕 세우기의 시간으로 보았던 것 같다. 하지만 칼뱅은 예배의 목적 중 하나는 초월, 하나님을 공동체적으로 경험하는 것임을 알고 있었다. 그러므로 그는 더 예전적인 요소들을 도입했고 음악을 더 강조했다.

간단히 말해, 칼뱅은 공동 예배가 존재하며, 그것은 그리스도인들이 삶 전체에서 드리는 예배와 구별되면서도 삶에서의 예배를 지지해 준

---

35 Frame은 삶의 어떤 다른 부분보다 하나님의 말씀에 의해 더 많이 규정되는 '형식적' 예배가 존재한다는 견해를 효과적으로 비판한다. 이는 그리스도가 기독교 예배를 삶의 전부를 아우르는 것으로 바꾸어 놓으셨음을 깨닫지 못함에서 기인한 불행한 결과 중 하나다(*Worship in Spirit and Truth*, pp. 37-49를 보라). 아이러니하게도 '예배 전쟁'의 두 주요 진영—현대적이고 은사주의적인 '경배와 찬양' 운동과 전통적 예배로의 회귀를 주장하는 이들—은 예배 예식을 나머지 그리스도인의 삶과 모임과 첨예하게 구별된다고 보는 비슷한 (균형 잡히지 않은) 예배관을 고수하는 것처럼 보인다.

36 한편으로 Calvin은 그리스도인에게 '삶 전체'가 예배라는 원리를 분명히 이해했다. 『기독교 강요』에서 로마서 12:1에 제시된 "그리스도인의 삶의 총체"에 관해 논하면서 그가 했던 말을 살펴보라. "따라서 이것이 이 계획의 시작이다. 신자의 의무는 '그들의 몸을 하나님이 기뻐하시는 거룩한 산 제물로 드리는 것'이며 이것이 그분께 마땅히 드려야 할 예배다(롬 12:1)"(III.vii.1). 다른 한편으로, Calvin은 그가 "공적" 기도와 예배라고 부른 것에 대해서도 큰 관심을 기울였다(예를 들어, IV.x.29).

다고 믿었다. 이 균형을 유지하지 않는다면 당신의 예배는 지나치게 인지적이거나 지나치게 감정적인 모습을 띠게 될 것이다. (그렇기 때문에 나는 이 균형을 유지하기 위해 여기서 '공동 예배'라는 다소 어색한 표현을 자주 사용하고 있다.)

4. 칼뱅의 공동 예배의 핵심

니콜라스 월터스토프(Nicholas Wolterstorff)는 그의 탁월한 논문에서 칼뱅의 공동 예배가 지닌 독특한 특징의 핵심적 요소를 설명한다.[37] 우리가 16세기로 돌아가 가톨릭 예배와 칼뱅이 인도하는 예배에 다 참석해 볼 수 있다면, 즉시 명백한 차이를 발견할 것이다. 첫째, 칼뱅의 예배가 훨씬 더 단순하다는 점을 알아차릴 것이다. 중세 예전은 극도로 복잡했다. 둘째, 칼뱅의 예전에서 성경을 얼마나 많이 읽고 설교하는지 알 수 있을 것이다. 미사에서는 사실상 '설교'가 사라졌다. 셋째, 칼뱅의 예배에서 회중은 노래와 공동 기도, 읽기, 듣기에 많이 참여한다는 점을 알아차릴 것이다. 중세의 미사에서 평신도는 사제와 연주자들의 행동을 수동적으로 지켜보았다. 공동 기도도 거의 없었다. 사제가 칸막이 뒤에서 라틴어로 들리지 않게 기도할 때, 회중은 조용히 개인적으로 기도했다.[38] 그들은 성찬의 잔도 받지 못했다.[39]

---

[37] Nicholas Wolterstorff, "The Reformed Liturgy", *Major Themes in the Reformed Tradition*, ed. Donald McKim (Grand Rapids: Eerdmans, 1991), pp. 280-281.
[38] Robert M. Kingdon, "The Genevan Revolution in Public Worship", *Princeton Seminary Bulletin* 20 (1999): p. 167를 보라. Kingdon은 칼뱅의 예배와 중세의 예배 간 본질적 차이는 "무엇보다도 이 두 예배는 다른 감각을 활용해야 했던 것"이라고 주장한다. "[개신교인들]은 [미사를] 봄으로써가 아니라 [말씀을] 들음으로써 종교에서 가장 본질적인 것을 흡수한다고 기대했다"(p. 180). 설교를 듣는 것은 성만찬의 집례를 지켜보는 것보다 훨씬 더 많은 참여를 끌어낸다.

무엇이 이런 차이를 야기했을까? 피상적으로 개혁주의의 '형식'이 더 민주적이며 지적이기 때문이라고 답할지도 모르지만, 이는 신학적 원리를 사회학적으로 설명하려는 시도일 뿐이다. 월터스토프는 은총 개념이 중세의 모이는 예배와 스위스 개혁자들의 모이는 예배 간 핵심적 차이라고 지적한다. 예를 들어, 아퀴나스는 사제나 수찬자의 경건 상태와 상관없이 성례전은 문자적으로 은총의 이유가 된다고 주장했다.[40] 예배의 전반적 목적은 은총이라는 도구를 사용해 하나님께 다가가는 것이었다.

은총에 대한 이러한 관점은 사실상 예배에서 하나님의 일하심을 상실하는 결과를 낳았다. 예배 중 어느 곳에서도 하나님이 말씀하시는 것을 듣거나, 그분이 행동하시거나 일을 시작하시는 것을 볼 수 없었다. 심지어 (사제가 사람들을 등지고 그리스도라는 제물로 하나님께 다가가는) 신체적 움직임조차도 전부 우리로부터 하나님을 향한 것이었다. 하나님으로부터 사람들을 향한 움직임은 전혀 없었다. 사제는 사람들을 대신해 하나님을 만족시키기 위해 도구를 사용했다.

칼뱅의 공동 예배의 '핵심적 기여'는 그가 아무런 공로와 대가 없이 주어지는 은총이라는 성경적 복음을 재발견했다는 것이다. 하나님의 은총은 수행해야 할 행위가 아니라 **믿어야 할 말씀**으로 우리에게 찾아온다. '은총의 은혜로움'에 대한 이러한 새로운 강조 때문에 칼뱅의 공동 예배는 중세의 미사와 달랐다. 칼뱅은 중세의 공동 예배는 하나님이 그분 백성에게 복을 내리시게 하려고 '성례전을 수행하는 것'이라고 생각

---

39 White, *A Brief History*, 3장과 4장을 보라.
40 *Summa Theologica*, III, Q. 62, art.1. Wolterstorff, "Reformed Liturgy", p. 282에서 재인용.

했다. 그렇기 때문에 정서적·의례적·신비적·성례전적 양상이 전적으로 지배적이었다. 하지만 다른 한편으로 칼뱅은 츠빙글리주의자들(그리고 재세례파)의 전적으로 비성례전적이고 이성적이며 비신비적인 집회도 피하려고 했다. 그는 개신교 진영 안에 '행함으로써의 예배'라는 오류가 존재했음을 깨달았다고 할 수 있다. 회중은 하나님이 자신들에게 복을 내리시게 하려고 '말씀을 수행하는' 오류에 빠질 수 있지 않았겠는가?[41]

'공동 예배의 요소들'(노래, 성례전, 공동 기도)과 말씀의 설교 사이에서 균형을 잡으려고 했던 칼뱅의 태도는, 모두 복음 안에 있는 하나님의 주권적이며 대가 없는 은총에 대한 강조로부터 기인했다. 다음에서는 이 모이는 예배의 두드러진 특징을 간략히 살펴보고자 한다.

5. 개혁주의 공동 예배의 특성

1) 표현 — **단순성**. 칼뱅은 볼거리와 감상성보다, 형식과 언어의 단순성을 중시해야 한다고 믿었다.

중세의 예배는 장엄함, 의례, 호화로운 건축과 수행으로 사람들의 감정을 직접 자극했다. 그러나 칼뱅은 공동 예배에서 "눈을 부시게 하지만…정신을 죽이는…모든 과장된 장엄함은…제거해야" 한다고 썼다. 의례에 관해서는 "그 숫자를 적게 유지하고, 지키기 쉽게 하며, 실제로 행할 때 엄숙하게 수행하게 하는 것이 필수적이다."[42] 개혁자들은 중세 예배의 장관이 예배자를 수동적 관찰자로 만들고 생각과 삶을 변화시키

---

41 츠빙글리의 예배가 행함으로써의 예배에 몰두했다는 증거로는 주 60과 Wolterstorff, "Reformed Liturgy"에 담긴 논의를 보라.
42 두 인용문의 출처는 *Institutes*, IV.xv.19와 IV.x.14이다. John Leith, *Introduction*, p. 176에서 "단순성"(Simplicity)이라는 제목으로 이 인용문에 관해 논하는 부분을 보라.

지 못한 채 감정만 자극하는 경향이 있었다고 보았다. 무엇보다도, 이런 '장관'은 하나님의 은혜로우신 활동에 대한 확신의 결핍을 드러낸다. 하나님이 우리에게 은혜를 베푸시기 전에 엄청난 종교적 행동을 요구하실까? 따라서 칼뱅은 평범성을 주장한 게 아니라 의례, 음악, 건축에 있어서 허식을 제거할 것을 주장한 것이다.

칼뱅은 '엄숙한 수행'에 관해서도 이야기했다. 의례에 반대하는 현대인들—오늘날 우리가 '서민성'이나 감상성이라고 부를 만한 것—에 대한 경고라 할 수 있다. 이것은 종종 역전된 형태의 교만이다. "우리는 온갖 예술적 장식을 필요로 하는 속물들과는 다르다"라고 말한다. 그러면서 많은 교회가 거만해 보이지 않으려고 음악, 읽기, 찬양, 설교의 탁월성에 의도적으로 관심을 쏟지 않은 예배를 만들어 낸다. '예배 인도자'는 완전히 '사전 준비 없이' 말하고 즉흥적으로 떠오르는 생각을 나눈다. 평범성과 비격식성의 결과, 경외감과 거룩하신 이의 임재 안에 있다는 감각은 사라지고 만다. 칼뱅은 단순성과 감상성의 차이를 알고 있었다.

감상성은 미묘하다. C. S. 루이스(Lewis)는 젊은 작가에게 다음과 같이 말한 적이 있다. "무언가가 '무섭다'라고 말하는 대신, 그것을 묘사함으로써 독자가 무서움을 느끼게 하라. '기쁜 일'이었다고 말하지 말고, 그것을 묘사한 글을 읽으면서 독자가 '기쁨을 느꼈다'고 말할 수 있게 하라. 이런 형용사('무서운', '놀라운', '끔찍한', '대단히 아름다운')들을 사용한다면, 독자들에게 '부디 여러분이 나를 위해 내 일을 대신해 주시지 않겠습니까?'라고 말하는 것과 다름없다."[43] 루이스는 과장되고 감상적인 단어를 사용하는 작가들은 독재자와 같다고 불평한다. 그 주제가 작가 자신에게 다가온 것과 같이 독자들에게 다가가도록 놓아두지 않고, 이런 식으로 느껴야만 한다고 말하는 것이기 때문이다. 감상적 예배 인도는 루이스가 설명한 것과 정확히 똑같은 방식으로 작동한다. 전형적 표현―"그분은 정말로 놀랍지 않으십니까?", "이것은 너무나도 큰 복이 아닙니까?"―을 사용하여 인도자는 사람들에게 하나님에 대해 이야기하는 대신 하나님에 대해 어떻게 느껴야 하는지 말해 준다.

볼거리와 감상성은 하나님의 성령께서 진리를 깨닫게 해 주실 것을 신뢰하는 대신, 사람들의 감정에 직접 작용한다.[44] '중도적 예전'의 형식을 띤 칼뱅의 공동 예배는 한편으로는 볼거리, 다른 한편으로는 감상성을 피하면서 단순하게 만들고자 했던 노력의 실용적 결과물이었다.[45] 개혁주의의 모이는 예배에 더 '고교회적'인 교회들(성공회와 루터교)처럼 많은 규범적 형식, 고정된 순서, 역사적 내용(예를 들어, 신조)이 포함되지는 않지만, 자유 교회나 은사주의 교회들에 비해서는 더 많이 포함된다. 온건한 예전이란, 그만큼 목회자나 다른 인도자의 우발적이며 즉흥적인 말에 의존하지 않는다는 뜻이다.

---

43 *Letters of C. S. Lewis*, ed. W. H. Lewis (New York: Harcourt, Brace, and World, 1966), p. 271. 『메리에게 루이스가』(비아토르).
44 감상성의 문제에 관해 잘 요약하고 있는 Ken Myers, *All God's Children and Blue Suede Shoes: Christians and Popular Culture* (Westchester, Ill.: Crossway, 1989), pp. 84-85를 보라. (1) 감상적인 감정은 덧없으며 변화로 이어지지 않는다. (2) 진리에 대한 합당한 반응으로서가 아니라 단지 감정을 위해서, 그 자체로서 좋은 것으로서 받아들여진다. (3) 따라서 언제나 회의적으로 받아들여진다. 감상성은 깊은 냉소주의를 만들어 낸다. 아무도 그것을 진지하게 받아들이지 않는다. 『대중문화는 기독교의 적인가 동지인가?』(나침반출판사).
45 가장 넓은 의미에서 **예전**은 "예배 예식의 형태"를 뜻한다. 그런 (더 나은) 의미에서 모든 예배 전통에는 예전이 존재한다. 나는 또 다른 유효한 의미에서, 즉 "의례와 상징, 고정된 반응"이라는 뜻으로 이 단어를 사용하고 있다. 이런 의미에서 성공회 예배는 개혁주의 예배보다, 개혁주의 예배는 자유 교회의 예배보다 더 예전적이다. Wolterstorff는 "Reformed Liturgy", pp. 274-275에서 **예전**의 의미를 탁월하게 논한 바 있다.

2) **목적**-**초월성**. 칼뱅은 모이는 예배의 목적은 사람들이 하나님과 얼굴을 마주할 수 있게 하는 것이라고 믿었다. 그의 목표는 사람들이 그저 하나님에 관한 정보를 배우게 하는 것이 아니라 참으로 하나님이 하시는 말씀을 듣고 예배 안에서 그분의 임재를 알게 하는 데 있었다.

칼뱅의 모이는 예배가 추구하는 바는 '오직 하나님께 영광을'(*soli Deo gloria*) 돌리는 것으로 유명하다.[46] 예배는 하나님 중심적이며, 그 목적은 하나님께 영광을 돌리는 것이다. 하지만 '하나님에 대한 경외'보다 그분을 영화롭게 하는 것은 없다. 이 '경외'는 종처럼 무서워함이 아니라 외경과 경이다.[47] 칼뱅의 신학은 객관적 앎과 주관적 앎 사이의 탁월한 균형을 보여 준다. 그는 예배의 행위 안에서 머리와 가슴이 조화롭게 결합되어야 한다고 가르쳤다.

하나님을 향한 좋은 정서란 죽은 것이며 야만적인 것이 아니라, 마음이 바르게 감동을 받고 지성에 빛이 비쳤을 때 성령으로부터 시작되는 생기 있는 움직임이다.[48]

시간이 흘러, 조너선 에드워즈는 칼뱅의 전통에 따라, "읽기, 기도, 찬양, 설교 듣기 등과 같은…외적 의무"를 수행하는 것은 "열정적으로 임

---

[46] 개혁주의 예배의 주요 원칙은 "예배가 무엇보다도 하나님의 영광에 기여해야 한다"는 것이다[Hughes Oliphant Old, *Worship That Is Reformed According to Scripture* (Atlanta: John Knox, 1984), p. 2].

[47] 시편 130:3-4은 "주를 경외함"이라는 성경적 용어에 담긴 '긍정적' 내용을 증명하는 유명한 본문이다. 시편 기자는 사실상 "나는 주님이 나를 용서하시기 때문에 주님을 경외합니다"라고 말한다. 이는 "하나님을 경외함"에는 겸손하고 진지한 외경뿐 아니라 기쁨에 넘치는 놀라움도 포함된다는 것을 뜻한다.

[48] Leith, *Introduction*, p. 176에서 재인용.

하더라도" 예배가 아니며, 오직 우리의 "마음이 감동을 받고 [우리의] 사랑이 거저 베푸시는 하나님의 은총에 사로잡힐" 때, "복음의 위대하고 영적이며 신비롭고 비가시적인 것들이…마음속에 실제적인 무게와 힘을 지닐 때"만 예배하는 것이라고 분명히 말했다.[49]

따라서 칼뱅에게 모이는 예배의 목적은 하나님이 우리 마음에 "영적으로 실재하시게" 하는 것이다. 바로 그때 (우리가 전에는 지적으로만 알고 있었을지 모르는) 진리가 성령의 영향력으로 불타오르고 강력해지며 우리를 깊이 감동시킨다(예를 들어, 롬 8:15-16). 이제 진리는 전과는 다른 방식으로 당신을 설레게 하고 위로하며 당신에게 능력을 부여하고 (혹은 심지어) 당신을 괴롭게 한다(엡 1:18-22; 3:14-21). 칼뱅은 은총에 관해 듣는 것으로는 충분하지 않다고 생각했다. 은총으로 인해 **놀라워**해야 한다.

그렇다면 첫 번째 특성(단순성)과 두 번째 특성을 어떻게 조화시켜야 할까? 칼뱅이 경외감을 '만들어 내기' 위한 가장 분명한 방식인 볼거리나 감상성 활용을 금지했다면 우리는 어떻게 사람들을 하나님의 임재 안에 있는 초월적 외경과 경이로 이끌 수 있을까? 다음과 같은 방식으로 이를 성취할 수 있다.

첫째, 초월성의 감각은 말하기, 읽기, 기도하기, 노래하기의 질에 달려 있다. 어설픔은 모이는 예배에서 '수직적' 차원을 즉각 없애 버린다.[50]

---

49 Jonathan Edwards, *Religious Affections*, ed. John Smith (New Haven: Yale, 1959), pp. 163, 263, 291-292.
50 미국에서 예배와 관련해 '수직적'과 '수평적'이라는 은유적 용어가 널리 사용되고 있다. '수직적'이라는 말은 하나님과 우리의 관계, 외경의 감각, 주에 대한 경외와 관계가 있다. '수평적'이라는 말은 우리가 서로 맺는 관계, 공동체라는 감각, 주 안에서 하나됨과 관계가 있다.

칼뱅의 접근 방식에 있어서 '어설픈' 것은 아무것도 없다! 그가 음악을 사용하는 방식은 이 점을 잘 보여 주는 사례다.

마크 놀은, 종교개혁 시대에 루터교인들과 가톨릭교인들은 '복잡한 음악과 전문적인 음악 연주'를 활용한 반면, 재세례파는 모든 '세속적' 음악 형식을 피하고 무반주의 회중 찬양을 선택했다고 지적한다. 재세례파가 그렇게 한 이유는 마크 놀이 그들의 '대중주의'(populist) 정서라고 부르는 것 때문이었다.[51] 그들은 전문성이 덜하면 음악이 덜 '세속적'이고 영적으로 더 '순수'해진다고 느꼈다. 또 다른 위대한 스위스 개혁자 츠빙글리는 예배를 거의 전적으로 인지와 지성 지향적이 되게 만들었고, 음악이 감정에 미치는 영향력 때문에 대부분의 음악을 예배에서 제거했다.[52]

그러나 칼뱅은 중도를 택했다. 전문적인 연주자들은 회중을 공동체가 아니라 청중으로 만들 수 있기 때문에, 찬양대나 독창자는 사용하지 않기로 했다. 하지만 그는 예술적 탁월성을 엘리트주의라고 보는 견해에 동의하지 않았다.[53] 대신, 탁월한 시인들을 고용해 시편을 율격 형식

---

51 Mark Noll, *Turning Points* (Grand Rapids: Baker; Leicester: IVP, 1997), p. 17. 『터닝 포인트』(CUP).
52 Leith, *Introduction*, p. 177.
53 칼뱅의 예식서(1545년)에는 찬송가가 포함되어 있다—이는 그가 찬송가 부르는 것을 죄로 여기지 않았음을 말해 준다. 그러나 그는 [음악의] '질을 통제하기' 위해, 율격을 맞춘 시편 찬송(metrical psalms)을 부르는 것으로 예배 음악을 제한했다. 또한 오르간과 대부분의 악기, 심지어 정교한 다성 음악까지도 피했다. 앞서 살펴보았듯, 이런 제약은—재세례파로 하여금 무반주로 노래하게 만들었던—예술적 탁월성에 대한 경멸에 기초하지 않았다. (앞에서 보았듯, 음악의 질은 초월성을 위해 중요하다.) 그러므로 재세례파의 예술 신학은 예배에서 반주와 찬양대 자체를 배제하지만, 칼뱅의 신학은 그렇지 않다. 재세례파와 루터교인 사이에서 그가 걸었던 '중도'는 오늘날 개혁주의 예배를 위한 길을 미리 보여 주었고 반주와 합창, 독창을 신중하게—단순성, 초월성, 덕 세우기라는 칼뱅의 전반적 목적을 존중한다고 가정할 때—활용할 수 있게 했다. 음악은 교회를 이끌어, 음악을 즐기는 청중이 아니라 주님의 임재

에 맞게 편집하고 탁월한 작곡자들을 고용해 거기에 음악을 붙이게 했다. 초기 개혁주의에서는 결코 탁월성을 기피하지 않았고, 오히려 회중을 탁월한 '찬양 책임자'의 지도를 받는 잘 훈련된 찬양대로 만들고자 했다.[54] 보통 수준 정도의 음악과 언어는 '수평적' 감동만 줄 수 있다. 노래하는 사람이나 말하는 사람의 진실한 태도에 우리 마음이 따뜻해질 수는 있다. 하지만 탁월성은 우리의 마음을 초월적인 것을 향해 고양함으로써 '수직적' 영향력을 미칠 수 있다.

단순성으로 초월성을 얻는 두 번째 방법은, 모이는 예배를 인도하는 사람들의 자세나 마음의 태도를 통해서다. 그들의 어조가 기쁘고 따뜻하기만 하다면 그 예배 예식에는 '수평적' 영향력만 있을 뿐이다. 매우 달콤하고 편안할 수는 있지만 초월적 외경심을 불러일으키지는 않을 것이다. 그러나 그들의 어조가 위엄 있고 진지하기만 하다면 우울함이나 어색함만 만들어 낼 것이다.[55] 초월적 외경심을 구성하는 경이가 전혀 없을 것이다. 인도자의 태도와 마음에 기쁨과 외경심이 분명히 나타날 때 초월성이 가장 잘 전달된다. 그럴 때 회중은 하나님의 임재 안으

앞에서 주님을 찬양하는 회중으로 만들어야 한다.
54 Anne Heider가 *Goostly Psalms: Anglo-American Psalmody 1550-1800*, by His Majestie's Clerkes; Paul Hillier, conductor—하르모니아 문디 음반사(Harmonia Mundi)의 음악 CD—에 쓴 해설을 보라. 또한 같은 음악가들이 같은 음반사에서 낸 *A Land of Pure Delight: William Billings Anthems and Fuging Tunes*를 보라.
55 예배 인도자가 따뜻하고 행복한 태도만 취하고 있다면 주님 안에서의 일치와 공동체에 관한 감각을 잘 전달할 수 있는 반면('수평적'—주 50을 보라), 위엄 있고 진지하기만 태도로는 초월성에 대한 감각과 주님에 대한 경외를 전달할 수 없다. 오히려 거리감, 엄격함, 혹독한 분위기를 만들어 낸다. 이 말을 덧붙이는 이유는, (특히 '현대적' 예배에서) 초월성의 상실을 무시하는 많은 작가와 교회 지도자가 반대쪽 극단으로 움직일 수도 있기 때문이다. 그들은 위엄과 진지함을 강조하지만 그 안에 심오한 기쁨을 결합시키지 않은 채 그렇게 한다. 그런 태도로는 사람들이 하나님의 임재 안으로 들어가도록 도울 수 없다.

로 이끌려 들어가고 있다고 느낄 것이다.

그 이유가 무엇일까? 다시 말하건대, 이것은 은총의 복음으로부터 흘러나온다. (루터의 말처럼) 복음은 우리가 '의인인 동시에 죄인'(*simul iustus et peccator*)이라고 말한다. 즉 그리스도 안에서 우리는 의롭지만 동시에 죄인이다. 반율법주의적 구원관을 가지고 모호하게 하나님은 사랑이 넘치시는 분이시기 때문에 우리를 용납하신다고 믿는다면, 우리는 실존적으로 하나님의 사랑은 알고 있을지 모르지만 그분의 거룩하심은 알지 못하는 것이다. 외경심은 전혀 없을 것이다. 이는 따뜻하고 친근하기만 한 태도로 이어질 수 있다. 반면에 율법주의적 구원관을 가지고 우리가 '완전히 바르게' 살고 믿기 때문에 용납을 받았다고 믿는다면, 우리는 실존적으로 하나님의 거룩하심을 알고 있을지는 모르지만 그분의 풍성한 자비는 알지 못하는 것이다. 경이는 전혀 없을 것이다. 이는 지나치게 경직되고 엄격한 태도로 이어질 수 있다.[56]

어느 쪽이든, 인도자는 은총에 대해 **놀라워**하지 않는다. 하나님의 거룩하심과 그분이 값비싼 희생을 치르셨음을 철저히 깨달을 때만 따뜻하면서도 강력한 기쁨에 넘치는 경외감이 존재할 것이다. 기쁨이 넘치지만 경외감으로 충만한 마음—환희에 찬 예를 갖춤—만이 과시적 위엄과 감상성이 성경적 예배의 참된 양극인 경외심과 친밀함을 흉내내

---

56   물론 '엄격한'과 같은 용어는 문화에 따라 의미가 달라질 수 있다. 한 문화에서는 예의라고 여기는 것을 다른 문화에서는 경직되고 거리감이 느껴진다고 할 수 있다. 심지어 같은 문화 안의 다른 세대 간에도 이런 차이가 존재할 수 있다. 나의 부모 세대는 공손하다고 여기는 것을 나의 자녀 세대는 엄하고 혹독하다고 여긴다. 하지만 이런 용어들이 담고 있는 의미에 차이가 있다고 해도 그 차이가 무한한 것은 아니다. 모든 문화에서 품위 없고 불손하고 천박하다고 여기는 태도와 행동이 존재한다. 따라서 경박하게 모든 것이 상대적이라고 말해서는 안 된다. 얼마만큼 허용하고 조정할지를 계속해서 따져 보고 적용해야 한다.

지 못하도록 막을 수 있다.[57]

3) 순서―**복음의 재연**. 여기서 말하는 개혁주의 모이는 예배의 '순서'는 칼뱅이 제시한 그대로의 예식 차례가 아니라, 그가 제시한 예전의 근본적 리듬과 흐름을 뜻한다.

칼뱅 예식의 '오른쪽'에는 하나님이 우리에게 말씀하신다는 감각을 거의 전적으로 상실했던 중세의 예전이 있었다.[58] 모든 행동을 회중 대신 사제가 행했다. 칼뱅의 '왼쪽'에는 츠빙글리가 있었다. 그의 예식에서는 거의 전적으로 설교자가 하나님 대신 회중에게 말했다. 아이러니하게도 두 예식 모두 사람들을 수동적으로 만들었다. 왜 그럴까? 수용과 반응이라는 '리듬'이 없었기 때문이다. 중세의 예식에서는 반응하는 부분이 많았지만 사람들이 은총의 말을 듣는 순서가 없었다. 츠빙글리의 예식에서는 듣는 부분이 많았지만 반응하는 순서가 없었다. 설교로 예배 예식이 끝났다. 따라서 두 예배 예식 모두 수용과 믿음 안에서의 반응, 은총을 받아들임과 감사의 행동이라는 리듬이 존재하지 않았다.

월터스토프는 성만찬에 대한 칼뱅의 태도를 츠빙글리의 태도와 대조한다. 성만찬을 시작하는 츠빙글리의 기도에서는 우리가 바르게 하나님을 찬양할 수 있게 해 달라고 간구하는 반면, 칼뱅의 시작 기도에서는 하나님이 우리에게 주시는 것을 우리가 바르게 받을 수 있게 해 달라고 간구한다. "[성만찬에 대한] 이해에 있어서…츠빙글리가 칼뱅

---

57 이 단락에서는 Derek Kidner가 시편 66:2에 관해 쓴 예의 탁월하고 간결한 주석을 기초로 삼았다. "[찬양]의 영광스러움은 '영과 진리'의 영광스러움으로…결코 시시하지 않지만 결코 과시적이지도 않은…예배의 위엄과 활력이다." *Psalms 1-72* (Leicester: IVP, 1973), p. 234. 『시편 주석 상』(다산글방).

58 앞서 언급한 "칼뱅의 공동 예배의 핵심"과 Wolterstorff의 논문 "Reformed Liturgy"를 참고하라.

에 맞서 중세인들과 동맹을 맺고 있다는 것은 얼마나 아이러니한 일인가!"[59] 그는 츠빙글리의 입장이 은총을 주어지는 선물로 보는 칼뱅의 관념보다 종교적 행위로 보는 중세적 관념에 더 가까웠다고 주장한다. 은총에 관한 이런 관점 때문에 가톨릭교인들이 말씀보다 성례전을 중시하는 불균형에 빠진 것과 마찬가지로, 츠빙글리는 성례전으로 표현되는 반응 없이 말씀만 중시하는 불균형에 빠지고 말았다.[60] 이런 모든 불균형은 대가 없이 베푸시는 은총이 아닌 종교적 행위를 지향하는 태도에서 기인한다. 은총을 제대로 이해하지 못하면 우리는 말씀에 대한 순종이나 성만찬을 이용해 종교적 행위를 하려고 노력할 것이다. 대신, 칼뱅은 예배 예식 전체를 집례자가 하나님을 위해 수행하는 행위로 보지 않고, 하나님이 주시는 은총의 말씀을 받고 그다음 감사의 찬양으로 반응하는 리듬으로 보았다. 이것이 바로 복음이 작동하는 방식이다. 우리는 예배 예식에서 불안에 떨며 언젠가 하나님의 나라와 가정에 들어갈 자격을 얻길 바라는 마음으로 의무를 수행하는 것이 아니다. 오히려 지금 우리가 용납받았다는 말씀을 듣는다. 그리고 이를 이해함으로써 변화를 받아 감사와 기쁨의 삶으로 반응한다(롬 5:1-5).

따라서 칼뱅은 모든 예배 예식이 복음의 수용을 재연한다고 보았다. 그것은 어떻게 작동하는가? 칼뱅의 예배 순서에는 두 가지 기본적 특징이 존재했다. 첫째, 가장 명백한 요소는 중세의 예배나 츠빙글리의 예배와 달리 칼뱅은 복음을 듣는 예배의 전반부, 즉 '말씀의 전례'(Service of

---

[59] "Reformed Liturgy", pp. 292-293.
[60] 또한 중세의 예배와 츠빙글리의 예배에는 '머리'와 '마음', 즉 생각과 감정 사이의 불균형이 존재했다. 중세에는 예술적 웅장함, 의례, 신비주의, 감정을 강조한 반면, 츠빙글리는 생각, 배움, 합리성을 강조했다.

the Word)과 후반부의 감사와 기쁨으로 반응하는 '성찬의 전례'(Service of the Table) 사이에서 균형을 유지했다. 성만찬을 강력한 설교에서 분리하면, 주의 만찬은 종교적 행위가 되고 예전의 구조 안에서 복음에 대한 감사의 반응은 소거되고 만다. 설교를 성만찬에서 분리하면, 말씀은 종교적 행위가 되고 마찬가지로 복음에 대한 감사의 반응이 소거되고 만다. 우리는 제네바의 지도자들이 칼뱅이 바라던 대로 성만찬을 매주 행하도록 허락하지 않았다는 것을 알고 있다. 오늘날 우리는 성만찬을 자주 행함으로써 칼뱅의 우려에 대응할 수 있다.[61]

하지만 '들음과 반응'이라는 칼뱅의 주제는 성례전에 국한되지 않았다. 그가 제시하는 예배 예식의 두 번째 기본적 특성은, 들음-회개-은총 안에서의 갱신이라는 반복적 주기가 예배 안에 자리 잡고 있었다는 것이다. 다음에 제시되는 도표를 살펴보면, 칼뱅의 예전은 도드라져 보인다.[62] 찬양 후 바로 설교가 이어지는 전형적인 복음주의권 예배와 달리, 칼뱅의 예전은 복음에 기초한 공동 예배의 '리듬'을 보여 주고 있다.[63]

먼저, '이사야' 주기가 있다. 하나님의 말씀(성경 말씀)을 낭독하고, 회중은 죄의 고백으로 반응한다. 다음 순서로서 죄 사함에 관한 하나님

---

[61] 리디머 장로교회(Redeemer Presbyterian Church)에서 우리는 오랫동안 매달 첫 번째 일요일 아침 예배와 세 번째 일요일 저녁 예배에서 성만찬을 행했다. 많은 교인이 두 예배 모두에 참여하기 때문에 우리는 사실상 격주로 성만찬을 행하는 셈이다.

[62] 중세와 츠빙글리의 예전은 White, *A Brief History*, p. 89에 제공된 정보에 기초한 것이며, 칼뱅의 예전은 Leigh, *Introduction*, p. 185 이하에 제공된 정보를 기초한 것이다.

[63] John Murray, "The Church—Its Identity, Functions, and Resources", *Works* (Edinburgh: Banner of Truth, 1976), 3:239를 보라: "예배에는 두 측면, 즉 하나님이 우리에게 주시는 말씀과 그분의 말씀에 대한 우리의 응답이 존재한다. 전자는 특히 말씀 읽기와 설교로 이루어지며, 후자는 경배, 받아들임, 감사, 기도로 이루어진다." Murray는 성만찬이 하나님이 우리에게 주시는 말씀인 동시에 그분에 대한 우리의 반응이라는 칼뱅의 믿음은 언급하지 않는다. "교회: 그 정체성, 기능, 자원", 『존 머레이 조직신학』(CH북스).

츠빙글리	칼뱅	중세
기원	성경 말씀	입례송
성경	고백/죄 사함	구긍경(Kyrie)
설교	시편 부르기	본기도
기도	조명을 위한 기도	구약 낭독
신조/십계명	성경 봉독	교창
축도	설교	서신서 낭독
	시편 부르기	
	헌금	복음 환호송(할렐루야)
	도고	복음서 낭독
	신조(노래로 부름)	강론
	제정사	영광송
	권면	해산
	성찬(찬양 혹은 성경 읽기	
	를 병행함)	시편 43편
		니케아 신조
	기도	봉헌기도
	축도	천주의 어린 양(Agnus Dei)
		축성
		성찬
		성찬 후 기도
		파송

의 말씀은 회개에 대한 하나님의 은혜로우신 응답이다. 그다음 시편 부르기는 하나님의 자비에 대해 그분께 감사와 찬양으로 반응하는 것이다. 이는 이사야 6장의 경험과 대단히 유사하다.

　다음으로, '모세' 주기가 있다. 조명을 위한 기도에서는 불붙은 떨기나무를 통해 모세에게 나타나셨듯이, 낭독되고 선포되는 하나님의 말씀을 통해 우리에게 그분이 나타나 주실 것을 간구한다. 목표는 단순한 가르침과 정보가 아니라 그분의 영광에 대한 앎이다. 하나님의 말씀에 반응하기 위해 헌금과 도고 순서가 있다.

마지막으로, 예수님이 떡을 떼심으로써 주님이심을 알게 해 주시는 '엠마오' 주기가 있다. 성찬에 관한 권면을 포함한 까닭은 성만찬을 반응으로만 보지 않았기 때문이다. 성만찬 자체가 복음-말씀, 우리를 위한 그리스도 사역의 체화된 표지(sign)다. 따라서 이 세 번째 주기에서는 하나님이 우리에게 말씀(노래로 부르는 신조, 제정사, 권면)하시는 동시에, 우리는 (성찬, 기도, 찬양을 통해) 감사와 기쁨으로 그분께 반응한다. 이처럼 더 깊은 회개가 더 깊은 은총과 기쁨으로 이어지는 이 주기들은 칼뱅의 예전을 구성하는 '복음의 리듬'이다.

요약: 결론적으로, 칼뱅의 모이는 예배에서 **표현**은 하나님의 은총에 대한 확신에서 기인한 **형식의 단순화**로 나타난다(참고. 고전 2:2-5). **목적**은 우리가 하나님의 은총에 대해 경탄하며 **하나님의 임재 안으로 들어가는 것**이다(참고. 출 33:18). **순서**는 하나님의 은총을 새롭게 받기 위해 **복음을 재연**하는 주기들로 이루어진다. "그러므로 우리는 긍휼하심을 받고 때를 따라 돕는 은혜를 얻기 위하여…담대히 나아[가야 한다]"(히 4:16).

6. 개혁주의 공동 예배의 기준

우리가 참으로 살아 계신 하나님의 임재 안에서 은총을 받고 있다면 세 가지 결과가 발생해야 한다. 그렇지 않다면 우리가 하고 있는 것을 철저히 재점검해야만 한다.[64]

1) **송영적 전도**. 하나님의 영광과 덕을 세우는 것 사이에서 양자택일

하기를 거부했던 칼뱅의 태도(앞에서 다룬 "칼뱅의 공동 예배의 원천"을 보라)는 에드먼드 클라우니가 "송영적 전도"(doxological evangelism)라고 부르는 것의 토대를 만들었다.[65]

클라우니는 이스라엘이 하나님을 찬양하는 노래를 부름으로써(시 105:2) 믿지 않는 민족들에게 하나님을 알리도록(시 105:1) 부르심을 받았음을 지적한다. 성전은 "세상을 이기는 예배"의 핵심이었다. 하나님의 백성은 주님 앞에서 예배할 뿐 아니라 열방 앞에서도 예배한다(참고. 사 2:1-4; 56:6-8; 시 47:1; 100:1-5; 102:18; 117). 하나님은 열방 앞에서 찬양을 받으시며, 그분의 백성이 그분을 찬양할 **때** 열방은 소환되어 함께 노래하도록 부르심을 받는다.

이런 패턴은 신약에서도 본질적으로 바뀌지 않는다. 베드로는 이방인 교회에게 우리를 어둠에서 불러내신 그분의 "아름다운 덕을 선포하라"고 말한다. 이 용어는 단지 설교를 지칭할 뿐 아니라 틀림없이 모이는 예배도 지칭한다. 이에 관한 두 가지 사례 연구가 사도행전 2장과 고린도전서 14장에 기록되어 있다. 사도행전 2장에서, 믿지 않는 이들은 처음으로 제자들이 하나님을 찬양하는 것을 들었으며(5절), 그 결과 그들은 예배가 무엇인지(12절), 어떻게 하나님을 찾을 수 있는지(37절) 묻는다. 고린도전서 14:24-25에서는 믿지 않는 이가 모이는 예배를 통

---

64 나는 칼뱅과 개혁자들이 다음의 '기준들'을 충분히 강조하고 발전시키지 않았음을 인정한다. 하지만 나는 칼뱅이 우리에게 남긴 개혁주의 전통 안에 이 기준들이 암시되어 있다고 믿는다. 그렇기 때문에 다른 개혁주의 신학자들은 우리에게 이것들을 가르쳐 왔다. 그러므로 이 기준들을 칼뱅이 우리에게 남겨 준 역사적 개혁주의 예배 전통의 일부에 포함할 수 있다고 생각한다. 하지만 이 부분에서 그를 그리 많이 인용할 수 없기 때문에 간략하게만 논할 것이다.
65 이 용어는 "전도 지향적 예배"라는 주제를 다룬 논문인 Edmund Clowney, "Kingdom Evangelism", *The Pastor-Evangelist* (Phillipsburg: Presbyterian and Reformed, 1985), pp. 15-32에서 취한 것이다. 이 부분 전체가 그의 가르침에 관한 요약이다.

해 하나님이 계신다고 확신하며 엎드려 하나님을 경배한다고 말한다. 이로써 예배에 믿지 않는 이들이 참석하고 예배는 그들이 이해 가능해야 하며(행 2:11; 고전 14:23-24), 공동 예배에서 확신과 회심이 일어남을 알 수 있다.

이런 성경적 권면에도 불구하고 설교자들과 다른 지도자들은 마치 그 자리에 비그리스도인이 전혀 없는 것처럼 회중 예배를 인도하는 경우가 많다. 그렇게 한다면 그리스도인들은 교회에 믿지 않는 친구들을 데려오는 것이 안전하지 않다고 느끼게 될 것이다. 하지만 다른 기준들에 대해서도 칼뱅을 따르지 않으면, 믿지 않는 이들이 아무리 참석하더라도 우리의 공동 예배는 그들에게 아무런 도전이 되지 않거나 이해할 수 없는 것이 되고 말 것이다. 단순성(특히 감상성)의 결여나 초월성(특히 탁월성)의 결여는 불신자를 지루하게 하고 혼란스럽게 하며 불쾌감을 줄 수도 있다. 다른 한편으로, 예배가 너무 엄격히 전도**만** 지향한다면 그리스도인은 자신의 마음을 예배에 집중할 수 없을 것이며 "송영적 전도"는 핵심 능력을 상실하고 말 것이다. 또한 비그리스도인들은 영광스러운 찬양에 의해 형성되고 유지되는 백성을 볼 수 없을 것이다.

요약하면, 일요일 예배의 일차적 목표가 전도라면 성도들은 지루해할 것이다. 교육이 일차적 목표라면 불신자들은 혼란스러워할 것이다. 그러나 예배가 **은총으로 구원하시는 하나님을 찬양하는 것**을 목표로 삼는다면, 내부인들을 가르치는 동시에 외부인들에게는 도전이 될 것이다. 좋은 공동 예배는 자연스럽게 전도 지향적이 될 것이다.

2) **공동체 세우기.** 베드로전서 2장에서는 우리가 열방 앞에서 예배해야 한다고 말할 뿐 아니라 "택하신 족속…거룩한 나라"로서 그분의

아름다운 덕을 선포해야 한다고 말한다(9절).[66] 기독교 예배는 우리가 대단히 독특한 공동체가 되는 원인이자 결과다.

사회학자들은 흔히 종교 집단을 두 유형-'교회'와 '종파'-으로 나눈다.[67] '종파'는 매우 강력하고 독특한 집단 정체성을 지닌다는 말을 듣는다. 하나님의 순수성과 거룩하심을 강조하면서, 세상을 향해 부정적이기 때문이다. 하지만 '교회'는 그것의 독특한 정체성을 잃어버리기 시작했다. 하나님의 용납하심과 사랑을 강조하면서, 세상을 향해 훨씬 더 긍정적이기 때문이다.

미로슬라브 볼프는 베드로전서에 관한 연구에서 성경적 교회는 이러한 범주들을 초월한다는 것을 보여 준다.[68] 한편으로, 성경적 교회는 주변 세상을 "악마화"하지 않고 세상의 권력을 존중하며(2:13-21) 박해를 받을 때 인내한다(3:8-17). 다른 한편으로, 교회는 "거류민과 나그네" 임을 절대로 잊어버리지 않는다(2:11).

어떻게 교회는 세상을 '용인'하지도, '부인'하지도 않으면서 강력하고 독특한 정체성을 지켜 낼 수 있을까? 그것은 "교회가 사회적 환경에 대한 거부[악마화]를 통해서가 아니라 하나님의 선물과 그것의 가치를 받아들임으로써 자신의 정체성을 만들어 냈기 때문이다."[69] 이미 살펴보

---

66 다시 한번 나는 Edmund Clowney의 해석에 의존하고 있다. *The Message of First Peter: The Bible Speaks Today* (Leicester: IVP, 1992)를 보라. 『베드로전서 강해』(IVP).
67 Ernst Troeltsch는 매우 영향력이 큰 그의 책 *The Social Teachings of the Christian Churches* (『기독교 사회 윤리』, 한국신학연구소)에서 Max Weber의 주장을 따랐으며, H. Richard Niebuhr는 고전이 된 저서 *Christ and Culture* (『그리스도와 문화』, IVP)에서 Troeltsch에 크게 의존했다.
68 Miroslav Volf, "Soft Difference: Theological Reflections on the Relation between Church and Culture in 1 Peter", *Ex Auditu* 10 (1994): pp. 15-30를 보라.
69 같은 글, p. 30.

았듯이, 복음의 진리가 우리에게 '영적 실재'가 되며 그 능력에 따라 우리를 새롭게 하는 것은 다른 무엇보다 공동 예배를 통해서다.

따라서 참된 예배는 수많은 '종파'를 특징짓는 분리주의와 율법주의에 빠지지 않고 강력한 정체성을 만들어 내는 핵심적 요소다. 하지만 그 다음 '공동체 세우기'는 참된 예배의 두 번째 기준이 된다. 탁월한 설교와 음악이 주중의 나머지 시간에는 서로 아무 관계 없는 군중을 끌어모으기만 한 것이라면, 우리는 예배하는 공동체가 아니라 화려한 볼거리를 만들어 내었을 뿐이다.

3) **섬김을 위한 성품.** 에드워즈는 『신앙 감정론』에서 참으로 하나님을 향한 감정의 마음(예배에 대한 그의 정의)인지 가늠할 기준은 사회 안에서 공동선을 위해 일하는, 이웃을 향한 사랑이라고 말했다. 에드워즈는 삼위일체 하나님, 곧 신적 "세 위격의 사회 또는 가정"에 대한 참된 경험은 반드시 이웃 사랑으로 이어진다고 말했다.[70] 공동 예배는 정의를 행하고 베풀며 살아가는 '삶 전체'의 예배(히 13:16)로 우리를 이끌 때만 참되고 효과적이다. 월터스토프는, 예배 속 하나님의 일하심이 세상 속 그분의 일하심을 완벽히 반영하고 따라서 우리의 마음이 복음의 재연으로 참으로 새롭게 빚어진다면, 우리도 그분처럼 세상으로 들어가 가난한 이들, 이방인들, 소외된 이들을 끌어안을 것이라고 말한다.[71] 그렇기 때문에 칼뱅은 정기적으로 드리는 공동 예배 안에 가난한 이들을 위한 구제 헌금을 포함하기를 원했다. 모여서 드리는 공동 예배에서의 우

---

70 *Religious Affections*, p. 263.
71 Wolterstorff의 또 다른 글 "Wolterstorff's other article, "Worship and Justice", *Major Themes in the Reformed Tradition*, ed. McKim을 보라.

리 행동은 흩어져 "바깥세상 속에서" 드리는 예배의 우리 행동에 강한 영향력을 미칠 것이다.[72] 베드로가 문화적 편견에 빠져 있다는 바울의 비판은, 베드로가 그저 하나님의 법을 어기고 있다는 뜻이 아니라 그의 편견 자체가 "복음의 진리를 따라 바르게 행하지 아니[한다]"는 뜻이었다(갈 2:14).

에이미 플랜팅가포(Amy Plantinga-Pauw)는 다음과 같이 말한다. "현대의 개혁주의 문화주의자들은 하나님에 대한 믿음이 이 땅에서 사랑과 정의에 대한 갈구로 이어져야 한다고 열렬히 주장하지만, 온전한 땅의 윤리가 하나님에 대한 갈망으로부터만 나올 수 있다는 것을 인정하는 데는 소극적이었다."[73] 세상 속에서 평화와 정의를 위해 일할 힘과 그렇게 하고자 하는 열망의 원천은 일반적 차원의 믿음이 아니라 구체적 차원의 예배다.

실천: 현대적이고 개혁주의적인 예배

1. 개혁주의와 현대성

공동 예배와 관련해 어떻게 역사적 개혁주의 전통이 현대의 서양 문화와 상호 작용하는가? 매우 광범위하게 말해, 네 가지 가능한 방식이 존재한다. 처음 두 가지 방식에서는 상호 작용이 최소한이거나 실제적 상

---

[72] James White는 *A Brief History*, p. 165에서 (예배에 참석한 사람은 누구든지 말할 수 있는) 퀘이커 교도들의 더 평등주의적인 예배 형식이 "흘러넘치는" 효과를 발휘했고, 그 결과 그들은 세상 속에서 노예제 폐지와 사회 정의를 위해 노력하게 되었다고 설명한다.
[73] Amy Plantinga-Pauw, "The Future of Reformed Theology: Some Lessons from Jonathan Edwards", *Toward the Future of Reformed Theology*, ed. David Willis, Michael Walker (Grand Rapids: Eerdmans, 1999), p. 469를 보라.

호 작용이 전혀 없다고 말할 수 있다. 첫째, 변하지 않은 16, 17세기의 개혁주의 전통이 현대의 현실과 실제적 상호 작용 없이 유지되는 '개혁주의 예배'가 있다. 이 예배는 전통적인 찬송가와 악기, 강대상에서의 많은 말과 강력한 설교가 특징이다. 둘째, 전형적인 '찬양 음악 예배'로, 개혁주의 전통과 상호 작용을 하지 않는 '현대적 예배'가 있다. 이런 예배는 '찬양팀'이 예배를 주도하며, 회중은 사이사이 신앙적 멘트를 들으면서 오랫동안 서서 노래를 하고, 그 후에 설교가 이어지는 것이 특징이다.

다음 두 모형은 전통 및 문화와의 활발한 상호 작용이 특징이다. 먼저, 내가 '개혁주의적인 현대적 예배'라고 부르는 것이 있다. 이것은 역사적 예배의 중요한 요소들이 포함된 더 동시대적인 예배 형식이다. 이 형식에서는 음악적으로 현대적 예배의 찬양곡과 그런 음악을 가장 잘 표현하는 악기들('밴드')에 크게 의존한다. 그러나 많은 역사적 찬송가, 동시대의 곡조와 편곡에 신학적으로 무게가 있는 가사를 붙인 곡들을 사용한다. 또한 표현의 '단순성'이 훨씬 더 주목받으며, 현대적 '예배 인도'의 전형적 감상성을 피하려고 노력한다. 마지막으로 이 예배는 '복음의 재연'이라는 기본 구조를 따른다. 고정된 예전 요소들은 훨씬 더 적지만, 입장, 찬양, 죄의 고백, 사죄의 확신이 포함되고, 성경을 더 많이 읽고, 신조를 더 많이 사용하며, 성례전을 더 많이 강조한다.[74]

마지막으로, 내가 '현대적인 개혁주의 예배'라고 부르는 것이 있다. 이것은 동시대적 예배의 요소를 결합한 더 역사적인 예배 형식이다. 음악적으로는 주로 '고급문화' 형식과 역사적 찬송가에 의존하며, 그런 음

---

74 Webber, *Blended Worship*, Appendix II를 보라. Webber의 "절충적 예배"는 내가 "개혁주의적인 현대적 예배"라고 설명하는 것과 더 가깝다.

악을 가장 잘 표현하는 악기들(관현악 '앙상블'과 오르간)에 의존한다. 그러나 이런 형식에서는 분위기를 가볍고 달콤하게 하는 현대적이며 대중적인 곡을 신중하게 사용한다. 칼뱅의 전통을 원용하는 이 형식은, 더 빈번한 성찬, 적당한 정도의 예전, 침묵과 기쁨에 넘치는 경외감과 경이를 지향하는 것이 특징이다.

앞에서도 말했지만, 하나의 '중도적인 방식'이나 '제3의 길'은 존재하지 않는다. 이런 접근 방식들은 단순히 반반 섞어 타협하는 것도 아니다. 오히려 성경, 문화, 전통을 통합하여 그 결과물로 일관된 통일체를 만들어 낸다. 우리 교회인 리디머 장로교회의 ('현대적인 개혁주의 예배'라고 부르는) 아침 예배는 현대적 영향력이 결합된 개혁주의 예배인 반면, ('개혁주의적인 현대적 예배'라고 부르는) 저녁 예배는 개혁주의적 영향력이 결합된 통상적 예배다. 리디머의 첫 두 자매 교회 중 하나인 맨해튼 상업 지구의 빌리지 교회(Village Church)에서는 '개혁주의적인 현대적' 형식을 더 많이 활용하는 반면(하지만 저녁 예배는 더 예전적이다), 또 다른 자매 교회인 웨스트체스터 카운티 트리니티 장로교회(Trinity Presbyterian of Westchester County)에서는 '현대적인 개혁주의' 형식을 사용한다.

다음에서는 뉴욕시의 리디머 장로교회에서 공동 예배를 어떻게 인도하고 계획하고 설계하는지 더 구체적인 사례 연구를 제시하고자 한다.[75]

---

75 리디머 장로교회는 뉴욕시의 맨해튼 자치구의 어퍼 이스트 사이드와 어퍼 웨스트 사이드에서 모인다. (1) 교단: 리디머는 '미국 장로교'(Presbyterian Church in America, PCA)에 소속되어 있다. (2) 사회문화적 맥락: 맨해튼의 인구는 150만 명이며, 우리 교회가 섬기는 지역(중간 지구와 상업 지구) 인구의 거의 70퍼센트가 1인 가구다. '종교적 선호'에 관해 이들 중 40퍼센트는 가톨릭교인, 21퍼센트는 유대교인, 6퍼센트는 개신교인, 33퍼센트는 '기타/선호 없음'이라고 말한다. (이 통계와, 절반 이상이 개신교인이며 12-15퍼센트가 '선호 없음'이

2. 공동 예배 인도

공동 예배에서 '인도자'는 '앞에 나가는' 모든 사람―기도하고, 성경을 읽고, 노래를 부르고, 설교를 하고, 찬양을 하고, 심지어 광고를 하는 사람들―을 포함한다. 철저히 비예전적인 예배나 고도로 예전적인 예배에서는 인도자가 준비할 필요성이 더 적다. (인도자는 즉흥적으로 무언가를 말하거나, 그저 복잡한 기도나 공식을 읽기만 한다.) 공동 예배에 대한 우리의 접근 방식에서는 인도자가 많은 자료를 준비해야 할 뿐 아니라 영적 준비도 많이 해야 한다. 그들의 마음가짐과 태도는 그들이 말하는 것만큼 중요하다. 그러므로 인도자의 말과 영혼은 대단히 중요하다. 다음은 우리가 인도자들에게 제시하는 지침과 가르침이다.

1) **태도**. 첫째, 하나님의 영광 앞에서 경외심을 지니고 있다면 인도자는 너무 멋지거나 매력적이거나 친근해서 자신에게 관심을 쏠리게 해서는 안 된다. 친근함 대신 위엄과 경이감이 있어야 한다. 둘째, 하나님의 사랑 안에서 자유를 느낀다면 긴장하거나 겁을 먹거나 남을 의식하지 않을 것이다. 긴장감 대신 부드러움과 평화가 있어야 한다. 셋째, 하나님의 은총 앞에서 겸손하다면, 인도자는 거만하거나 권위적이거나 엄격하거나 '성직자처럼 굴지' 않을 것이다. 거만함 대신 진정성과 겸손이 있어야 한다.

2) **감정**. 첫째, 인도자는 과묵하고 형식적이며 진지한 표정을 지어,

라고 말하는 다른 지역 미국인들의 통계를 비교해 보라.) 50퍼센트는 스스로 '매우 진보적'이라고 생각한다. 미국인 전체를 대상으로 하면 그렇게 답하는 사람이 20퍼센트 미만이다. (3) 2001년 말 기준으로, 우리 교회의 일요일 예배 참석자 수는 성인이 3,800명이다. 이 중에서 75퍼센트가 맨해튼 거주자, 80퍼센트가 1인 가구, 98퍼센트가 전문 직업인, 평균 연령은 30세다. 50퍼센트가 백인, 35퍼센트가 아시아인, 15퍼센트가 다른 인종 집단이다. 우리는 참석자의 20-35퍼센트가 교회에 다니지 않거나 그리스도인이 아니라고 추정한다.

감정을 숨기거나 지나치게 통제해서는 안 된다. 진정성을 보여 주는 표지 중 하나는, 모든 다양한 감정이 존재한다는 것이다. 항상 행복하거나 슬프거나 열정적이거나 부드러워서는 안 된다. 인도자가 정서적으로 깊이 감동을 받지 않으면서 어떻게 다른 이들을 예배하도록 이끌 수 있겠는가? 하지만 둘째, 인도자의 감정을 완전히 드러내어 회중보다 앞서 나가서도 안 된다.[76] 만약 인도자가 개인적 감정에 몰입한다면 어떻게 다른 이들을 인도하여 예배하게 할 수 있겠는가? 셋째, 인도자는 자신이 어떻게 느끼는지에 관해, 혹은 자신의 경험이나 확신에 관해('나는…라고 믿습니다') 너무 많이 이야기해서는 안 된다. 또한 다른 이들에게 지금 이 순간 어떻게 느껴야 한다고('여러분, 정말로…하고 싶지 않으신가요?' 혹은 '주님은 너무 좋은 분 아니십니까?') 말해서는 안 된다. 두 경우 모두 주님을 가리키는 대신 감정에 직접적인 영향을 미치려고 하는 것이기 때문에 조작적이며 '감상적'이다. 인도할 때 인도자는 감정을 숨기고 감정에 관해 논하고 감정을 강요하는 대신, 모든 종류의 감정을 드러내야 한다. 인도자가 감상적인 말이나 과장된 몸짓 아래에 공허한 마음을 숨기고 있는 것이 아니라, 강렬한 감정을 느끼지만 이를 제어하고 있음을 다른 사람들이 분명히 알 수 있어야 한다.

3) **언어**. 첫째, 언어가 지나친 고어여서는 안 된다. 낡은 언어를 사용하여 초월과 장엄함을 추구하는 것은 위험하다. 그런 언어는 단순하고 즉각적이며 명료하고 생생하며 직접적이기보다, 케케묵고 설교

---

[76] 당신의 감정을 완전히 드러낸다면 당신 자신에게 관심이 쏠리게 될 것이다. 일반적으로, 당신의 개인적 감정을 지나치게 드러낼 때, 예배의 공동체적 측면을 망각하고 하나님에 대한 당신 자신의 반응에만 (겨우) 몰두하게 된다. 최악의 경우 당신은 과시적으로 행동하며 '영적 자랑'을 하는 셈이 된다.

조이며 호언장담하고 현학적이며 과장된 것일 수 있기 때문이다.[77] 특히 우리가 기도하고 말할 때 흠정역 성경의 본문이 머릿속에 떠오르기 때문에 이런 언어를 사용하기가 쉽다. "우리가 마음으로 부정했습니다(unchaste)"라고 말하는 대신 "우리의 생각이 깨끗하지 못했습니다(impure)"라고 말하라. 다음과 같이 기도하지 말라.

전능하신 하나님, 우리는 지금 주님 앞에 왔나이다. 우리의 죄악(transgressions) 때문에 우리는 주님께 합당하지 못하나이다. 그러나 그리스도로 인하여 우리를 용서하소서. 우리에게 간절한(fervent) 마음을 주셔서 신실하고 합당한 방식으로 주님을 예배하게 하소서. 주의 말씀이 우리 안에서 강력하게 일하셔서 요새를 무너뜨리고, 상상력과 하나님을 아는 지식에 맞서 자신을 높이는 모든 것을 쓰러뜨리게 하소서.

대신 이렇게 기도하라.

전능하신 하나님, 은혜로우신 아버지, 우리는 주님 앞에 설 수 없는 사람들입니다. 하지만 우리는 우리의 죄(sin)를 가져가신 예수 그리스도를 의지합니다. 이제 우리가 그분을 통하여 주님께 나아가 주님의 말씀을 듣고, 주님

---

[77] 고어('beauty' 대신 'fair')나 화려한 언어(beauty 대신 beauteous)를 사용하는 대신 '스트렁크-화이트'(Strunk-White) 영어를 사용하라. 이는 William Strunk, E. B. White, *The Elements of Style* (2nd edition; New York: Macmillan, 1972)이라는 작은 책에 담긴 작문 원칙을 지칭한다. 그들의 작문 규칙에는 "능동태를 사용하라", "긍정형으로 진술하라", "명확하고 구체적인 언어를 사용하라", "불필요한 단어를 생략하라", "대등한 관념은 비슷한 형식으로 표현하라", "연관된 단어를 나란히 사용하라", "강조하는 말을 문장의 마지막에 배치하라" 등이 포함된다. (내가 이 글을 쓸 때 이 규칙들을 지켰기를!). 『영어 글쓰기 원칙』(블루프린트).

의 사랑을 의지하고, 주님의 말씀으로 인해 기뻐하고, 주님의 팔에 의지합니다. 주님의 얼굴 뵙기를 기쁘게 간구합니다! 우리의 생각에서 모든 오류를, 우리의 마음에서 모든 우상을 깨끗이 제거하셔서 우리가 세상 속에서 당신의 눈부신 빛으로 빛나게 하여 주소서.

둘째, 또 한편으로 언어가 너무 일상적이서도 안 된다. 낡은 언어가 이해의 용이성과 예배의 친밀함을 상실하는 것과 마찬가지로 일상적인 언어는 초월성을 상실한다. 일상적 언어는 당당하거나 멋들어지거나 '윤색'되지 않고, 편안하고 친숙하며 매우 자연스럽고 감상적이다. 일상적 언어에는 '감상적인' 단어를 사용하는 것 말고는 감정을 표현할 자원이 거의 없다. "주님, 주님은 너무나도 멋지십니다." "주님은 너무나도 대단하십니다."

지나치게 격식을 차리지 않는 말투는 다음과 같다.

주 하나님, 오늘 여기 주님과 함께 있어서 너무 기분 좋습니다. 주님을 사랑하는 형제자매의 가족과 함께 있어서 좋습니다. 그리고 우리는 주님이 정말로 우리에게 가까이 오시기를 간구합니다. 우리가 정말로 주님의 이름을 높일 수 있게 도와주십시오. 주님, 주님은 너무나도 멋지십니다.

셋째, 전문 용어, 특히 복음주의 하위문화에서 통용되는 용어를 사용하지 말아야 한다. '영적'으로 들려서 자꾸만 사용하는 수많은 구절이 있지만, 익숙하지 않은 이들에게는 감상적이며 해독할 수 없는 말처럼 들릴 뿐이다. "주님께(unto the Lord) 나아갑시다." "예수의 이름을 높이 듭시다(lift up)." "주님, 그에게 보호의 울타리(hedge of protection)를 주시기를 간구합니다." 축복(blessing)이라는 단어를 지나치게 자주 사용하는 것 역시 이런 용어의 또 다른 예다. 칭의(justification)와 같은 핵심적인 신학 용어를 사용할 때는 이를 소개하고 설명하면 된다. 하지만 하위문화적 언어는 아무리 해도 매우 배타적으로 들리고, 최악의 경우 진심이 담긴 참여가 결여되어 있음을 가리려는 매우 기만적인 계략처럼 들린다.

3. 공동 예배 계획

주간 준비. 우리 교회의 주보에는 예전 전체가 실린다—모든 기도, 음악, 응답의 전문이 인쇄되어 있다. 우리는 프로젝터나 찬송가 책을 사용하지 않는다. 부분적으로는 물리적 필요 때문이지만(우리는 자체 건물을 소유하고 있지 않다), 기독교 예배에 익숙하지 않은 사람들에게도 그러한 방식이 더 간단하다는 것을 알게 되었다. 우리는 찬양과 공동 예배의 질을 높이기 위해 제한된 수의 고백의 기도, 예배로의 부름, 죄를 고백하는 응답, 찬송가 또는 찬양곡을 계발해 왔다. 반복 없이는 교인들이 음악을 배우거나 개념을 깊이 이해할 수 없다. 그러므로 우리는 1년에 두 번 반복되는 스물다섯 개의 '틀' 안에 기도와 예전과 여는 찬송을 넣었다. 이러한 틀 덕분에 우리는 매주 백지상태에서 예전을 계획하지 않을 수 있다.

매주 월요일에 음악 감독이 다음 두세 주를 위한 틀을 목회자와 음악 감독, 다른 직원들로 구성된 공동 예배 계획 모임에 가지고 온다. 직원들은 다음 주 예전 초안에 설교자의 설교 제목, 성경 본문, 묵상을 위한 인용문, 선곡된 마지막 찬송가를 미리 넣어 둔다. 직원들이 어제의 예배를 자세히 평가한 후 다음 주 예전 초안으로 넘어가 수정을 시작한다. 예배의 각 순서를 설교나 다른 모든 순서와 '조화'시키기 위해 많은 부분을 수정한다. 또한 세례를 받는 사람의 수와 특별 헌금 등 그때마다 달라지는 내용에 관해서도 많은 부분을 수정한다.

기본 예전. 리디머에는 두 가지 기본 예전이 있는데, 하나는 더 엄격한 '칼뱅주의적' 방식으로 설교를 더 일찍 하는 것이고, 다른 하나는 설교를 예배 후반부에 하는 것이다. 또한 각 예전에는 두 개의 기본 '음악 양식'이 있다. 먼저, 주로 고전 음악/찬송가가 특징인 양식으로, 신중하게 선별한 대중적/현대적 음악을 이따금씩 추가한다. 다른 하나는 주로 재즈 음악/찬양곡이 특징인 양식으로, 신중하게 선별하고 편곡한 전통적 찬송가를 추가하기도 한다. ("예배 음악"에 관한 다음 항목을 보라.) 다음에 제시하는 예시는 덜 칼뱅주의적인 방식의 예전 #1로, 고전 음악 양식의 예전이다.

예전 #1

찬양 주기
    준비 (성경)
    찬양의 찬송가
    예배로의 부름 교독 (성경)
    기원

주의 기도

송영 (만복의 근원 하나님)

침묵 경배

갱신 주기

성경 (갱신으로의 부름)

고백의 기도

침묵 고백

고백의 응답

위로의 말씀 (**성경**)

[세례, 교인 서약, 간증]

기도 (목회 또는 교회와 세상을 위한 기도)

찬송가

헌신 주기

환영의 말

성경 (설교 전)

설교

헌금으로의 부름

헌금과 봉헌

찬송가

권면

축도와 파송

예전 #1에 대한 해설: 세 가지의 각 주기는 성경을 통해 하나님이 주시는 은총의 말씀을 듣는 것과 우리 삶을 드림으로써 반응하는 것으로 이루어진다. 하지만 각 주기는 다른 종류의 듣기와 드리기를 촉진한다. 첫 번째 주기에서는 하나님의 임재와 위대하심을 깨닫게 한다. 두 번째 주기에서는 하나님 외에 우리가 예배하는 것들로부터 우리 마음의 감정을 떼어 놓는다. 세 번째 주기에서는 우리 마음의 감정이 하나님을 향하게 하고 그 새로운 깨달음을 삶으로 실천하게 한다.

찬양 주기의 목적은, 참석자들이 그들의 주의를 산만하게 하는 것을 떨쳐 버리고, 하나님만이 예배를 받으시기 합당하시며 그분의 임재 안에서 그분을 만날 수 있음을 되새기게 하는 것이다. 이 주기는 **준비**로부터 시작된다. 인도자는 60초에서 90초간 모이는 예배의 본질과 실천에 관한 권면의 말을 한다. 이때 성경 구절이나 예식 안에 있는 성경적 관념, 즉 앞으로 부를 찬송가나 예전의 다른 순서 안에 담긴 생각을 기초로 삼는다. '예배 준비' 순서에서는 친근한 말("안녕하세요. 리디머에 오신 것을 환영합니다. 우리 함께 예배를 준비하겠습니다")로 시작해 불과 몇 초만에 고무적이며 강렬한 내용으로 넘어가야 한다. 예를 들어, "예배는 배움보다 덜한 것이 아니라 그것을 훨씬 더 능가하는 것입니다. 영감보다 덜한 것이 아니라 그것을 훨씬 더 능가하는 것입니다. 여러분은 하나님을 만나고자 이 자리에 나왔습니다. 여기서는 무슨 일이든 일어날 수 있습니다. 지금부터 20년 후에, 여러분의 눈이 열려 지금까지 볼 수 없었던 무언가를 보게 된 날로 오늘을 기억하게 될지도 모릅니다. 예배 위한 준비가 되셨습니까? 예배를 기대하고 계십니까?"

첫 번째 **찬양의 찬송가**는 물론 장엄하고 '거대하며' 찬양과 경배에 초점을 맞춘다. 오르간과 함께 관현악 앙상블을 활용할 수도 있다. 찬송가는 예배 준비에 대한 반응이다. **예배로의 부름 교독**은 사람들이 하나님의 위대하심과 존귀하심에 관한 그분의 말씀을 듣는 찬양 주기의 두 번째(그리고 가장 중요한) 순서에 배치되어 있다. 이 부름에서 성경 구절은 교독을 위해 넷 혹은 여섯 부분으로 나누어져 있다. 인도자는 목소리를 높여 마음을 다해 전심으로 찬양해야 한다. 부름의 말씀은 큰 소리로 외쳐야 하며 외칠 수 있는 성경 구절을 선택한다.

기원.[78] 인도자는 대개 부름의 주제와 구절을 사용해 회중을 대신하여 성경의 부름에 응답한다. 기원 순서에서는 재빨리 에너지를 끌어올려야 한다. 조용하거나 현학적이지 않게, 여세를 몰아 대개 두 번의 호흡 만에 마치도록 한다. 우리 앞에 있는 풍성함에 대한 갈망과 기쁨으로 충만해 있어야 한다. 그다음, 한목소리로 드리는 **주의 기도**로 바로 이어진다. 그 직후에 첫 번째 주기의 절정이자 이 주기 전체에 대한 반응인 **송영**이 이어진다. 매주 '만복의 근원 하나님'(Old Hundredth) 곡조에 따라 송영을 부르며 2절에서는 조바꿈하여 한 음 높여 부른다. 가능할 때는 오르간 외에 트럼펫과 다른 악기들도 함께 연주한다. 예배 전체에서 회중이 '가장 큰' 소리와 목소리를 내는 순서다.

이 주기의 마지막 부분은 대개 **침묵 경배**다. 침묵은 (적어도 두 차례) 공동 예배의 매우 중요한 요소다. 침묵은 '무대 전환'을 위한 것이 아니다. 우리는 침묵의 시간을 매우 진지하게 여긴다. 사람들에게 1분 동안 조용히 하나님을 찬양하라고 권면한다. 때로는 순전한 침묵이 다른 어떤 것보다 놀라우며 주의를 집중하게 한다는 것을 우리는 알게 되었다. 이 시간은 실제로 예식의 다른 어떤 순서도 하지 못하는 방식으로, 사

---

78 성경 본문에 기초한 탁월한 기원 기도를 위해서는 Hughes Oliphant Old, *Leading in Prayer: A Workbook for Worship* (Grand Rapids: Eerdmans, 1995)을 보라.

람들이 '내가 정말로 예배하고 있는가?'라고 질문하게 한다. 인도자는 1분 동안의 침묵에 관해 짧게 설명하면서 사람들에게 직접 하나님을 찬양하거나 지금까지의 예식 순서(찬송가, 예배로의 부름, 송영, 예배 준비)를 돌아보면서 하나님께 그들의 마음을 열어 이 주제들이 살아 있는 실체가 되게 해 주시기를 간구하라고 권면한다.

어떤 상황에서는(하루 중 어느 시간인지에 따라, 물리적 공간에 따라 다를 수 있다) 침묵 경배 전에 부드럽고 조용한 찬양곡을 부르기도 한다. 이 주기의 마지막에 이르면, 사람들은 이 여정의 첫 번째 산맥을 넘게 된다. 인도자는 '아멘'이라고만 말하고 사람들을 자리에 앉히거나, 첫 번째 주기 전체를 하나의 주제로 묶는 짧은 기도로 마무리한다. 이 주기는 총 10분에서 15분 정도 소요된다.

갱신 주기의 목표는 지금 우리 마음이 하나님 **대신** 무엇을 예배하고 있는지 분석할 기회를 제공하는 것이다. 첫 번째 주기에서는 관성에서 역동적 외침으로 전환이 이루어진다면, 두 번째 주기에서는 조용한 슬픔에서 은총과 용서의 달콤함과 위안으로 전환이 이루어진다. 이 주기는 **갱신의 성경 말씀**으로 시작된다. 갱신 주기의 근거로 선택된 성경 구절은 평신도가 읽는다. 그런 다음 인도자는 본문을 설명하고 이 말씀이 어떻게 회개의 시간 동안 우리에게 지침이 될 수 있는지 설명한다. 1분 동안 진행하는 짧은 권면의 분위기는 진지하지만 따뜻하고 희망으로 가득 찬다. 갱신의 성경 말씀은 설교의 주제와 연결되어 예배의 나머지 부분을 예상하게 할 수도 있지만, 꼭 그럴 필요는 없다.

고백의 기도에서는 늘 기록된 기도문을 회중이 한목소리로 기도한다. 바로 이어서 **침묵 고백**이 이어진다. 인도자는 참석자들에게 인쇄된 고백의 기도로 돌아가 조용한 묵상을 통해 이 기도문을 자기 것이 되게 하거나 '자유로운 형식'으로 자신의 잘못과 죄를 고백하라고 권한다. 침묵 고백 후 회중은 **고백의 응답**이나 **찬송가**를 통해 음악으로 하나님께 반응한다. 교회의 연주자들은 보통 두 번 부르는 짧은 (두세) 구절의 노래를 몇 곡 작곡해 두었다. 음악은 '포크' 느낌으로 밝고 부드러우며 서정적이다. 오르간과 트럼펫보다는 현악기나 독주 악기 및 피아노처럼 좀더 가벼운 기악을 편성한다. 고백의 응답 직후에 인도자는 **위로의 말씀**을 읽는다. 우리는 용서와 사죄에 관한 성경 본문을 늘 순서지에 싣는다.

해당 주에 서약 순서가 없다면(다음 항목을 보라), 고백을 돌아보게 하는 두 번째 찬송가를 선택하여 그 자체로 고백의 응답이 되게 한다. 따라서 '중간 찬송가'는 조금 더 '대중적' 느낌이 날 수도 있다. 서약과 간증 후에 찬송가를 부른다면 주제에 있어서 (만약 간증이 그리스도의 몸 안에서 사는 삶에 관한 내용이라면) 교회의 사역을 돌아보는 곡일 수도 있고, (만약 성인 세례가 있었다면) 구원의 기쁨을 돌아보는 곡일 수도 있으며, 설교의 주제를 예상하게 하는 곡일 수도 있다.

서약과 간증. 하나님의 말씀과 사죄에 대한 다른 적절한 반응은 서약과 언약 맺기다. 한 달에 한 번 새로 온 교인이 서약하는 순서가 있고, 이때 유아 세례와 성인 세례를 행한다. 이에 더해 (혹은 이를 대신해) 변화된 삶을 간증하는 순서가 있다. 교회와 연결된 사역 기관에서는 회중에게 자신들을 더 잘 알리기 원하는 경우가 많다. 우리는 '홍보'나 심지어 '광고'를 하기보다는 다양한 사역을 맡은 사람들을 초대해 하나님의 은총이 그들의 삶 속에서 어떻게 작동하는지 이야기를 듣는다. 어떤 때는 친교 모임이나 가난한 이들에 대한 섬김, 구제 사역, 해외 선교, 다른 자원봉사 사역을 통해 삶이 변화된 사람들의 이야기를 듣거나 회심한 사람들의 이야기를 듣는다. 간증은 미리 글로 적어 준비하게 하고, 간증하기 전에 사역자들이 미리 검토한다.

갱신 주기의 마지막 순서는 **기도다**.[79] 이 순서에서는 언제나 교회의 필요와 세상의 필요를 위한 도고를 한다. 하지만 이 주기에 어떤 요소가 포함되는지에 따라 다양한 형식을 취할 수도 있다. 간증이나 서약이 없고 성만찬을 행하지 않는다면, **고백의 응답**을 부른 직후에 이 도고를 할 수도 있다. 이 경우 기도는 하나님이 주시는 사죄의 말씀에 대한 직접적 반응이다. 그런 다음 우리는 하나님의 은총에 대한 확신을 가지고 그분께 나아가 우리의 필요와 세상의 필요를 아뢴다. 반면, 세례나 서약, 간증 다음에 이 기도를 드린다면 새로운 헌신에 더 초점을 맞출 것이다. 이 기도는 목회자가 하는 경우도 있지만 한두 명의 평신도가 기도하는 편을 선호한다. 둘째 주기는 보통 15분에서 20분이 소요되며, 찬송가로 마무리한다.

헌신 주기의 핵심은 설교를 통해 하나님의 말씀을 듣는 것이다. 설교 후 우리의 본질, 우리의 마음, 그분 안에 있는 우리의 삶을 살펴보는 기회가 있다. 이 주기는 **환영의 말**로 시작된다. '광고' 순서이기는 하지만 여전히 예배 예식의 일부다. 이 순서는 나머지 예전 순서에서 유지되는 정서적 강렬함이 어느 정도 완화되는 시간이다. 거의 말 그대로 '숨을 돌

---

[79] 좋은 도고문을 모아놓은 Old, *Leading in Prayer* 외에도 오래된 자료를 현대적 언어로 옮긴 대단히 다양하고 탁월한 기도문이 수록된 Arthur Bennett, *The Valley of Vision* (Edinburgh: Banner of Truth, 1975)을 보라. 『기도의 골짜기』(복있는사람).

릴 수 있는' 시간, 기침을 할 수 있는 시간이다. 광고를 하는 목적은 정말로 '환영의 말'을 하기 위해서다. 광고를 통해 새로 온 사람들에게 회중의 인간적인 얼굴을 보여 준다. 우리 교회의 결점을 받아들이는 겸손한 유머를 섞어서("우리는 음향 시스템을 고치려고 노력하고 있습니다. 뒤쪽에 앉으신 분들은 소리가 잘 안 들린다는 것을 알고 있습니다!") 우리가 중시하는 가치를 강조하면서("여러분이 소모임에 속하지 않으면 우리가 여러분의 필요나 관심을 빨리 알아낼 수 없다는 것을 명심해 주십시오. 그러니 어서 모임에 가입해 주십시오!") 광고해야 한다. 또한 이 시간에는 우리 교회의 '세계관' 예를 들어, 도시를 바라보는 관점 등이 대단히 잘 드러난다.

성경과 설교. 성경은 설교자가 읽으며, 성경 봉독과 설교 사이에는 성경의 문장, 선언, 조명을 위한 기도가 포함된다.[80] 설교자는 "하나님의 말씀입니다"라고 말하거나 짧은 기도를 드린다.

헌금과 봉헌. 설교 후에는 **헌금으로의 부름**이 있다. 헌금과 봉헌 기도 순서가 진실로 공동 예배의 한 부분이 되게 하기 위해서는 회중을 힘있게 '장악하는' 것이 중요하다. 우리는 사람들에게 봉헌 순서를 "하나님이 이 예배 예식을 통해 나에게 무엇을 말씀하셨으며 그에 대해 나는 무엇을 해야 하는가?"라고 묻는 시간으로 삼으라고 권면한다. 사람들이 헌금을 드릴 때 연주 음악도 함께 드린다. 이 음악은 설교 주제와 어울리도록 신중하게 선정해야 한다.

마지막 찬송가는 설교와 연관된 주제의 곡을 선정한다. 찬송가가 끝나면 설교자는 (30초 정도의) 짧지만 열정적인 **권면**을 통해 구도자들에

---

80 성경 본문에 기초한 짧은 조명의 기도의 탁월한 예문으로는 Old, *Leading in Prayer*를 보라.

게 기독교의 기본 진리를 다루는 성경 공부반에 참석할 것을 권고하고, 그리스도인들에게는 제자 훈련반에 참석할 것을 권고하며, 사역자들과 함께 기도할 사람들은 강당 앞으로 나와 달라고 초청한다. 예를 들어, "여러분은 내가 성경의 권위를 전제하고 있다는 것을 알아차리셨을 것입니다. 또한 그로 인해 여러분의 마음속에는 수많은 질문이 떠올랐을 것입니다. 바로 그 주제를 다루는 성경 공부반이 20분 후에 시작하니, 참석하실 것을 권합니다. 왜 성경을 신뢰해야 합니까? 그래야 할 타당한 이유가 있습니다. 성경 공부에 참여하십시오. 여러분의 질문을 무시하지 않을 것입니다. 누구도 여러분을 위압적인 태도로 대하지 않을 것입니다!" **축도**와 **파송**으로 예배를 마칠 때 사람들은 외친다. "하나님 감사합니다!"

예전 #2

찬양 주기
    준비 (성경)
    찬양의 찬송가
    예배로의 부름 교독 (성경)
    기원
    주의 기도
    송영 (만복의 근원 하나님)
    침묵 경배

갱신 주기
> 갱신으로의 부름
> 고백의 기도
> 침묵 고백
> 위로의 말씀 (**성경**)
> **성경** (설교 전)
> 설교

헌신 주기
> 헌금과 봉헌
> > [봉헌송]
>
> 공동체의 삶
> 교회와 세상을 위한 기도
> 찬송가
> 성찬으로의 초대
> 신조
> 성만찬 기도
> 분병과 분잔 (**성경**)
> > [찬송가와 찬양곡]
>
> 결단의 기도
> 찬송가
> 축도와 파송

예전 #2에 대한 해설: 이 예전에서는 칼뱅의 예배 순서를 문자적으로 더욱 따르며, 설교를 예배의 더 앞부분인 갱신 주기에 배치했고, 사람들에게 메시지를 소화하고 메시지에 반응할 기회를 더 많이 주고자 했다. 한 달에 한 번 행하는 성만찬은 헌신 주기의 핵심이다. 다른 주에는 교회와 세상을 위한 기도가 예전 #1에서보다 더 길고 더 복잡하다. 또한 찬송가를 부른 다음, 한 곡이 아니라 두 곡의 찬양곡이나 찬송가를 부른다.

예전 #1과 다른 점은 다음과 같다. 이 예전에서는 **교회와 세상을 위한 기도**가 더 정교하며 회중이 더 많이 참여한다. 평신도 몇 사람이 자신이 써 온 기도문으로 기도하거나 회중과 함께 인쇄된 기도문을 주고받으며 한목소리로 기도한다. 내용은 교회와 세상의 필요를 위한 기도지만 설교 주제와도 연결되어 있다. 이 기도를 통해 사람들은 하나님께 설교 메시지를 자신의 삶에 적용할 수 있도록 도와 달라고 간구할 기회를 얻는다. 또한 이 예전에서는 '환영의 말'을 **공동체의 삶**이라고 부른다. 이 순서에서는 신중하게 작성된 몇 가지 광고를 전달하지만, 그 내용은 곧 이어질 기도와 연결되어 있다. 인도자는 다음과 같이 말한다. "우리는 이렇게 우리 공동체의 삶 속에서 진리를 실천합니다."

전도에 초점을 맞춘 도심의 교회에서는 **성만찬**을 특별한 방식으로 행해야 한다. 우리는 후기 기독교 사회에서 살고 있기 때문에 성찬에 참여해서는 안 되는 많은 사람이 예식에 참석할 것이라고 예상한다. 그럼에도 불구하고 우리의 목표는 그들을 포함시켜 성만찬이 그들에게 회심이나 갱신의 성례전이 되게 하는 것이다. 우리는 다음과 같은 말을 한다. "여러분이 빵과 포도주를 받을 수 없는 상태라면, 그리스도를 받으십시오! 여러분의 영적 상태나 입장이 어떠하든지 지금이 그분을 받기에 가장 좋은 때입니다. 그분이 여기 계십니다." 우리는 사람들이 성찬을 받지 않더라도 매달 행하는 성찬 예식에서 회심하는 경우가 매우 흔하다는 것을 알게 되었다. 그들이 한동안 말씀을 들어왔다면 성찬 예식에서 스스로에게 다음과 같은 질문을 던질 것이다. "하나님과의 관계에서 나는 어디에 서 있는가?" 우리는 예배 순서지에 성만찬 예식에서 사용하는 기도문을 인쇄해 둔다. (부록 2를 보라.)

공동 예배 계획에 관한 논의에서 음악 형식에 관한 논의로 넘어가기 전에 (해설 없이) 예전 #1의 다른 사례를 제시하고자 한다. 이 예전에서는 고전적 음악 양식이 아니라 현대적 음악을 사용한다. 예전 #1의 두 사례 모두 설교가 예배 순서에서 더 나중에 온다는 점에서 예전 #2와 차이가 있으며, 따라서 덜 칼뱅주의적인 형식이다.

예전 #1 (현대적 예배)

찬양 주기
　준비
　찬양곡(3)
　하나님께 나아감(기원)

갱신 주기
　회개로의 부름
　갱신의 노래(1)
　고백의 기도
　침묵 고백

위로의 말씀

갱신의 노래(2)

헌신 주기

[간증]

[서약/세례]

교회와 세상을 위한 기도

응답의 노래

환영의 말

성경

설교

헌금으로의 부름

헌금과 봉헌

찬양곡(1)

축도와 파송

흥미롭게도, 적어도 맨해튼의 교회에서는 불신자들을 아우르는 데에 '현대 음악' 예배 예식이 고전 음악 예배 예식보다 더 효과적이지는 않았다. 굳이 따지자면, 고전 음악 예배가 더 효과적이었다.

4. 공동 예배를 위한 음악[81]

나는 앞부분에서 현대적 예배나 역사적 예배의 옹호자들이 흔히 취하

---

81 앞으로 제시할 많은 내용은 우리 교회의 예배 예술 감독인 Tom Jennings 박사의 작업이다.

는 것보다 현대 음악에 대한 더 중도적인 접근 방식의 근거를 마련했다. 그럼에도, 리디머에서는 찬양곡과 전통적 찬송가를 기계적으로 반반 나누어 구성하는 것은 대개 도움이 되지 않는다고 믿는다. 이 글의 마지막 부분에서는 예배를 위한 음악 선택에 관한 우리 교회의 구체적 지침을 제시하고자 한다.

 1) **음악에서 '탁월성'을 추구하는 이유**. 첫째, 우리는 공동 예배의 음악이 신학적으로 건전하고 공동 예배의 특징과 판단 기준에 적합해야 할 뿐 아니라, 기교와 예술적 완성도에 있어서도 높은 수준이어야 한다는 것을 기본 원칙으로 삼았다. 많은 교회가 전자만 양보할 수 없는 조건이라고 믿는다. 왜 우리는 둘 다 절대적으로 필요하다고 판단할까?

 초월성. 앞서 언급했듯이, 개혁주의 공동 예배에서는 다른 종류의 공동 예배보다 탁월한 음악이 더 중요하다. 볼거리와 의례 없이, 초월성을 목표로 삼기 때문이다. 훌륭한 음악 없이는 초월성을 포착하면서도 단순성을 유지하기 어렵다. 깜짝 놀랄 정도의 좋은 음악보다 숨이 멎을 듯한 경외감을 자아내는 데 도움이 되는 것은 없다.

 전도를 위한 배려. 미학적으로 아름다울수록 내부인과 외부인, 새로 온 교인과 오래된 교인 모두를 더 잘 아우를 수 있다. 평균 이하의 음악이 오래된 교인들에게는 두 가지 이유로 덕을 세울 수도 있다. 첫째, 그들은 연주자를 알고 있어서 "아, 이 신실한 교인이 이렇게 자신의 은사를 사용할 수 있다니 얼마나 멋진가!"라고 생각할 것이다. 둘째, 그들은 기독교적인 가사를 매우 잘 알고 이해한다. 하지만 불신자나 구도자가 와서 그저 그렇거나 수준 낮은 연주를 듣는다면 하나님의 임재를 느끼거나 가사의 아름다움에 감동하기 어려울 것이다. 감동을 받지 않거나,

최악의 경우 연주로 인해 주의가 산만해지거나 어색하다고 느낄 수도 있다.

상황화. 기술의 발전으로 사람들은 어디서든 들을 수 있는 탁월한 음악에 점점 더 익숙해지고 있다. 맨해튼 거주자들이 전반적으로 음악을 잘 알고 있다는 것은 명백하다. 그래서 우리는 대부분의 곳에서는 시도하지 않는 고급문화 음악의 자극적이고 무조의(atonal) 악곡을 더 섞어 연주하기도 한다. 그러나 일반적으로는 미국의 모든 곳과 다른 세계의 많은 곳이 점점 더 인터넷으로 '연결'되고 있으며, 교회들은 예배에서 그저 그런 음악을 점점 더 연주할 수 없게 될 것이다.

2) **음악 선곡의 이유.** 우리가 철저히 '현대적' 음악만 사용하거나 철저히 '역사적' 음악만 사용하거나 현대적 음악과 역사적 음악을 '50대 50'으로 섞어 사용하지 않는 데는 몇 가지 이유가 존재한다.

첫째, **음악 형식과 양식은 중립적이지 않다.** 현대적 예배를 옹호하는 이들은 흔히 음악 형식은 중립적이며 취향의 문제이므로 어떤 음악 형식이든 사용하지 못할 이유가 없다고 주장한다.[82] 그러나 현대적 예배 옹호자들도 실제로는 어떤 음악은 모이는 예배에 적합하지 않다고 인정하면서 '선을 긋는다.'[83] 일부 대중음악의 곡조와 편곡은 지나치게 감상적이거나 감정을 부추기고 과장되어 있다. (다른 한편으로는 많은 '전통적' 찬송가 역시 그렇다고 할 수 있다.) 참으로 음악적 상대주의자인 사람은 아무도 없다.

---

82 Dawn, *Reaching Out*, p. 183.
83 Donald Miller, *Re-Inventing American Protestantism* (Berkeley: University of California Press, 1997), pp. 84-85.『왜 그들의 교회는 성장하는가?』(KMC).

둘째, **음악 형식의 경계는 대단히 유연하다.** 전통적 예배를 옹호하는 이들은 음악 형식이 중립적이지 않으며 모이는 예배를 위해 적합하지 않을 수 있는 함의를 지닌다고 주장한다. 그런 다음 대중음악이 피상적이며 감상적이라고 주장하면서 대중음악을 예배에서 제거한다. 하지만 재즈와 포크 음악은 엄청난 기교를 요구하며 탁월성을 달성할 수 있고 더 온전한 범주의 인간 감정을 표현할 수 있다고 지적하는 이들도 있다. 이런 음악은 상업주의와 근대성으로부터 기원하지 않았고, 따라서 모이는 예배에 적합하다고 볼 수 있다는 것이다.[84] 그러나 사실 대중음악과 (더 순수한) 포크, 재즈, 흑인 복음 성가 사이의 경계는 대단히 흐릿하다. 각각을 분류하기 어려운 곡들도 많다. 현대 음악을 반대하는 진영은 명확하고 분명한 경계를 어떻게 정할 수 있을까? 그럴 수 없다. 따라서 우리의 입장은 중도적이다. 각각의 곡을 그 자체의 장점에 따라 판단해야 한다. 사람들이 '대중음악'이라고 생각하는 곡도 탁월하게 연주될 수 있고 가사가 풍성하며 교리적으로 우리의 눈을 열어 주고 복음을 담고 있다면 받아들일 수 있다. 우리는 이런 기준을 적용하기 전에 자동으로 어떤 곡을 배제하는 식으로 '대중음악'의 범위를 정해 놓지 않았다.

셋째, **음악 형식은 고유성을 지닌다.** 앞서 언급했듯이, 우리는 한 예배에서 고전 음악과 현대 음악을 똑같은 비율로 섞기가 쉽지 않다고 생각한다. 첫 번째 걸림돌은 악기 편성이다. 우리는 음악의 수준과 탁월성을 유지하기 위해 최선을 다한다. 하지만 오르간, 금관 악기, 팀파니가 기타와 스네어 드럼처럼 "주의 이름 높이며"(Lord, I Lift Your Name on

---

[84] Calvin M. Johansson, *Music and Ministry: A Biblical Counterpoint* (Peabody: Hendrickson, 1991).

High)를 반주할 수 있을까? 반면에 기타, 색소폰, 드럼이 오르간과 금관 악기처럼 "내 주는 강한 성이요"(A Mighty Fortress)를 반주할 수 있을까? 두 경우 모두 대답은 '아니오'다. 한 예배에서 오르간과 금관 악기 반주를 듣다가 색소폰과 드럼 반주를 듣는 것은 귀에 대단히 거슬릴 것이다.

두 번째 걸림돌은, 음악 형식이 중립적이지 않으므로 포크/현대 음악에는 바흐의 음악과는 다른 틀이 있음을 인정해야 한다는 것이다. 두 음악은 다른 분위기를 만들어 낸다. 한 형식은 다른 형식보다 특정한 신학 주제를 더 잘 전달한다. 한 종류의 음악이 다른 종류의 음악보다 특정한 때, 특정한 건축물과 상황, 심지어 특정한 설교 형식에 더 잘 어울린다. 그러므로 우리는 일반적으로 한 종류의 음악만 한 예배 예식 전반에 흐르게 하는 것이 최선이라고 판단하게 되었다. 그럼에도 불구하고 앞서 말했듯이, 한 예배 안에서 고전 음악과 포크 음악을 신중하게 섞는 것이 가능하고 바람직할 수도 있다. 역사적 예배에서 포크나 대중적인 곡이 찬양 시간 마지막이나 죄의 고백 후, 성만찬 중에 분위기를 부드럽고 가볍게 할 수도 있다. 반면, 현대적 예배에서는 거의 언제나 몇몇 역사적 찬송가를 빌려 와야만 한다. 왜냐하면 현대의 찬양곡은 같은 주제를 계속 반복하는 경향이 있기 때문이다. (하나님의 거룩하심이나 사회 정의 같은 특정 주제를 찾기가 거의 불가능하다.) 그러나 음악 형식의 고유성을 존중하기 위해서는 전통적 찬송가의 가사에 현대적 곡조를 붙여 부르거나 적어도 현대적으로 편곡하는 것이 가장 좋다.

3) **연주자 선정 이유**. 첫째, 우리는 공동 예배를 위해 전문 음악가나 훈련된 연주자만 쓰며, 모두에게 보수를 지급한다. 그렇게 하는 이유는

탁월성에 대한 우리의 헌신과 관련이 있다. 우리는 전문 성직자만 직원으로 고용하는 오늘날의 많은 교회 가운데 하나다. 목회자들(또한 상담자와 같은 다른 직원들)은 그 일을 위해 그에 해당하는 학교 교육과 훈련을 받은 사람이어야 하며, 교회는 그에 맞춰 보수를 지급한다. 그러나 그런 교회 가운데 음악가들만 골라내 다르게 대우하는 경우가 많다. 리디머에서는 그렇게 하지 않는다. 우리가 찾을 수 있는 최고의 상담자와 설교자, 교육자들을 확보하기 위해 노력하듯이 최고의 연주자들을 확보하기 위해서도 노력한다.

둘째, 우리 교회에서는 훌륭한 은사와 재능을 지닌 비그리스도인 음악가들이 예배에서 연주하는 때도 많다. 우리는 그들을 독주자로 활용하지는 않지만 앙상블 단원으로 받아들인다. 우리는 이것이 개혁주의 '세계관 및 인생관'과 맞다고 믿는다. 많은 복음주의 교회가 가진 이원론적 관점에서는, 하나님이 비그리스도인 전문 음악가보다 평범한 수준의 음악가인 경건하고 신실한 그리스도인을 더 기뻐하신다고 생각한다. 하지만 개혁주의 신학은 창조 안에서 하나님이 주신 자연적 은사는 구원 안에서 하나님이 베푸신 선물과 마찬가지로 하나님의 은총이라고 가르친다. 영화 〈아마데우스〉(Amadeus)에서 안토니오 살리에리(Antonio Salieri)는 모차르트(Mozart)가 많은 점에서 '합당하지 않았지만' 하나님의 은총에 의해 선택되어 예술적 은사를 받았다는 것을 인정했다. 음악적 재능은 하나님이 주신 은사이며, 음악가에게 예배 예식에서 그 은사를 바치라고 요청하는 것은 그에게도, 우리에게도 좋은 일이다. (예술적 재능을 성령의 은사로 간주하는 출애굽기 31장과 야고보서 1:17을 보라.)

나는 음악에 대한 칼뱅의 접근 방식이, 목회자들에게는 보수를 지급하지만 음악가들에게는 보수를 지급하지 않는 복음주의 교회와 비그리스도인에게 '그저 공연처럼' 노래하거나 연주하게 하는 주류 교회 사이에서 중도적 접근 방식을 취할 수 있는 지침을 제공한다고 믿는다. 비그리스도인이 예배에 참여할 때 우리는 모이는 예배가 그들에게 영향을 미치기를 기도한다. 그들에게 우리는 단지 연주하는 것과 음악으로 "진심을 드러내고자"(catch the conscience, 『햄릿』에 등장하는 대사―옮긴이) 노력하는 것의 차이를 보여 주는 본보기가 된다. 비그리스도인에게 공동 예배 안에서 그들의 재능을 사용해 달라고 부탁함으로써 우리는 그들에게 모든 피조물과 더불어 창조주를 "경배하고"(peculiar honors, 찬송가 138장 "햇빛을 받는 곳마다"의 가사―옮긴이) 은사를 활용해 그분을 찬양하라고 요청하게 된다.

부록 1: 예배 예식 사례들

첫 번째 예배

아침 예배 2000년 9월 3일

묵상

사랑은 날개 없는 벌에게 꿀을 준다.

-존 트랩(John Trapp), 17세기 청교도

가난한 이들에게는 음식과 옷과 거처도 절실하지만, 그보다 훨씬 더 절실한 것은 자신이 누군가에게 필요한 사람이 되는 것이다. 가난보다 가난이 그들에게 강요한 추방된 상태가 더 고통스럽다.

-테레사 수녀(Mother Teresa),
『마더 테레사의 하느님께 아름다운 일』(Something Beautiful for God, 시그마북스)

나는 매정한 사람이 아니다. 전혀 그렇지 않다. 오히려 동정심으로 가득하며 눈물을 흘릴 준비가 되어 있다. 그러나 나의 정서적 충동은 언제나 나를 향하며, 나에 대해 동정심을 느낀다. 내가 결코 사랑하지 않는다는 것은 사실이 아니다. 내 삶에는 적어도 하나의 거대한 사랑이 있음을 느끼는데, 그 사랑의 대상은 언제나 나다.

-장-바티스트 클라망스(Jean-Baptiste Clamence), 알베르 카뮈(Albert Camus)의 『전락』(The Fall)에서 자신의 삶을 '고백'하는 파리의 변호사. 클라망스는 스스로 완벽한 사람이 되기 위해 아무리 열심히 노력해도 자신이 언제나 자기애에 사로잡혀 있음을 깨닫는다.

십자가는 하나님의 사랑뿐만 아니라 그분의 공의를 나타낸다. 바로 그 때문에 십자가의 공동체는 사랑에 찬 자선 사업뿐 아니라 사회 정의에도 관심을 가져야만 한다. 불의한 상황 자체를 변화시키기 위해 아무 일도 하지 않는다면, 불의의 희생자들을 불쌍히 여기는 것만으로는 부족하다. 공격받고 강도당한 사람을 도와주기 위해 선한 사마리아인은 언제나 필요할 것이다. 그러나 예루살렘에서 여리고로 가는 길에서 산적을 없애면 훨씬 더 좋을 것이다.

―존 스토트, 『그리스도의 십자가』(*The Cross of Christ*, IVP)

전주	다장조 소나타	코렐리(A. Corelli)
	악장 아다지오, 2악장 알레그로	
준비		팀 페팃(Tim Pettit)
찬양	부활하신 왕, 그리스도를 경배하라	찬송가

(Worship Christ, the Risen King)

교회여, 일어나 목소리를 높이라.
그리스도가 죽음과 지옥을 정복하셨으니,
온 땅과 함께 기뻐 노래하라.
부활의 찬송 울려 퍼지니
와서 경배하라, 와서 경배하라.
부활하신 왕, 그리스도를 경배하라.

사망으로 그분이 누우셨던 무덤을 보라,
이제 빈 무덤이 선언하네.
"죽음과 내가 그분을 가둘 수 없었네,
그분이 생명의 보좌를 나누어 주시네."
와서 경배하라, 와서 경배하라.
부활하신 왕, 그리스도를 경배하라.

땅이 저항하며 떠는 소리를 들으라,
권능으로 옮겨진 돌을 보라.
지옥의 앞잡이들이 모이지만,
그분의 시간을 견딜 수 없네.
그분이 정복하셨네, 그분이 정복하셨네.
부활하신 왕, 그리스도 주.

의심이 고개를 들고
사람들은 조롱하고 죄인들은 야유하지만,
진리가 경이를 선포하니
분별 있는 마음은 환호하며 맞이하네.
그분이 다시 사셨네, 그분이 다시 사셨네,
이제 부활하신 왕을 맞이하라!

오 예수님, 주님의 생명을 선포합니다,
이제 주님의 승리를 노래합니다.
죄와 지옥이 우리를 붙잡으려 하지만,
주께서 정복하시고 우리를 자유롭게 하십니다.
당당히 서라, 당당히 서라.
부활하신 왕, 그리스도를 경배하라.[1]

예배로의 부름　　　　　　　　　　　　　　　　　　시편 98편

목회자: 　여호와께서 그의 구원을 알게 하시며 그의 공의를 뭇 나라의 목전에서 명백히 나타내셨도다.

다 같이: 　그가 이스라엘의 집에 베푸신 인자와 성실을 기억하셨으므로

1 　ⓒ 1986 Rocksmith Music/Annamarie Music (ASCAP) (all rights admin. By Brentwood-Benson Music Publishing, Inc.). 저작권자의 허락을 받아 사용함.

	땅끝까지 이르는 모든 것이 우리 하나님의 구원을 보았도다.
목회자:	온 땅이여 여호와께 즐거이 소리칠지어다.
다 같이:	바다와 거기 충만한 것과 세계와 그중에 거주하는 자는 다 외칠지어다.
목회자:	여호와 앞에서 큰 물은 박수할지어다. 산악이 함께 즐겁게 노래할지어다. 그가 땅을 심판하러 임하실 것임이로다.
다 같이:	그가 의로 세계를 판단하시며 공평으로 그의 백성을 심판하시리로다.

경배의 기도   (주의 기도로 마무리합니다)

하늘에 계신 우리 아버지,

아버지의 이름을 거룩하게 하시며,

아버지의 나라가 오게 하시며,

아버지의 뜻이 하늘에서와 같이 땅에서도 이루어지게 하소서.

오늘 우리에게 일용할 양식을 주시고,

우리가 우리에게 잘못한 사람을 용서하여 준 것같이

우리 죄를 용서하여 주시고,

우리를 시험에 빠지지 않게 하시고 악에서 구하소서.

나라와 권능과 영광이 영원히 아버지의 것입니다. 아멘.

송영

너 선한 마음 가진 자, 늘 용서하며 살아라.

할렐루야! 할렐루야! 큰 고통 슬픔 지닌 자,

네 근심 주께 맡겨라, 하나님을 찬양하라!

할렐루야! 할렐루야! 할렐루야!

주 은혜받은 만민아, 다 꿇어 경배하여라.

할렐루야! 할렐루야! 성 삼위일체 주님께,

존귀와 영광 돌려라, 주를 찬양 할렐루야!

할렐루야! 할렐루야! 할렐루야!

침묵으로 드리는 찬양과 감사

갱신

고백의 기도

목회자: 전능하신 하나님, 주님은 인자가 한이 없으십니다. 주님은 우리가 받을 자격이 없는 선물을 우리에게 주셨습니다. 우리를 죽음에서 불러내어 생명으로 옮기셨고, 주님의 아들 예수 그리스도의 죽음과 부활을 통해 우리에게 용서를 베푸시고, 우리에게 성령을 주시며, 우리를 주님의 자녀로 삼으셨습니다.

다 같이: 당신은 영적으로, 물질적으로 우리에게 필요한 것을 공급하셨습니다. 하지만 우리는 감사하지 않았고 주님의 선하심을 기뻐하지 않았습니다. 주님을 무시하고 주님의 이름에 합당한 찬양을 드리는 일에 소홀히 하였습니다.

우리의 감사하지 않음을 용서하여 주소서. 우리 삶의 모든 영역에서 일하시는 주님의 손길을 볼 수 있는 눈을 우리에게 주소서. 모든 좋은 것이 주님에게서 온다는 것을 깨닫게 하여 주소서. 우리의 감사를 깊어지게 하셔서 순전하고 기뻐하는 마음으로 주님을 섬기게 하소서. 우리 주 예수 그리스도의 이름으로 기도합니다. 아멘.

개인적 고백

위로의 말씀 사도행전 4:12

다른 이로써는 구원을 받을 수 없나니 천하 사람 중에 구원을 받을 만한 다른 이름을 우리에게 주신 일이 없음이라.

[5-10세의 어린이들은 퇴장하여 어린이 예배에 참여할 수 있습니다. 유아반과 유치부 프로그램은 이미 진행 중이지만 찬송가가 시작될 때 참여하시면 됩니다.]

찬송가   예수, 참 기쁨이시요(Jesus, Thou Joy of Loving Hearts)

예수, 참 기쁨이시요, 세상의 빛 되시며,
사랑과 은혜 주시니 주님을 찬양합니다.
예수 세상의 빛이요, 기쁨이라.

예수, 영원하신 주님, 세상을 구원하시며,
은혜를 내려주시니 주님을 찬양합니다.
예수 세상의 빛이요, 기쁨이라.

생명의 떡이신 주님, 주님을 갈망합니다.
생명의 잔이신 주님, 우리의 영혼을 채우소서.

주님이 평안 주시며 영원한 생명 주시네.
우리의 믿음 지킬 때 주님의 영광을 보네.

예수 늘 함께 계시며 우리게 축복 주시니,
내 영혼 주만 바라며 주님을 찬양합니다.
예수 세상의 기쁨이라.

헌신

기도

광고

성경 봉독   누가복음 10:25-37

설교   네 명의 이웃을 통해 배우는 영원한 진리

                                               테리 가이거(Terry Gyger) 목사

봉헌송   다장조 소나타   코렐리
                3악장 아다지오 논 트로포

찬송가　**주를 전심으로 찬양합니다**(Lord, with Glowing Heart I'd Praise Thee)

주의 사랑으로 나에게 주신 복과 나를 구원하신 용서의 은총과 그로부터 흘러나오는 평화로 인해 주를 전심으로 찬양합니다. 하나님, 나의 약함을 도우셔서 이 둔한 영혼이 기뻐 뛰게 하소서. 주님이 불을 붙이지 않으시면 내 사랑은 결코 찬양하지 못합니다.

내 영혼아, 멀리 방황하던 비참한 너를
찾아오신 하나님을 찬양하라.
잃어버린 너를 찾으시고 인자하게 너를
사랑의 길에서 건져 주신 하나님을 찬양하라.
죄책을 짊어지고 두려워하는 너를
돌아보신 그분을 사랑하고 찬양하라.
소망의 빛을 비추셔서 피로 얼룩진 십자가가 나타나게 하신
그분을 찬양하라.

너를 십자가로 이끄시고, 새 생명을 주시고,
보혈로 죄 사함을 인치시고,
그분 안에서 생명을 찾게 하신 너의 구원자 하나님을 찬양하라.
위협으로 너를 일깨우시고 네가 죽음에 이르게 하는 안이함에
빠지지 않게 하시는 은총을 찬양하라.
약속으로 너의 마음을 감동시키는 은총을 찬양하라.
평화를 속삭이는 은총을 찬양하라.

주님, 이 가슴의 뜨거운 감정을 입술로 다 표현할 수 없습니다.
주님 발아래에 무릎을 꿇으니 애원하며 기도하는 자에게
복을 내리소서.

내 영혼의 가장 귀한 보배인 주님의 사랑이 내 안에
사랑의 순수한 불꽃을 일으키게 하소서.
말로는 측량할 수 없으니 내 삶으로 주님을 찬양하게 하소서.

축도
파송
목회자: 세상으로 나아가 우리 구주 예수 그리스도를 사랑하는 이들답게 세상을 섬깁시다.
다 같이: 하나님 감사합니다!

후주   다장조 소나타   코렐리
         4악장 알레그로, 5악장 지그
(예배 후 앞으로 나와서 리디머 사역자들과 함께 기도하실 수 있습니다.)

예배에 참여한 연주자들
오르간—마크 피터슨(Mark Peterson)
트럼펫—스캇 매킨토시(Scott McIntosh)

> 두 번째 예배
>
> **저녁 예배 2000년 9월 3일**

묵상
사랑은 날개 없는 벌에게 꿀을 준다.

-존 트랩, 17세기 청교도

가난한 이들에게는 음식과 옷과 거처도 절실하지만, 그보다 훨씬 더 절실한 것은 자신이 누군가에게 필요한 사람이 되는 것이다. 가난보다 가난이 그들에게 강요한 추방된 상태가 더 고통스럽다.

-테레사 수녀, 『마더 테레사의 하느님께 아름다운 일』

나는 매정한 사람이 아니다. 전혀 그렇지 않다. 오히려 동정심으로 가득하며 눈물을 흘릴 준비가 되어 있다. 그러나 나의 정서적 충동은 언제나 나를 향하며, 나에 대해 동정심을 느낀다. 내가 결코 사랑하지 않는다는 것은 사실이 아니다. 내 삶에는 적어도 하나의 거대한 사랑이 있음을 느끼는데, 그 사랑의 대상은 언제나 나다.

-장-바티스트 클라망스, 알베르 카뮈의 『전락』에서 자신의 삶을 '고백'하는 파리의 변호사. 클라망스는 스스로 완벽한 사람이 되기 위해 아무리 열심히 노력해도 자신이 언제나 자기애에 사로잡혀 있음을 깨닫는다.

십자가는 하나님의 사랑뿐만 아니라 그분의 공의를 나타낸다. 바로 그 때문에 십자가의 공동체는 사랑에 찬 자선 사업뿐 아니라 사회 정의에도 관심을 가져야만 한다. 불의한 상황 자체를 변화시키기 위해 아무 일도 하지 않는다면, 불의의 희생자들을 불쌍히 여기는 것만으로는 부족하다. 공격받고 강도 당한 사람을 도와주기 위해 선한 사마리아인은 언제나 필요할 것이다. 그러나 예루살렘에서 여리고로 가는 길에서 산적을 없애면 훨씬 더 좋을 것이다.

-존 스토트, 『그리스도의 십자가』

전주　　　마음의 변화(Change of Heart)　마커스 밀러(Marcus Miller)
준비　　　　　　　　　　데이비드 비스그로브(David Bisgrove)
찬양곡　　주를 전심으로 찬양합니다
　　　　　주의 사랑으로 나에게 주신 복과 나를 구원하신 용서의 은총과 그로부터 흘러나오는 평화로 인해 주를 전심으로 찬양합니다. 하나님, 나의 약함을 도우셔서 이 둔한 영혼이 기뻐 뛰게 하소서. 주님이 불을 붙이지 않으시면 내 사랑은 결코 찬양하지 못합니다.

　　　　　내 영혼아, 멀리 방황하던 비참한 너를
　　　　　찾아오신 하나님을 찬양하라.
　　　　　잃어버린 너를 찾으시고 인자하게 너를
　　　　　사랑의 길에서 건져 주신 하나님을 찬양하라.
　　　　　죄책을 짊어지고 두려워하는 너를
　　　　　돌아보신 그분을 사랑하고 찬양하라.
　　　　　소망의 빛을 비추셔서 피로 얼룩진 십자가가 나타나게 하신
　　　　　그분을 찬양하라.

　　　　　너를 십자가로 이끄시고, 새 생명을 주시고,
　　　　　보혈로 죄 사함을 인치시고,
　　　　　그분 안에서 생명을 찾게 하신 너의 구원자 하나님을 찬양하라.
　　　　　위협으로 너를 일깨우시고 네가 죽음에 이르게 하는 안이함에

빠지지 않게 하시는 은총을 찬양하라.
약속으로 너의 마음을 감동시키는 은총을 찬양하라.
평화를 속삭이는 은총을 찬양하라.

주님, 이 가슴의 뜨거운 감정을 입술로 다 표현할 수 없습니다.
주님 발아래에 무릎을 꿇으니 애원하며 기도하는 자에게
복을 내리소서.
내 영혼의 가장 귀한 보배인 주님의 사랑이 내 안에
사랑의 순수한 불꽃을 일으키게 하소서.
말로는 측량할 수 없으니 내 삶으로 주님을 찬양하게 하소서.

프랜시스 스콧 키(Francis Scott Key)

왕이신 하나님(He Is Exalted)
왕이신 하나님 높임을 받으소서.
찬양하리라.
영원히 높임을 받으실 그 이름
찬양하리라.

그리스도 진리로 다스리네.
기뻐하라 온 땅이여 찬양하라.
거룩하신 그 이름 높이리라.

(Twila Paris/© 1985 Straightway Music) CCLI 48102

내 죄 속해 주신 주께(All for Jesus)
내 죄 속해 주신 주께 힘과 정성 다하니 나의 온갖 언행 심사
주를 위한 것일세.
내게 있는 모든 것을 주를 위해 바치리.
내게 있는 모든 것을 주를 위해 바치리.

나의 손과 발을 드려 주의 명령 행하고 오직 주만 바라보며
주만 찬양하겠네.
항상 주를 찬송하며 이 몸 바치오리다.
항상 주를 찬송하며 이 몸 바치오리다.

내가 주를 바라보니 나의 영혼 밝아져 십자가를 지신
주만 항상 바라봅니다.
십자가를 바라보며 주만 따라가리라.
십자가를 바라보며 주만 따라가리라.

신기하고 놀라워라. 영광스런 왕의 왕 나를 친구 삼아 주사
편히 쉬게 하시네.
주의 날개 보호 아래 영원 안식 얻겠네.
주의 날개 보호 아래 영원 안식 얻겠네.

메리 제임스(Mary D. James)

하나님께 나아감

고백의 기도

개인적 고백

고백의 응답　내가 구하는 한 가지(One Thing I Ask)
내가 여호와께 바라는 한 가지 일 그것을 구하리니
곧 내가 내 평생에 여호와의 집에 살면서
여호와의 아름다움을 바라보며
그의 성전에서 사모하는 그것이라.
여호와여, 내가 소리 내어 부르짖을 때에 들으소서.
여호와께서 나의 힘이시며, 나의 방패이시나이다.
주께서 나를 높이시리라.

(시편 27:4, 7-9/© 1989 Mercy Publishing) CCLI 48102

찬양	**나와 함께 걸으소서**(Walk with Me)

주님, 나와 함께 걸으소서. 나와 함께 걸으소서.

주님, 나와 함께 걸으소서. 나와 함께 걸으소서.

내가 이 순롓길을 갈 때

예수님, 나와 함께 걸으시기 원합니다.

모세와 함께 걸으셨던 주님, 나와 함께 걸으소서.

모세와 함께 걸으셨던 주님, 나와 함께 걸으소서.

내가 이 순롓길을 갈 때

예수님, 나와 함께 걸으시기 원합니다.

내가 고난당할 때, 주님, 나와 함께 걸으소서.

내가 고난당할 때, 주님, 나와 함께 걸으소서.

내 마음이 무너질 때

예수님, 나와 함께 걸으시기 원합니다.

내가 괴로울 때 나와 함께 걸으소서.

내가 괴로울 때 나와 함께 걸으소서.

내가 슬퍼하며 낙심할 때

예수님, 나와 함께 걸으시기 원합니다.

제임스 워드(James Ward)

기도	
찬양곡	**내 구주 예수님**(Shout to the Lord)

내 구주 예수님 주 같은 분 없네.

내 평생에 찬양하리. 놀라운 주의 사랑을

위로자 되시며 피난처 되신 주님

나의 영혼 온 맘 다해 주를 경배합니다.

온 땅이여 주님께 외쳐라.
능력과 위엄의 왕 되신 주
산과 바다 소리쳐 주의 이름을 높이리.

(© 1993 Hillsongs) CCLI#48102

광고

성경 봉독 누가복음 10:25-37

설교 네 명의 이웃을 통해 배우는 영원한 진리   테리 가이거 목사

봉헌송 세상의 구주께(Christ for the World)

세상의 구주께 온 세상 드리네.
사랑으로 약하고 슬픈 자
지치고 병든 자
위로의 주께서 고치시네.

새뮤얼 울컷(Samuel Wolcott)

헌신의 노래 더 가까이(Ever Closer)

주님, 나를 주님께 가까이, 더 가까이 이끄소서.
주님, 나를 주님께 가까이, 더 가까이 이끄소서.
나와 같은 마음에는 너무나 순결한 사랑,
나에게는 너무나 값비싼 은혜,
따뜻한 자비를 지금부터 영원히, 영원히 베푸소서.

주님, 나를 주님께 가까이, 더 가까이 이끄소서.
주님, 나를 주님께 가까이, 더 가까이 이끄소서.
놀라운 아버지, 진리의 원천이신
주님을 예배하고 경배합니다.
영광과 존귀, 찬양과 경배를
우리 주 예수님께, 우리 주 예수님께 드립니다.

축도

후주　　　국경 도시(Bordertown)　　　그로버 워싱턴 주니어
　　　　　　　　　　　　　　　　　　　(Grover Washington, Jr.),
　　　　　　　　　　　　　　　　　　　　게리 하스(Gary Haase)

예배에 참여한 연주자들
　　　　　베이스-게리 하스
　　　　　색소폰-조엘 프람(Joel Frahm)
　　　　　기타-척 제닝스(Chuck Jennings)
　　　　　피아노-톰 제닝스(Tom Jennings)
　　　　　드럼-버디 윌리엄스(Buddy Williams)

부록 2: 성만찬을 받지 않는 이들을 위한 기도문

리디머 장로교회에서는 죄를 버리고 예수 그리스도를 믿고 구원을 받고자 하며, 복음을 선포하는 교회의 회중으로 모인 모든 세례받은 그리스도인들이 우리와 함께 성찬을 받는 것을 환영합니다. 만약 성찬을 받을 수 없다면, 이 시간에 아래의 기도문을 묵상하시기 바랍니다.

진리를 찾는 이들을 위한 기도. 주 예수님, 주님께서는 스스로 길이고 진리이며 생명이라고 말씀하십니다. 주님을 따라야 할 이유를 생각할 때 그 대가를 두려워하지 않게 하여 주십시오. 주님의 말씀처럼 당신이 참되시다면, 주님이 누구신지 드러내는 진리로 나를 인도하시고, 그 진리를 가르쳐 주시며, 그 진리를 볼 수 있도록 내 눈을 열어 주십시오. 내가 일관되고 확실한 방식으로 주님을 이해할 수 있게 하시고, 그리하여 주님께서 약속하신 생명에 이르게 해 주십시오. 아멘.

믿음의 기도. 주 예수 그리스도시여, 나는 내가 감히 인정할 수 있는 것보다 더 약하고 더 악한 죄인이지만, 주님을 통해 내가 감히 기대할 수 있는 것보다 더 많이 사랑받고 용납받았음을 받아들입니다. 나에게 완전한 용서를 주시려고 마땅히 내가 받아야 할 벌을 받으심으로써 십자가에서 내 죄의 대가를 치르신 주님께 감사드립니다. 주님께서 죽은 자 가운데서 다시 살아나셨음을 알고 내 죄에서 돌이켜 주님을 나의 구원자이자 주님으로 받아들입니다. 아멘.

[리디머 장로교회의 스캇 셔먼(Scot Sherman) 목사 작성]

감사의 글

이 책의 2-4장에는 특정 교회에서 실제로 사용한 예배 순서지가 포함되어 있다. 예배 순서지에는 다수의 찬송가와 합창곡이 때로는 가사만, 때로는 가사와 악보가 함께 수록되어 있다. 저작권자들을 추적해 허락을 받기 위해 최선을 다했다. 허락을 받은 경우에는 본문에 출처를 밝혔지만 이곳에 모아서 기록해 두는 것도 좋을 것 같다. 출처를 기록하지 않은 몇 안 되는 곡들은 우리가 판단하기로 저작권이 소멸된 경우다.

다음의 곡들을 인용하도록 허락해 준 저작권자들에게 감사드린다.

J. S. Bach, "Alleluia! O Praise the Lord Most Holy", ⓒ 1971 Concordia Publishing House.

Michael Baughen, "Sing to God New Songs of Worship", ⓒ Jubilate Hymns Ltd. (admin. by Hope Publishing Company).

Michael Christ, "It's Your Blood", ⓒ 1985 Mercy / Vineyard Publishing (ASCAP).

Samuel Crossman, "My Song Is Love Unknown" (in this version) ⓒ Jubilate Hymns Ltd. (admin. by Hope Publishing Company).

Anita Davidson, "It's Not the Bright Light", 저자의 허락을 받고 수록함.

William Dix, "As with Gladness Men of Old" (in this version) © Jubilate Hymns Ltd. (admin. by Hope Publishing Company).

Les Garrett, "This Is the Day", © 1967 Scripture in Song (a division of Integrity Music, Inc.)/ASCAP.

Jack Hayford, "Worship Christ the Risen King", © 1986 Rocksmith Music / Annamarie Music (ASCAP) (all rights admin. by Brentwood-Benson Music Publishing, Inc.).

Christopher Idle, "The Lord My Shepherd Rules My Life", © Jubilate Hymns Ltd. (admin. by Hope Publishing Company).

Yasushige Imakoma, "Send Your Word", © 1983 The United Methodist Publishing House (admin. by The Copyright Company, Nashville).

Hilary Jolly, "Foolish the Wisdom of the World", © Jubilate Hymns Ltd. (admin. by Hope Publishing Company).

Glenn Kaiser, "Ever Closer", © 1993 Grrr Music.

Francis Scott Key, "Lord, with Glowing Heart": this arrangement © 1998 Redeemer Music.

Twila Paris, "He Is Exalted", © 1985 Mountain Spring Music / Straightway Music.

Andy Park, "One Thing I Ask", © 1987 Mercy / Vineyard Publishing (ASCAP).

H. W. Rattle, "Jesus' Love Is Very Wonderful", © Scripture Union.

Stuart Townend, "How Deep the Father's Love for Us", © 1995

Kingsways Thankyou Music.

(Traditional) "The First Nowell the Angel Did Say" (in this version) ⓒJubilate Hymns Ltd. (admin. by Hope Publishing Company).

Jaroslav J. Vajda, "Now the Silence", ⓒ 1969 Hope Publishing Company.

Darlene Zschech, "Shout to the Lord", ⓒ 1993 Darlene Zschech / Hillsong Music (admin. in the U.S. and Canada by Integrity's Hosanna! Music)/ASCAP.

성경 찾아보기

창세기
창세기 212
1:1-3 217
2장 45
2:15 54
3:14-24 173
3:17-19 54

출애굽기
출애굽기 212
31장 333
33:18 303

레위기
레위기 282
4장 46
17:11 47
17:11 이하 46

민수기
6:22-27 65
15:37-41 25

신명기
4:11 227
4:24 226
6장 44

6:4-9 25
6:5 53
8장 44
8:3 215
11:13-21 25
29:29 17
31:9-13 214
32:1-45 214
32:46 214
32:47 214

여호수아
1:5-9 67

사무엘하
6:21하 224
6:22 224
24:24 133

열왕기하
17:39 36

역대상
12:32 208
16:29 35, 36

느헤미야
2:8 277
8장 225

시편
1:2 67
15편 129
22:22 232
23편 173, 174, 175
23:2 41, 174
24편 269
27:4 346
27:7-9 346
28:2 277
29:2 36
33:6 217
46:8-11 236
46:10상 236
47:1 277, 304
66편 43
66:2 299
75-76편 43
81:9 35
95:6-7 35, 37
95:6-8 85
98편 153, 154, 337
98:1 154, 156

98:8 156
98:9 156
100편 129
100:1-2 247, 252
100:1-5 304
100:2 35, 37
100:3 37
102:18 304
103:1 53
105:1 304
105:2 304
115:4-8 42
117편 304
118:22 235
118:22-24 235
118:24 235
119편 215, 251
130:3-4 294
141:2 72
145:3-5 36
148편 34

이사야
1:11-17 52
2:1-4 304
6장 265, 302
6:3 265
33장 77
34:16 218
46:6 35
56:6-8 304
59:21 218
61:1 218
66:2 215

예레미야
7장 42

7:9-10 52
31:31 이하 48
31:31-34 192

에스겔
8장 51
8-11장 48
11:16 48
36:25-27 48

다니엘
3:15 35
3:28 35
4:1-37 254, 257

호세아
6:6 26

아모스
5:21-24 26

마태복음
2:1-2 179
2:1-12 182
2:2 23
2:8 23
4:4 215
4:9 23
4:10 37
6:6 59
11:28 162
18:26 23
22:37 53
23:1-10 93
23:1-13 142

마가복음
7:8-9 275
14:6 224
14:8 224
14:9 224

누가복음
4:4 215
4:20 65
10:25-37 340, 348
20:17 235
20:18 235
22장 144
22:19 97
22:20 97
24장 216
24:25-27 212
24:44-47 212
24:50 65

요한복음
1:14 55
1:18 209
2:13-22 49
3:5 218
3:16 162-163
3:34 218
4:23-24 49-50
4:24 49
5:23 55
5:39-49 212
6:63 218
12:3 224
12:4 224
12:5 224
12:41 265
17:17 67

20:28 55
21장 41

사도행전
1:8 218
1:23-31 263
2장 304
2:5 304
2:11 305
2:12 304
2:37 304
2:42 65
4:12 339
4:23-31 261
4:31 61
5:2 65
5:30-32 218
6:1-6 65
7:42-43 36
11:26 61
14:27 61
15:6 61
15:30 61
17:11 138
18:7 65
18:11 65
19:8-10 65
20:4 65
20:7 65
20:7-8 61
20:20 65
20:25 65
20:28 65

로마서
1장 42
1:25 65

4장 19
5:1-5 300
8:15-16 195
8:22-23 35
9:5 65
12:1 192, 221, 285, 288
12:1-2 26, 30, 49, 84
12:8 65
12:13 65
14:19 258
15장 50
15:1-3 278
16:1 65
16:2 65
16:16 65

고린도전서
고린도전서 159
1:17-25 158
1:17-2:5 158
1:25 159
1:26-31 158
2:1-5 158
2:2 156
2:2-5 303
2:5 158
3:16-17 49, 60
4:6 69
5장 159
5:4 61
5:7 50
6:19 49
6:19-20 60
11장 144
11-14장 92
11:17 61
11:23 255

11:23-25 200
11:24 65, 255
11:25 255, 286
11:33-34 61
12장 18
13장 92
14장 16, 20, 66, 75, 82, 111, 304
14:1 92
14:12 92
14:15 65, 232
14:16 65
14:19 92
14:23-24 305
14:24-25 304
14:25 63, 277
14:26 61, 65, 92, 233
14:29 138
14:40 110
15:1-3 65
16:1-4 65
16:2 65
16:20 65

고린도후서
8:19-21 65
9:11-15 65
13:12 65
13:14 65

갈라디아서
2:14 308
3장 19

에베소서
1:18-22 295
3:14-21 295

3:21　65
5:19　61, 65
5:19-20　223

빌립보서
2:9-10　55
3:1　44
4:18　65

골로새서
1:15-20　59, 209
1:16　209, 210
1:17　210
1:18-20　211
2:9　55
3:15　65
3:16　61, 93, 233
4:15　65
4:16　65

데살로니가전서
1:4-5　218
2:13　218
5:26　65
5:27　65

데살로니가후서
3:14　65

디모데전서
1:15　163
2:1　65
2:1-2　113
2:8　277
3:16　65
4:13　65, 216
6:12　65

디모데후서
2:8　246
2:8-13　246, 250
2:15　216
3:14-17　216, 251, 253
3:15-17　65
3:16　251
4:1-5　216
4:2　65

히브리서
히브리서　48
1:3　210
2:11　57
2:12　232
4:12　287
4:16　303
7-10장　212
7-11장　192
8:7-13　192
8:13　48, 50
9:1-23　26
9:23-10:18　26
10:10　57
10:14　57
10:19-22　287
10:19-25　61
12장　226
12:18-21　226, 227
12:18-29　92, 226
12:22-24　60, 226, 227
12:25-27　226
12:28　226
12:28-29　287
12:29　226
13장　269
13:15　50, 65

13:15-16　91, 287
13:16　65, 285, 307
13:17　285

야고보서
1:17　333
1:18　218

베드로전서
베드로전서　49, 306
1:8　221
1:23　218
2장　305
2:5　21, 285
2:9　306
2:11　306
2:11-12　59
2:13-21　306
3:8-17　306
3:21　65
5:14　65

베드로후서
3:1　44
3:2　44
3:15　65
3:16　65

요한일서
2:1　163

요한계시록
요한계시록　29
1:6　21
4장　34, 37, 55, 265
4:8　37
4:10　37

4:11 37	5:9 56	11:17-18 65
5장 55, 72	5:9-13 65	15:3 65
5:4 56	5:12 255	15:4 65
5:6 56	5:14 65	19:10 36, 63
5:8 287	8:3-4 287	21-22장 77

찬송가와 노래 찾아보기

"고요한 저녁 찬송"(Hushed Was the Evening Hymn) 44
"그 옛날 사람들이 기뻐하며"(As with Gladness Men of Old) 177, 354
"그리스도께서 부활하셨네"(Christ Is Now Arisen) 246, 249
"기뻐하며 찬송하라"(Good Christian Men Rejoice) 246, 249
"기쁘다 구주 오셨네"(Joy to the World) 200
"나 노래하리라 주님의 그 사랑"(My Song Is Love Unknown) 167, 353
"나는 비록 약하나"(Just a Closer Walk With Thee) 187
"나는 예수 따라가는"(Am I a Soldier of the Cross) 200
"나와 함께 걸으소서"(Walk with Me) 347
"내 구주 예수님"(Shout to the Lord) 347, 355
"내 죄 속해 주신 주께"(All for Jesus) 345
"내 주는 강한 성이요"(A Mighty Fortress) 332
"내가 구하는 한 가지"(One Thing I Ask) 346, 354
"능력 위에 능력으로"(He Is Able) 262
"더 가까이"(Ever Closer) 348, 354
"동방에서 박사들 귀한 예물 가지고"(We Three Kings of Orient Are) 180
"동정녀 마리아 아기를 낳았네"(The Virgin Mary Had a Baby Boy) 182
"만민들아 주 찬양하여라"(Let All the World in Every Corner Sing) 255, 257
"만민의 성부 되신 주"(Dear Lord and Father) 128
"만세 반석 열리니"(Rock of Ages Cleft for Me) 200
"만유의 주재"(Fairest Lord Jesus) 261
"맛보아 알지어다"(Taste and See) 256
"모두 기뻐하며 찬송하라"(Good Christian Men, Rejoice and Sing) 250
"밝은 빛이 아니라 별빛이"(It's Not the Bright Light) 180, 353
"복의 근원 강림하사"(Come Thou Fount of Every Blessing) 200
"부활하신 날에"(The Day of Resurrection) 246, 248
"부활하신 왕, 그리스도를 경배하라"(Worship Christ, the Risen King) 336, 354

"비바람이 칠 때와"(Jesus Lover of My Soul) 199
"새 노래로 여호와께 찬송하라"(Sing to God New Songs of Worship) 152, 353
"샘물과 같은 보혈은"(There Is a Fountain Filled with Blood) 200
"생일 축하해요"(A Happy Birthday to You) 181-182
"세상의 구주께"(Christ for the World) 348
"소박한 선물"(Simple Gifts) 262, 263
"십자가 그늘 아래"(Beneath the Cross of Jesus) 258
"싸움은 모두 끝나고"(Alleluia! The Strife Is O'er) 246, 249
"약할 때 강함 되시네"(You Are My All in All) 234
"어리석은 세상 지혜"(Foolish the Wisdom of the World) 157, 354
"엔터테이너"(The Entertainer) 228
"예수, 주 승리하심 찬양해"(Jesus We Celebrate Your Victory) 125
"예수, 참 기쁨이시요"(Jesus, Thou Joy of Loving Hearts) 340
"예수님 다시 오시네"(Jesus Is Coming Again) 236
"예수님의 사랑 신기하고 놀라워"(Jesus' Love Is Very Wonderful) 155, 354
"예수님이 사시니 나도 살리라"(Jesus Lives and So Shall I) 246, 250
"예언자를 통해 말씀하신 하나님"(God Hath Spoken by His Prophets) 261
"온 세상 다스리시네"(He's Got the Whole World in His Hands) 262, 263
"온 천하 만물 우러러"(All Creatures of Our God and King) 254, 256
"왕이신 하나님"(He Is Exalted) 345, 354
"우리를 향한 아버지의 사랑이 너무도 깊고"(How Deep the Father's Love for Us) 170, 354
"웬 말인가 날 위하여"(Alas and Did My Savior Bleed/At the Cross) 199
"위대하신 주"(Great Is the Lord) 261
"이날은"(This Is the Day) 234, 354
"저 들 밖에 한밤중에"(The First Nowell the Angel Did Say) 183, 355
"전능하신 주 하나님"(Guide Me O Thou Great Jehovah) 200
"전능하신 창조의 하나님"(God of Creation, All Powerful) 262, 263
"주 나의 목자 내 삶 다스리시며"(The Lord My Shepherd Rules My Life) 172, 354
"주 믿는 자들의 굳센 터는"(How Firm a Foundation) 199
"주 믿는 형제들"(Blest Be the Tie That Binds) 200
"주 보혈 날 씻었네"(It's Your Blood) 162, 353
"주 사랑하는 자 다 찬송할 때에"[We (Ye) That Love the Lord/We're Marching to Zion] 199
"주 사랑합니다"(I Love Thee, I Love Thee) 261
"주 예수 이름 높이어"(All Hail the Power of Jesus' Name) 199, 261
"주 우리 하나님"(The God of Abraham Praise) 255, 258
"주 은혜 받은 만민아 다 꿇어 경배하여라"(Let All Things Their Creator Bless/And Worship Him in Humbleness) 255

"주 이름 어찌 그리 아름다운지요"(How Majestic Is Your Name) 261
"주님 이름 찬양합니다"(Glorify Thy Name) 261
"주를 전심으로 찬양합니다"(Lord, with Glowing Heart I'd Praise Thee) 341, 344, 354
"주의 말씀 내리소서"(Send Your Word) 251, 253, 354
"주의 이름 높이며"(Lord, I Lift Your Name on High) 331-332
"지금 침묵"(Now the Silence) 257, 355
"천사들도 흠모하는 그분이"(I Cannot Tell Why He Whom Angels Worship) 173
"크신 일을 이루신 하나님께"(To God be the glory!) 164
"큰 죄에 빠진 날 위해"(Just As I Am) 200
"평생 주 찬양"(Ain't Got Time to Die) 262, 263
"하나님의 크신 사랑"(Love Divine All Loves Excelling) 200
"하늘 아버지의 자녀들"(Children of the Heavenly Father) 262, 263
"할렐루야 할렐루야"(O Sons and Daughters Let Us Sing, 찬송가 163장) 247
"할렐루야! 예수님께 노래해"(Alleluia! Sing to Jesus) 258
"할렐루야! 지극히 거룩하신 주를 찬양하라"(Alleluia! O Praise the Lord Most Holy) 255, 256, 353
"Lasst uns erfreuen"(찬송가 "온 천하 만물 우러러"에 사용된 곡조) 246

인명 찾아보기

Alcantara, Jared 263
Ambrose 230
Ames, William 197
Andrewes, Lancelot 198
Aquinas, Thomas 290
Armstrong, John H. 284
Aune, David E. 67

Bach, Johann Sebastian 256, 332, 353
Baker, Peter 126, 128
Baughen, Michael 153, 353
Baxter, Richard 243
Beaumarchais, Pierre Augustin Caron de 124
Bennett, Arthur 322
Bisgrove, David 344
Blanchard, John 266, 267
Blanchard, Jonathan 190
Blumhofer, Edith 199
Blunt, A. W. F. 216
Bockmuehl, Markus N. A. 65
Bonhoeffer, Dietrich 58
Bradshaw, Paul F. 15
Bucer, Martin 82, 97, 101

Calvin, John 81, 243, 279, 280, 281, 282, 283, 283, 285, 288, 289, 290, 291, 292, 293, 294, 295, 296, 299, 300, 301, 302, 303, 304, 305, 307, 310, 325, 334
Campbell, Alastair 32
Camus, Albert 335, 343
Carson, D. A. 29, 56, 65, 91, 192, 209, 283, 286
Cartwright, Thomas 196
Chaucer, Geoffrey 22
Childs, Ed 250
Christ, Michael 162, 353
Clamence, Jean-Baptiste 335, 343
Clowney, Edmund P. 64, 65, 66, 67, 68, 69, 73, 280, 282, 284, 304, 306
Corelli, Arcangelo 336, 340, 342
Costen, Melva Wilson 15
Cotton, John 196
Cranmer, Thomas 87, 88, 89, 90, 94, 95, 96, 98, 99, 100, 101, 102, 103, 104, 105, 106, 107, 108, 109, 112, 113, 115, 120, 121, 128, 129, 140, 141, 142, 146, 149, 202
Crossman, Samuel 167, 353

Davidson, Anita 180, 353
Davies, Horton 15, 196, 199, 200, 242
Davies, J. G. 15, 47
Dawn, Marva J. 15, 38, 206, 271, 274, 284, 330

Dix, William C. 178, 354
Donne, John 198
Dostoyevsky, Fyodor 45
Doyle, Robert 67
Dumbrell, William J. 191
Dunnill, John 28

Earey, Mark 15
Edwards, Jonathan 221, 222, 294, 295, 307, 308
Ehrman, Carole 261
Elwell, Ellen 252
Elwell, Nate 252

Ferguson, Everett 61, 78
Finney, Charles G. 203
Frahm, Joel 349
Frame, John M. 73, 74, 75, 277, 278, 280, 286, 287, 288
Fretheim, Terence E. 28
Fullerton, W. Y. 174

Gaddy, C. W. 284
Gardiner, Stephen, Bishop 96
Garrett, Les 354
Goldsworthy, Graeme 191
Goodwin, Thomas 196
Graham, Billy 187
Gramann, F. 247, 250
Green, Christopher 217
Grenz, Stanley 281
Grieg, Edvard 247
Gruendyke, Randy 257
Guthrie, Donald 28
Gyger, Terry 340, 348

Haase, Gary 349

Hamblen, Stuart 187
Hanaoka, Nobuaki 253
Handel, G. F. 252, 253
Hattori, Y. 46
Hayford, Jack 354
Heider, Anne 297
Henry, Matthew 243
Herbert, George 255
Hilber, John W. 28
Hill, Andrew E. 24, 25, 26, 27
Hill, E. V. 213
Hillier, Paul 297
Hollinger, Debbie 260
Hooker, Richard 31, 72, 73, 74, 102
Hooper, John 97, 198
Horton, Michael S. 271, 274
Hughes, Kent 248, 250, 254, 257
Hughes, Rose 187
Hurtado, Larry W. 77, 78
Hustad, Donald 231

Idle, Christopher 173, 354
Iliff, David 114
Imakoma, Yasushige 253, 354
Irons, Lee 74

Jackman, David 217
James, Mary D. 346
James, William 46
Jeffrey, David Lyle 47
Jennings, Chuck 349
Jennings, Tom 328, 349
Jewel, John 108
Johansson, Calvin M. 275, 331
Johnson, Terry L. 279, 280
Johnston, Jim 252, 256, 260
Jolly, Hilary 158, 354

Jones, C. 94
Jordan, Diane 250, 253
Justin Martyr 216

Kaiser, Glenn 354
Keesecker, T. 253
Keller, Tim 74
Key, Francis Scott 345, 354
Kidner, Derek 299
King, Charles 268
Kingdom, Robert M. 289

Ladd, Bill 250
Law, William 62
Leithart, Peter 41, 42
Leith, John 276, 291, 294, 296
Leo, John 39
Levin, Bernard 88
Lewis, C. S. 292, 293
Lewis, Peter 41, 42
Lewis, W. H. 293
Lints, Richard 276, 281
Lucas, R. C. 217
Luter Jr., A. Boyd 32
Luther, Martin 220, 230, 243, 298

Maillefer, Marc 247, 256
Marini, Stephen 199
Marshall, I. Howard 32
Marty, Martin 15
Mason, John 74, 186
McComiskey, Thomas Edward 244
McIntosh, Scott 342
McKibbens Jr., T. R. 204
McKim, Donald 289, 307
McKinnon, James 15, 230
Mendez, Guillermo W. 279

Merrill, Eugene H. 44
Milhaud, Darius 260
Miller, Donald 330
Miller, Marcus 344
Montgomery, David 64
Mother Teresa 335, 343
Morganthaler, Sally 273
Mozart, Wolfgang Amadeus 333
Muggeridge, Malcolm 87
Murray, John 301
Myers, Ken 274, 293

Newman, Paul 228
Niebuhr, H. Richard 306
Nielson, Niel 248, 252, 257, 263
Noll, Mark 43, 199, 296

O'Brien, Peter T. 211
Oesterley, W. E. 25
Old, Hughes Oliphant 15, 65, 243, 280, 283, 294, 319, 322, 323
Ortega, Fernando 273

Packer, J. I. 101, 196, 197
Paris, Twila 345, 354
Park, Andy 354
Payton, Leonard R. 73
Peacock, David 114
Perkins, William 196, 197
Perry, Michael 114, 168, 186
Peterson, David 29, 32, 50, 52, 92, 96, 115, 144, 145, 194, 283, 285, 286
Peterson, Mark 342
Pettit, Tim 336
Plantinga Jr. 39
Plantinga-Pauw, Amy 308
Powell, Mark Allan 28

Preston, John 196
Pugh, Melody 260

Ralston, Tim 44
Rasmussen, Adam 252
Rattle, H. W. 155, 354
Rayburn, Robert G. 52, 194, 220
Redford, Robert 228
Richardson, John P. 32
Ridderbos, Herman, N. 286
Runia, Klass 280
Ryken, Leland 197, 198

Salieri, Antonio 333
Schalk, Carl 257
Schaller, Lyle 272
Scott, Lee 249
Shaper, Robert 33
Sherman, Scott 81, 351
Sibbes, Richard 196
Singley III, H. E. 254, 258, 261, 263
Smith, John 295
Stott, John 216, 336, 344
Strunk, William 313

Thomas, Jay 252
Thompson, E. 258
Thompson, Marianne Meye 29
Thompson, Michael B. 65
Torrance, James 56–57
Townsend, Stewart 171, 354
Tozer, A. W. 207
Trapp, John 335, 343
Troeltsch, Ernst 306

Vajda, Jaroslav J. 257, 355
Veith, Gene 281

Volf, Miroslav 58, 306

Wagner, C. Peter 272
Wainwright, G. 94
Wakefield, Gordon S. 15
Walker, Michael 308
Walls, Andrew F. 276
Ward, James 347
Washington Jr., Grover 349
Watts, Isaac 221, 243
Webber, Robert E. 64, 70, 276, 309
Weber, Max 306
Wells, David 271
Wesley, John 89, 124, 225
Wheatley, Greg 249, 256
White, David 248, 256, 261
White, E. B. 313
White, James F. 15, 195, 203, 277, 279, 290, 301, 308
Williams, Buddy 349
Willan, H. 250
Willis, David 308
Wilson-Dickson, Andrew 15, 76
Wolcott, Samuel 348
Wolterstorff, Nicholas 289–290, 291, 293, 299, 307
Woodhouse, John 217, 218
Wordsworth, William 225
Wright, N. T. 77

Yarnold, E. 94
Young, G. 258

Zschech, Darlene 355
Zwingli, Ulrich 279, 280, 281, 288, 296, 299, 300

주제 찾아보기

가족 예배 146-148, 177-186
간증 131-132, 174, 321-322
감상성 292-293
감정 113-114, 223-224, 293-296,
  311-312
강해 설교 197
개혁주의 전통 278-284
거룩함 264-265
건축 140
경배와 행동 58-59, 91
계획 110-112, 133-134, 140, 233-234,
  237, 239-241, 266-267, 315-316
고백 155, 156, 169, 178-179, 320, 339
공동 예배 60, 63, 66, 188-191, 193,
  194-195, 285-289, 290-291
공동 예배를 가로막는 장애물 79-80
공동 예배의 인도 133, 166, 311
공동체 305-307
광고 134, 241
교회력 142-144
'구도자 예배' 284
궁극적 완성에 대한 고대 77, 92-93
규정 원리 31, 73-74, 193, 202, 280
균형 100-103, 120-121
그리스도 중심적 예배 55-56, 209-211
기도 129-130, 199, 242-243, 322,
  324-325

기쁨에 넘쳐 드리는 예배 39-40, 43
기원 319-320

놀라움 295, 298

단순성 200-210, 291-292
단어 연구 16-18, 23-24
당혹감 115-119
『대안 예식서』 89, 151
대중음악 330-331
덕을 세우는 것 30, 91, 108, 114, 194, 195,
  285-289
도덕적 존재 33-35
'동질 집단' 80
드라마 131, 169

명령 35
모든 신자의 제사장직 94, 252
문화 274-275, 308-310
미사 96-97

방법 16-17, 21
부활 246
부활절 246
비그리스도인 음악가 333

사랑, 이웃을 향한 307; 하나님을 향한 52, 84

'삶 전체'로서의 예배 30, 220, 285-289, 307
삼위일체 57
상징주의 72
새 언약 48
서약 321
설교 110-111
성경 신학 18-22, 29
성경; 성경 봉독 244-245, 266-267, 320; 성경의 사용 16. 또한 하나님의 말씀을 보라.
성경의 줄거리 43, 259
성경적 예배 96-98, 112-116, 282
『성공회 기도서』 30-31, 87-90, 93, 98, 151
성령 217, 218
성만찬 98, 140-142, 144-145, 159-166, 200, 254-255, 257, 299, 300, 301, 326, 350-351
성찬. 성만찬을 보라.
성탄절 177-186
세례 145-146, 200
손님 초청 예배 148-149, 167-176
신경 242
실용주의 202-205

아침 예배 246-259, 335-342
어린이(들) 146-148, 264-265
역사적 예배 274-275
영적 예배 49-50, 192
예배 사례 152-166, 167-176, 177-186, 246-250, 251-255, 256-259, 259-261, 261-263, 335-342, 343-349
'예배 인도자' 63, 193
예배에 관한 논쟁 13-17, 271
예배에서의 탁월성 40
예배의 '리듬' 301-303
예배의 길이 139-140

예배의 정의 22-33
예복 73, 141, 201
예식의 일부로서의 예배 63
예전 64-65, 69-70, 299, 315-328; 의 변형 106-107, 121-122; 의 수정 105-106, 149; 전통적 82-84, 103; 회당의 25, 26-27
예표론 26-28, 212
오락 204
'오직 성경으로'라는 원리. 규정 원리를 보라.
우상숭배 45
은총 96, 289-291, 299-300
음악 124-129, 230-238, 268-269, 296-297, 328-334; 의 탁월성 329, 331-333; 의 형식 126, 330-332; '특별 음악' 71. 또한 대중음악을 보라.
'의식' 102
이신칭의. 은총을 보라.
이해의 용이성 75, 95, 98-100, 116-119, 122, 314
인간 중심적 예배 105, 204, 205-207
일치 208
일하심 53-54

자유 교회 전통 195-205
장벽. '동질 집단'을 보라.
저녁 예배 259-263, 343-349
전도 108, 115, 187-188, 303-304, 329-330
전체 교회 60
전통 275-278, 308-310
전통주의자 74
제사 46
제사장 20-21
제의 32
제의의 집중화 47-48
조직 신학 18-20
존중 22

준비. 계획을 보라.
진정성 80, 81, 82, 221-226, 311

찬송가 125-129, 154, 169, 171, 175, 177, 179, 231, 251, 262, 318; 성경적이지 않은 곡 234-236
찬양곡. 찬송가를 보라.
찬양대 237-238
창조주 37, 209-211
침묵 241-242, 319-320

포스트모더니즘 282
프로스퀴네오(헬라어) 23

하나님 중심적 예배 51-55, 205-209, 294
하나님에 대한 경외 226-229, 311
하나님의 말씀 63, 213-219. 또한 성경을 보라.
하나님의 성품 36-37
하나님의 임재 67-69
'합당한 반응' 37-38
헌금 156, 323
현대적 예배 272-273
환영 179, 322
회중 안의 성경 136-139
회중의 규모 136-138
후커의 원리 31, 72-74

옮긴이 박세혁은 서울대학교 서양사학과를 졸업하고 연세대학교와 에모리 대학교에서 신학을 공부했으며, GTU(Graduate Theological Union) 박사 과정에서 미국 종교사를 공부했다. 『하나님 나라를 욕망하라』『하나님 나라를 상상하라』『왕을 기다리며』『배제와 포용』『복음주의자의 불편한 양심』『복음주의 지성의 스캔들』『복음주의와 세계 기독교의 형성』『과학신학』『소비사회를 사는 그리스도인』『가치란 무엇인가』『하나님 편에 서라』『하나님 나라의 모략』『천상에 참여하다』(이상 IVP), 『목회자란 무엇인가』『목회의 기초』(이상 포이에마), 『이렇게 답하라』『예수 왕의 복음』(이상 새물결플러스), 『습관이 영성이다』『아우구스티누스와 함께 떠나는 여정』(비아토르), 『세계관 그 개념의 역사』『크리스토퍼 라이트의 성령의 열매』(도서출판CUP), 『약한 자의 친구』(복있는사람), 『배제의 시대, 포용의 은혜』(아바서원), 『원.라이프』(성서유니온선교회) 등을 우리말로 옮겼다.

말씀 아래서 드리는 예배

초판 발행_ 2021년 9월 27일

지은이_ D. A. 카슨·팀 켈러·마크 애슈턴·켄트 휴즈
옮긴이_ 박세혁
펴낸이_ 정모세

펴낸곳_ 한국기독학생회출판부
등록번호_ 제313-2001-198호(1978.6.1)
주소_ 04031 서울 마포구 동교로 156-10
대표 전화_ (02)337-2257 팩스_ (02)337-2258
영업 전화_ (02)338-2282 팩스_ 080-915-1515
홈페이지_ http://www.ivp.co.kr 이메일_ ivp@ivp.co.kr
ISBN_ 978-89-328-1868-9

ⓒ 한국기독학생회출판부 2021

책값은 뒤표지에 있습니다.
무단 전재와 복제를 금합니다.